─── 법조계의 투명가면 ───

전관예우
보고서

전관예우 보고서

초판 1쇄 발행 2020년 2월 12일

지은이 안천식
펴낸이 안천식

펴낸곳 도서출판옹두리
디자인 김성엽
교정 박승환 김은실
출판등록 2014년 9월 30일 제2014-000176)
주소 서울특별시 반포대로30길 47, 201, 202호
전화 02-553-3250
팩스 02-553-3567
이메일 anch9981@hanmail.net

ⓒ 안천식, 2020
값 13,000원
ISBN 979-11-954036-3-9 (13360)

법조계의 투명가면

전관예우 보고서

안천식 지음

도서출판
옹두리

10년 뒤의 우리 사회를 위하여, 나를 위하여 지금 당장 해야 할 일이 있다면 그것은 무엇일까? 이런 고민 끝에 다시 출간을 결심하였습니다.

　이 이야기는 불쌍한 기을호를 위한 것이 아닙니다. 비록 15년 소송 끝에 몸은 망가지고 재산도 강탈당했지만 그건 또 다른 이야기입니다. 이 책은 15년 동안 오지게 얻어터지기만 한 안변호사를 위한 것도 아닙니다. 이 이야기는 우리의 현재와 미래를 위한 것입니다. 우리의 재산과 자유와 권리를 지키기 위한 것이라고 감히 말 할 수 있습니다. 우리가 이 땅을 살아가는 주인이라면 피땀 흘려 가꾼 우리의 재산과 자유는 우리 스스로 지켜내야 합니다.

　법관을 너무 믿지 마세요. 사법독립, 법관의 재판독립도 너무

믿지 마세요. 법관의 재판독립이 늘 공정한 재판을 담보하지는 못하기 때문입니다. 법관이 언제나 공정하게 재판을 한다는 것은 일종의 미신입니다. 그들은 신(神)이 아닙니다. 세상에 떠도는 "유전무죄, 무전유죄"라는 경고를 허투루 듣지 마세요.

차라리 여러분의 이웃과 동료를 믿으세요. 여러분의 이웃과 동료는 기꺼이 여러분의 억울한 사연을 들어주고 구해 줄 수 있는 사람들입니다. 왜냐하면 여러분도 이웃과 동료의 억울함에 기꺼이 귀기울여주고 또 구해주고자 하는 아름다운 마음씨가 있기 때문입니다. 그러니 여러분의 이웃과 동료들이 법관과 함께 재판을 담당하게 하십시오. 그렇게 될 때 우리는 비로소 법관의 판결을 믿을 수 있고, 서로를 신뢰할 수 있게 될 것입니다. 이것이 여러분이 이웃, 동료와 함께 재판의 주인이 되어야 하는 이유입니다.

이 사건은 실제 소송사건을 요약한 것입니다.
이 사건은 이미 2012년 12월에 펴낸 〈18번째 소송, 북 갤러리〉와 2015년 6월에 펴낸 〈고백 그리고 고발, 옹두리〉로 2차례에 걸쳐서 책으로 발간한 사실도 있습니다. 그동안 적지 않은 시간이 흘렀고, 이른바 사법 농단이라는 사건도 있었습니다. 그럼에도 여전히 사법 현실이 개선될 것이라는 희망은 제한적입니다. 곧 다시 옛날로 돌아갈 것 같은 조짐이 보입니다. 이 시점에 사법 선진국으로 눈을 돌려보니. 비로소 우리 사법체계의 후진성과 비민주성이 뚜렷이 보였습니다. 이 책은 대한민국 사법 70년 역사에서 가장 불공정하고 어두운 재판 현실을 담았다고 확신합니다. 이 가혹한 현실을 밑천 삼아 우리 사회가 조금이라도 앞으로 나아가기를 바라는 마음입니다.

2019년 12월 저자

| 차례 |

| 증거자료 목차 |

등장인물 : 10명, 그 외 판사, 검사, 변호사

원고 : H건설

피고 : 기을호(기노걸의 장남) :

기노걸(기을호의 아버지, 2004. 8. 사망)

이지학(기을호의 고향친구, 2001. 5. 사망, W공영 대표이사)

D건설(1997년 기노걸과 부동산매매계약을 체결하였던 건설회사, 1998년 부도)

Y종합건설(H건설의 용역업체, 시행사)

W공영(Y종합건설의 용역업체, 대표이사 이지학)

A(Y종합건설 전무이사, 제1심 증인)

B(H건설 담당 직원, 제1심 및 재심 증인)

C(W공영 이사 – 총무, A의 위증 형사사건 및 재심 증인)

나 : 안천식 변호사(저자)

제1장

전관예우 판결이란 무엇인가?

(서울중앙지방법원 2005가합99041호 제1심 사건)

기노걸과 기을호의
김포 향산리 이야기

기노걸은 경기도 김포시 고촌면 향산리에서 농사를 짓고 사는
70대 농부였다. 그는 슬하에 4남매를 두었는데 장남이 기을호이
다. 1997년 당시 기노걸의 나이는 72세였고, 장남 기을호는 육군
사관학교를 졸업 후에 군대에서 장교(대대장)로 복무하고 있었다.

1997년 8~9월 어느 날 기노걸은 군 장교로 근무 중인 장남 기을호를 집으로 불렀다. 당시 김포시 고촌면 향산리 일대에는 아파트 단지가 들어설 것이라고 하면서 D건설을 대리한 부동산업자들이 하루가 멀다 하고 찾아오던 시기였다. 이들은 기노걸에게도 그의 전답 약 980평(이하 '이 사건 부동산'이라 고 함)에 대한 토지매매계약 체결을 종용하고 있었다. 기노걸은 이 일로 여러 차례 장남인 기을호와 상의했고, 최종적으로 매매계약을 체결하기 위해 다시 기을호를 부른 것이다. 이미 일흔에 접어든 자신보다는 젊고 공부도 많이 한 아들이 매매계약 등 자세한 사항을 조율하는 것이 훨씬 좋다고 생각했기 때문이었다. 마침 D건설을 대리하여 토지를 매수하고 있는 자는 바로 기을호의 고향 친구인 이지학이었다. 1997년 8월 기을호는 이지학과 상의하여 이 사건 부동산 매매계약에 관한 상세한 사항을 조율했다. 매매대금은 평당 200만 원씩으로 하여서 총 매매대금은 19억6,600만 원으로 정했다. 그런데 이 사건 부동산에는 기노걸에게 매년 도지세로 쌀 두어 말 정도를 내면서 기노걸의 토지 위에 집을 짓고 사는 5가구의 세입자가 있었는데 이를 어떻게 처리할지가 문제되었다. 기을호와 이지학은 궁리 끝에 우선 세입자 5가구가 살고 있는 건물의 철거문제는 매수자인 D건설에서 책임지기로 하고, 다만 기노걸은 세입자들에게 이주비용으로 매매대금으로 지급받을 잔금에서 각 가구당 4,000만원 씩 총 2억 원(=4,000만 원×5)을 따로 떼어서 지급하기로 하였고, 이러한 사항을 토지매매계약서 마지막 부분에 특약사항으로 기재하였다.

　1997년 9월 1일 두 사람은 이렇게 조율한 토지매매계약서 초안을 가지고 기노걸에게 갔고, 기노걸은 기을호와 이지학의 설명을 들은 다음 토지매매계약서 마지막 인적사항란에 직접 자신의 이름과 주소를 한문으로 적어 넣고, 이어서 주민등록번호를 기재해 넣은 다음, 가지고 있던 한문 인감도장을 날인 하였다. 이로써 기노걸과 D건설 사이의 토지매매계약이 성립된 것이다. 기노걸은 계약 당일 D건설로부터 계약금 및 1차 중도금으로 매매대금의 15%인 2억9,490만원을　예금통장으로 지급 받았고, 같은 해 11월 5일에는 2차 중도금 6억8,810만 원을 예금통장으로 이체 받았다. 이렇게 하여 기노걸은 D건설로부터 매매대금의 절반인 9억8,300만 원을 통장으로 송금 받았고, 나머지 잔금 9억8,300만 원은 사업승인 후 20일 이내에 지급하기로 하였다. 당시 D건설은 기노걸을 포함한 다른 향산리 지주 24명과도 토지매매계약을 체결한 다음 계약금 및 중도금 합계 약 77억 원을 지급하였다.

　그런데 문제가 발생했다.

　1년 뒤인 1998년 9월 D건설은 IMF 금융위기의 여파로 부도가 나는 등 워크아웃 대상이 되면서 향산리 지역에 주택사업승인을 받을 수 없는 처지가 된 것이다. 당시는 IMF 금융위기로 이자율이 하늘 높이 치솟고 있을 때인데, 기노걸은 잔금도 지급받지 못한 상태에서 약 2년의 시간을 그냥 보내야 했었고, 또 시간이 지남에 따라 부동산 값은 다시 껑충 뛰었다.

여기에서 시행사 Y종합건설이 등장한다.

1999년 11월 24일 Y종합건설은 D건설이 향산리에서 체결해 놓은 24건의 매매계약과 향산리 주택사업권을 36억 원의 헐값으로 할인하여 인수한 다음, 이를 곧바로 H건설에 약 77억 원(D건설이 24명의 지주에게 지급한 대금)에 넘기는 사업권양도양수 계약을 체결한다. 다만 이때 Y종합건설은 H건설에게 중요한 2가지를 이행하여야 하는 조건이었다. **첫 번째는**, Y종합건설은 기존에 D건설(매수인)이 향산리 주민 24명과 체결해 놓은 토지매매계약서의 매수인 명의를 H건설로 변경해 주어야 하고, **두 번째는**, 양도양수 계약 즉시 H건설은 Y종합건설이 D건설에게 지급할 인수대금 36억 원을 지급하여야 하고, 나머지 잔대금 약 41억 원(=77억 원-36억 원)은 24건의 토지매매계약서가 H건설 명의로 변경되어 들어오는 것을 보고 Y종합건설에게 지급하기로 하는 조건이었다.

1999년 11월 24일 H건설과 Y종합건설은 사업양도양수계약을 체결하였고, H건설은 곧바로 36억 원을 Y종합건설에 지급하였고 Y종합건설은 이를 D건설에게 인수대금으로 지급하였다. 그 후 H

건설은 Y종합건설로부터 24건 중 1건(토지비 약 4억 원)을 제외한 23건의 토지매매계약서를 교부받은 다음 이에 상응하는 매매대금 약 37억 원(=41억 원-4억 원)을 2000년 1월 24일까지 순차적으로 Y종합건설에게 지급하였다. 이로써 외관상으로 H건설은 24건 중 1건을 제외한 23건의 토지매매계약과 관련한 양도양수관계는 종결된 것처럼 보였다.

다만, Y종합건설은 직접 H건설 명의로 된 23건의 토지매매계약서를 작성한 것이 아니라, 이를 다시 W공영(대표이사 이지학)에게 재용역을 주어서 그로 하여금 토지매매계약서를 작성하게 하였는데, H건설은 이러한 사실을 전혀 모르고 있다가 2001년 5월경 이지학이 갑자기 심장마비로 사망하는 일이 발생하면서 비로소 위와 같은 재 용역 관계에 대한 사실을 알았다고 하였다.

> ## 요약
>
> -. 1997년 9월 1일, 기노걸(대행 기을호)과 D건설(대행 이지학) 토지매매계약 체결(세입자 5가구의 철거는 D건설의 책임, 기노걸은 이주비로 2억 원을 지급하기로 함)
> -. 1997. 9. 1. 계약금 및 1차 중도금 합계 2억9,490만 원 통장 이체
> -. 1997. 11. 5. 2차 중도금 6억8,810만 원 통장 이체
> -. D건설 기노걸 외 23명(합계 24명)과도 매매계약 체결

·····   전관예우 보고서

-. 1998. 9. IMF 영향으로 D건설 부도

-. 1999. 11. 24. Y종합건설 - D건설로부터 24건 매매계약 및 사업권을
36억 원에 할인인수

Y종합건설 - H건설에게 24건 매매계약 건 및 사업권을 77억 원에 양도

Y종합건설, H건설로부터 36억 원 받아서 D건설에게 지급

H건설-Y종합건설 매매계약서 대행 용역계약 체결

(W공영(대표 이지학)이 Y종합건설 대신 H건설 명의로 매매계약서 작성)

-. 2000. 1. 24. Y종합건설, H건설로부터 23건에 대한 토지대금 약 37억
원 수령

-. 2001. 5. 이지학(W공영 대표) 심장마비로 사망

[제1심, H건설의 소송제기] _____

어느 날 갑자기 기을호에게 걸려온 소송,
입증 책임이란 무엇인가?

2005년 11월 H건설(원고)은 기을호(피고)를 상대로 이 사건 부
동산의 소유권을 이전해 달라는 소송을 제기해 왔다. 이유인즉,
1999년 11월 24일 H건설과 기노걸 사이에 이 사건 부동산에 대
한 매매계약이 체결되었다는 것이다. 그러면서 1999년 11월 24일
자로 된 H건설과 기노걸 명의의 부동산매매계약서(이하 '이 사건 계

약서'라 함, 증거자료 1 참조)를 증거로 제출하였다. 기노걸은 2004년 8월에 사망하였기 때문에 그 아들인 기을호를 상대로 소송을 제기한다고 했다.

기을호는 깜짝 놀랐다. 기을호는 아버지(기노걸)의 명을 받들어 1997년에 D건설과 매매계약을 체결한 적은 있지만, H건설과는 매매계약을 체결한 사실에 대하여는 들어보지 못했기 때문이었다. 아버지가 장남인 자신 몰래 H건설과 매매계약을 체결하였을 리도 없었다. 그런데 H건설이 증거로 제출한 이 사건 계약서를 자세히 보니, 계약서 마지막 부분에 적혀 있는 기노걸의 성명, 주소, 주민등록번호 등 인적사항의 글씨는 기노걸의 필체가 아닌 다른 사람의 글씨였다. 또한 계약서에 날인된 도장도 누구나 만들 수 있는 한글 막도장이 찍혀 있었다. 이런 계약서는 기노걸의 인적사항을 알고 있으면 누구라도 몰래 위조 작성할 수 있는 것이었다.

기을호는 안천식 변호사(저자)를 소송대리인으로 선임하여 이 사건 계약서는 기노걸이 작성한 것이 아니라고 하면서 계약서의 진정성립(계약서가 명의인의 의사에 따라 작성되었음)을 부인했다.

민사소송법에 의하면, 어느 일방(원고, H건설)이 소송을 제기하면서 소송의 근거로서 상대방이 작성하였다는 계약서(사문서)를 증거를 제출할 경우, 상대방(피고, 기을호)이 그 계약서는 상대방 자신(기을호 또는 기노걸)이 작성하지 않았다고 항변하면(진정성립 부인), 그 계약서를 증거로 제출한 자(원고, H건설)는 그것이 상대방(기노걸)이 작성하였다는 사실을 증거로서 증명하여야 한다. 이것을 법률용어로 '입증 책임'이라고 한다.

만일, H건설은 이 사건 계약서가 기노걸이 작성하였다는 사실을 입증하지 못하면, 그 계약서는 H건설과 기노걸이 계약을 체결하였다는 사실을 증명하는 증거로 사용될 수 없다(증명력 상실). 그렇다면 이 사건 계약서를 기노걸이 작성하였다는 사실은 어떻게 증명할 수 있을까? 보통은 그 계약서에 기재되어 있는 글자체를 비교하거나, 혹은 날인된 도장의 인영을 대조하는 방법으로 누가 계약서를 작성하였는지를 증명한다. 그러나 그 외의 다른 적당한 방법이 있다면 다른 방법으로도 증명할 수 있다. 예컨대, 계약 체결 장소에 입회하였다는 증인의 증언으로도 가능은 하다. 다만, 증명하는 방법은 반드시 신빙성이 있는(믿을 수 있는) 방법이어야 한다.

요약하면, H건설은 기을호에게 소송을 제기하면서 이 사건 계약서를 증거로 제출했다. 그러면서 기노걸과 H건설은 1999년 11월 24일에 이 사건 계약서를 작성하였다고 주장하였다. 그러나 기을호는 이 사건 계약서는 아버지 기노걸이 작성한 것이 아니라고 부인하고 있다. 그렇다면 사건의 쟁점은 명확해졌다. 바로 H건설이 증거로 제출한 이 사건 계약서가 정말로 기노걸이 작성한 것인지 여부이다. 이 사건 계약서가 기노걸이 작성하였다는 사실은 H건설이 입증해야 한다(입증책임). 왜냐하면 H건설이 이를 증거로 제출했기 때문이다. H건설은 이 사건 계약서가 기노걸이 작성하였다는 것을 거의 확실하게 증명하면 재판에서 승소할 것이고(이를 법률용어로 '본증' 이라 한다), 거의 확실할 정도로 입증하지 못하면 패소할 것이다(입증 실패).

반면 기을호로서는 이 사건 계약서는 기노걸이 작성하였는지 확실하지 않다는 정도, 즉 기노걸이 작성하지 않았을 수도 있다는 정도, 다시 말하면 기노걸이 작성하였다는 사실에 대하여 사실에 의심을 품을 수 있을 정도로 H건설의 입증을 방해만 하면 되고, 이 사건 계약서가 기노걸이 아닌 다른 사람에 의하여 위조되었다는 사실까지 증명할 필요는 없다(이를 법률용어로 '반증'이라 한다). 왜냐하면 기을호는 기노걸이 이 사건 계약서를 작성하지 않았다는 사실을 알 수 있을 뿐, 누가 작성하였는지는 알 수 없기 때문이다. 하지 않은 일 또는 없었던 일은 존재자체가 없는 것이어서 이를 확실하게 증명할 수가 없기 때문이기도 하다. 따라서 만약, H건설이 증인의 증언을 통하여 이 사건 계약서는 기노걸이 작성하였다고 주장한다면(본증), 기을호는 그 증인의 증언을 믿을 수 없다는 사실, 그러니까 그 증언이 거짓말일 수도 있다는 의심을 품을 수 있을 정도만 증명하면 반증에 성공하는 것이고, 반드시 그 증인의 증언이 거짓이라는 사실까지 명확하게 증명할 필요는 없다는 것이다.

소송은 결국 증거싸움이다. 누가 더 정확하고 확실한 증거를 제출하느냐에 따라 승패가 결정된다. 기노걸이 이 사건 계약서를 작성하였다는 입증책임을 지는 H건설이 어떠한 증거를 제출하였는지를 보자.

H건설의 첫 번째 입증시도 – 출처 불명의 이 사건 계약서

H건설의 첫 번째 입증 시도한 가장 중요한 증거는 바로 이 사건 계약서이다. 또한 H건설은 이 사건 계약서와 함께 기노걸과 D건설이 체결한 계약서, 그리고 H건설과 D건설의 사업권양도양수계약서 등을 증거로 제출하였다. 그러면서 H건설은 1997년 기노걸과 D건설이 매매계약을 체결하였고, 그 후 1999년 11월 24일 H건설은 D건설과 사업양도양수계약을 체결하면서, 기노걸과도 이 사건 계약서를 작성하였다고 주장했다.

그러나 기을호의 입장은 달랐다.

1997년 기노걸과 D건설이 매매계약을 체결한 후 계약금과 중도금 합계 9억8,300만원을 지급받은 것도 분명한 사실이지만, 기노걸은 1999년 11월 24일에 이 사건 계약서를 작성한 사실은 없었다는 것이었다. 그 증거로서 이 사건 계약서에 기재된 인적사항란의 글씨는 기노걸의 필체가 아니었고, 도장도 막도장이 찍혀 있는 등 기노걸이 작성하였다는 흔적이 전혀 없다는 것이었다. 결국 H건설의 첫 번째 입증시도는 실패한 듯 했다. 즉 이 사건 계약서에는 기노걸의 흔적을 전혀 찾아볼 수 없었기 때문이다(1차 입증 실패).

H건설의 두 번째 입증시도 −A와 B의 조작된 진술서

H건설은 두 번째 입증 시도로 A와 B 두 사람의 진술서를 제출하는 방법을 택했다. 앞서 본 바와 같이, Y종합건설은 D건설과 24명의 향산리 지주들이 체결해 놓은 부동산매매계약서를 다시 H건설과 24명의 향산리 지주들 명의로 작성하는 작업을 대행하기로 하였다. 그런데 A는 바로 Y종합건설의 전무이사였고, B는 H건설의 토지매수 담당 직원이었다. 그러니까 H건설은 이 사건 계약서의 작성과 가장 밀접한 이해관계가 있는 두 사람의 진술서를 증거로 제출한 것이었다.

먼저, A는 진술서를 통하여 당시 계약상황에 대하여 다음과 같이 진술했다.

"1999년 11월 24일 H건설을 대리한 이지학(W공영 대표)과 함께 기노걸의 자택을 찾아가서 이 사건 계약서를 작성하는 현장을 입회하였다. 당시 기노걸은 가격을 올려달라고 하였으나 설득하여 종전 D건설과의 매매계약과 동일한 조건으로 매매계약서를 작성해 주었다"

또한 B도 진술서를 통하여 계약 전후 상황에 대하여 다음과 같이 진술했다.

"H건설은 1999년 11월 24일 Y종합건설에게 36억 원을 지급하면서 기노걸의 이 사건 계약서도 함께 교부받았다. 그리고 그 후 Y종합건설은 2000년 3월 8일 지주들에게 지급할 토지대금이 나왔을 때 H건설에게, 기노걸과 소유권이전 협의가 되었으므로 잔금 9억8,300만 원의 지급청구를 하기도 했었다"

H건설의 주장은, A는 1999년 11월 24일 이 사건 계약서를 작성하는 현장에 있었고, B는 Y종합건설에게 36억 원을 지급하면서 이 사건 계약서를 교부받았고, 그 후 Y종합건설은 2000년 3월 8일 즈음에 H건설에게 말하기를 "기노걸은 토지 소유권이전 협의까지 마쳤기 때문에 잔금 9억8,300만원을 주어야 한다"라고 하였다는 것이다. 물론 이는 두 사람의 말뿐이었고, 이를 뒷받침할 만한 객관적인 다른 증거는 전혀 없었다.

이에 대한 기을호의 반박(반증)은 매우 구체적이었다.

2000년 7월 28일 Y종합건설은 기노걸에게 내용증명 우편으로 통고서를 보낸 사실이 있었는데, 마침 기을호는 이를 보관하고 있었다(증거자료 4 참조). 그런데 통고서 내용을 보면, "귀하(기노걸)는 높은 토지대금만 요구하면서 매매계약에 협조하여 주지 않고 있으니 … 향후 토지수용절차를 진행하겠다"고 되어 있었다. 이에 의하면 기노걸은 2000년 7월 28일까지 H건설과의 토지매매계약 체결을 반대하고 있었다는 것이다. 다시 말하면 "1999년 11월 24일에 이지학과 기노걸이 계약 체결하는 현장에 입회하여 지켜보았다"는 A의 진술 및 "그 즈음에 Y건설에게 36억 원을 지급하면서 이 사건 계약서도 함께 교부받았다"는 B의 진술은 모두 거짓일 가능성이 농후하였다. 결론적으로 H건설은 기노걸이 이 사건 계약서를 작성하였다는 사실을 전혀 입증하지 못한 것이다(2차 입증실패).

H건설의 세 번째 입증시도 −법정에 증인으로 나온 A와 B

H건설은 두 번째 입증까지 실패하자, 이번에는 A와 B를 직접 증인으로 신청하였다. 그리하여 2006년 7월 25일 A와 B는 서울 중앙지방법원 357호 법정에 증인으로 출석하였고, 진실만을 말하겠으며 만일 거짓이 있으면 위증으로 처벌받겠다고 선서까지 하였다.

증인으로 출석한 A는 양측 변호사의 질문에 다음과 같이 증언하였다.

"이전에 증거로 제출한 진술서는 H건설이 보내준 것을 내용도 검토도 하지 않고 사인한 것으로 일부 내용이 잘못되었다. 기노걸과 이지학이 이 사건 계약서를 작성하는 현장에 입회한 것은 1999년 11월 24일이 아니라 2000년 9월~10월 경이다. 당시 모기가 있어서 기노걸은 문을 닫으라고 하였다. 기노걸은 안방에서 통장과 도장을 가지고 증인들이 있는 거실로 나왔고, 통장을 펼쳐보고 계좌번호를 불러주는 것을 이지학이 현장에서 직접 계약서에 적어 넣었다. 그리고 기노걸은 이지학에게 막도장을 건네주었고, 이지학이 이를 계약서에 찍는 것을 보았다"

함께 증인으로 출석한 B도 다음과 같이 증언하였다.

"생각해 보니, Y종합건설로부터 이 사건 계약서를 교부받은 것은 2000년 가을 경이었다"

두 사람은 마치 '짜고치는 고스톱'처럼 이전에 제출한 진술서의 내용을 번복하였고, 기을호가 증거로 제출한 2000년 7월 28일자 통고서 내용에 어긋나는 부분을 피해서 짜맞추기 식으로 이 사건 계약서를 작성하는 현장을 보았다고 했고, 또 이를 교부받았다고 하였다.

이에 대한 기을호의 반박은 다음과 같다.

나(기을호의 소송대리인)는 A와 B가 증인으로 출석하여 증언한 후 기을호에게 혹시 기노걸이 평소 사용하던 통장이 있는지 찾아보라고 하였다. 마침 기을호는 기노걸의 통장을 모두 보관하고 있었다. 그런데 이 사건 계약서에 기재되어 있는 기노걸의 농협 241084-56-002254 계좌는 1997년 9월 24일에 예금계약을 해지하고 폐쇄한 것이라는 사실을 발견하였다. 당시는 IMF 외환위기 시기로서 하루가 다르게 이자율이 치솟는 때였고, 기노걸은 농협 직원의 권유로 그동안 사용하던 위 농협 241084-56-002254 계좌의 예금계약을 해지하고 이자율이 훨씬 높은 다른 농협 계좌를 개설하여 2004년 8월 사망할 때까지 사용하였던 것이다.

좀 더 자세히 보면, 기노걸은 1997년 9월 1일 D건설로부터 계약금 및 1차 중도금 합계 2억9,490만원(매매대금의 15%)을 위 농협 241084-56-002254 계좌로 송금 받은 후 1997년 9월 24일 위 예금계약을 해지하면서 계좌를 폐쇄하였고, 그 후 새로운 농협계좌(이자율이 높은)를 개설하여 1997년 11월 5일 D건설로부터 2차 중도금 6억8,810만 원을 송금받은 사실이 밝혀진 것이다. 더구나 1997년 9월에 농협 241084-56-002254 계좌의 예금계약을 해지할 때 농협직원은 통장 뒷면에 붙은 마그네틱 선을 제거하기 위하여 통장 뒤에 있는 표지를 절반 가까이 찢어놓은 사실도 확인되었다.

이러한 사실을 토대로 A와 B의 증언을 분석하면, 기노걸은 2000년 9~10월에 이지학과 매매계약을 체결하면서 통장계좌를 불러 주었는데, 그 통장계좌번호는 당시 기노걸이 사용하고 있던 통장의 계좌번호가 아니라, 계약체결 당시로부터 3년 전인 1997년 9월에 예금계약을 해지한 통장의 계좌번호를 불러 주었다는 것이다. 그것도 뒷면 절반이 찢어진 통장을 펼치면서 계좌번호를 불러 주었고 이지학은 이를 직접 계약서에 기재해 넣었다는 것이다. 상식적으로 이와 같은 A의 증언은 도저히 믿을 수 없다. 어떻게 매매대금이 약 20억 원이나 되는 부동산매매계약을 체결하면서 3년 전에 예금계약을 해지하면서 뒷면까지 다 찢어놓은 통장을 펼쳐 보면서 계좌번호를 불러 줄 수 있다는 말인가? 더구나 만약 기노걸이 뒷면이 다 찢어진 통장을 펼쳐서 계좌번호를 불러 주었는데, 당시 현장에 있었다는 이지학과 A 2명 중 누구도 이에 대하여 아무런 이의를 제기하지 않았다는 것도 일반적인 계약체결의 상식과 경험칙에 맞지 않는다.

기을호가 기노걸의 농협통장 사본을 증거로 제출하자 H건설은 적잖이 놀란 것 같았다. 이전까지 줄곧 H건설과 기노걸이 이 사건 계약을 체결하였다고 하였으나, 기노걸의 통장을 보고선 다소 태도를 바꾸어 예비적(2차적) 청구를 추가하였다. 즉 여전히 기노걸은 H건설과 이 사건 계약서를 작성하였다고 주장하는 동시에,

만약 기노걸이 H건설과 이 사건 계약서를 작성하지 않았다고 하더라도 기노걸은 D건설과 매매계약을 체결하였으므로, 기노걸은 이 사건 부동산을 H건설 대신 D건설(당시 파산절차 진행중이었으므로 D건설의 파산관재인)에게 소유권이전등기를 하라는 것이었다.

그러나 H건설의 이러한 예비적 주장은 법리적으로 타당하지 않았다. H건설은 D건설을 대위하여 이전에 기노걸(혹은 기을호)에게 준 매매대금(합계 9억8,300만원) 중 일부를 돌려달라고 할 수 있을지는 모른다. 그러나 H건설은 D건설을 대위하여 기노걸(혹은 기을호)에게 이 사건 토지에 대한 소유권이전등기를 청구할 수는 없다. 왜냐하면 토지에 대한 소유권이전등기는 거래 당사자 사이에서만 청구할 수 있기 때문이다. 이것은 우리 민법이 시행된 이래 확고하게 자리 잡은 법리이고 대법원 판례이다. 따라서 이 사건의 쟁점은 H건설이 제출한 이 사건 계약서가 기노걸에 의하여 작성되었는지 여부로 압축될 수밖에 없었다.

기을호 측이 1997년 9월 24일자 예금계약이 해지된 농협통장 사본을 증거로 제출하자, 담당 재판부는 급히 변론을 재개한 후에 A와 B를 증인으로 다시 불렀고, 2006년 11월 28일 다시 A와 B에 대한 증인신문이 이루어졌다.

증인으로 출석한 A는, "2000년 9~10월 경 기노걸은 통장계좌 번호를 불러주는 것을 이지학이 현장에서 계약서에 적어 넣는 것을 분명히 보았다. 기자 출신으로 그것만은 분명하다. 또한 이지학은 기노걸이 건네주는 막도장을 계약서에 찍는 것도 분명히 보았다"고 무려 10여 차례나 강조하였다. 함께 증인으로 출석한 B도 "2000년 가을경에 이 사건 계약서를 받은 것은 맞다"라는 증언을 고수하였다.

[제1심판결 이유]

계좌번호는 통장 첫 장을 넘기면 바로 알 수 있으나,
계좌의 폐쇄 여부는 통장의 마지막 면을 보아야 알 수 있다.

2006년 12월 12일 판결이 선고되었다.

담당법원은 이 사건 계약서는 기노걸이 작성한 것으로 인정할 수 있다고 하면서 H건설에게 승소 판결을 선고했다. 당시 이 사건 토지의 시중 가격은 약 45억 원이나 되었지만, H건설은 9억 4,000만 원을 법원에 공탁한 후, 기을호로부터 토지 소유권을 모두 이전해 갔고, 그 뒤 다른 소송비용 등을 합하여 3억7,000만원을 다시 회수해 갔다. 결국 기을호는 시가 약 45억 원이나 되는 부동산을 약 5억7,000만 원의 헐값에 빼앗기고 만 것이었다.

제1심판결의 주요 이유는 다음과 같다.

(1) 〈증인A〉는 이지학이 2000년 9월 경 기노걸과 부동산 매매에 관한 합의를 하고, 기노걸을 대신하여 이 사건 계약서에 기노걸의 이름, 주소, 주민등록번호를 기재하고, 기노걸로부터 막도장을 건네받아 날인을 하고, 기노걸이 가르쳐준 농협 계좌번호를 적었다고 증언하였고, 〈증인B〉는 이지학 등으로부터 위와 같이 작성된 계약서를 받아 원고가 Y종합건설에 지급한 날짜에 맞추어 이 사건 계약서의 작성일자 난에 1999년 11월 24일로 기재하였다고 증언하였다. 그 외 갑제6호증의 1~6(M건설이 2003년 초경 기을호에게 500만 원, 1,000만 원씩 6차례 계좌이체한 자료) 및 증인 최기철의 증언에 변론 전체의 취지를 종합하면, 이 사건 계약서는 기노걸의 진정한 의사에 따라 작성된 것으로 인정된다.

(2)기을호는 이 사건 계약서에 기재된 농협 241084-56-002254 계좌는 1997년 9월 25일 예금계약이 해지되어 폐쇄된 계좌라고 주장하나, 계좌번호는 통장의 첫 장을 넘기면 바로 알 수 있지만 계좌의 폐쇄 여부는 통장의 마지막 면을 보아야 알 수 있는 관계로, 이사건 계약 당시 75세의 고령으로 병석에 누워 있던 기노걸이 착오로 폐쇄된 계좌번호를 불러 줄 가능성도 존재한다.

(3) 만약, H건설, Y종합건설, 혹은 이지학이 D건설로부터 받았거나 매매계약 대행과정에서 이미 알고 있던 기노걸의 계좌번호를 이용하여 이 사건 계약서를 위조하였다면 위와 같이 폐쇄된 계좌가 아니라 2차 중도금이 지급된 계좌번호를 적었을 것이다.

결국 위와 같이 제출된 증거만으로는 〈증인A〉의 증언 등을 뒤집고 이 사건 계약서 등이 위조되었다고 인정하기에 부족하다.

－서울중앙지방법원 2005가합99041호 판결 이유 중에서

[제1심판결은 이른바 전관예우 반칙에 의한 판결이었을까…?] _____

사법절차에서의 전관예우 란, "전직 판검사 출신 변호사가 선임된 경우 그가 갖고 있는 연줄로 인하여 그렇지 않은 변호사가 선임된 경우보다, 수사 및 재판의 결과에 있어서 부당한 특혜를 받거나 절차상의 혜택을 받는 현상"을 말한다. 사법절차는 어느 분야보다 공정하고 투명해야 한다. 헌법이 직접 법관의 신분을 보장해 주고, 재판상의 독립성까지 보장해 주고 있는 것은, 재판을 주도하는 법관은 다른 어느 분야보다도 공정한 재판을 통하여 국민들의 기본권을 철저하게 보장해 주어야 한다는 국민적 합의가 헌

법적 의지로 표현된 것이라고 보아야 한다.

따라서 재판에 있어서 전직 판검사 출신 변호사가 선임되었다는 이유로 재판의 절차와 결과에 어떠한 특혜를 제공하는 일은 존재해서는 아니 된다. 이와 같은 불공정한 판결이 현실에서 자행된다면 이는 헌법질서와 법치주의의 근간을 파괴하는 행위이다. 주의할 것은 이른바 전관예우의 주체는 특혜를 받는 당사자나 전관 출신 변호사가 아니라, 어디까지나 재판을 담당하는 현직 법관이라는 점이다. 법관은 재판에 제출된 증거에 따라 사실을 확정하고, 확정된 사실을 토대로 법리를 적용하여 최종적으로 판결을 선고해야 한다. 따라서 당사자가 누구인지, 소송대리인이 누구인지에 따라 재판의 절차나 결과에 영향을 미친다면 그것은 법관으로서의 본분을 망각한 것이고, 그러한 상태에서 이루어진 결론은 아무리 판결이라는 이름으로 선고가 되었더라도 그 실상은 속임수나 사기에 불과할 뿐이다.

제1심판결은 전관예우의 특혜가 적용된 것일까?

당시 H건설의 소송대리인은 서울 모 지방법원 부장판사 출신 변호사였고, 기을호의 소송대리인은 사법연수원을 갓 수료한 신출내기 변호사인 저자였다. 나는 제1심판결은 이른바 전관예우의 반칙이 적용된 판결이라고 확신하고 있다. 그 이유는 다음과 같다.

첫째, H건설은 기노걸이 이 사건 계약서를 작성하였다는 사실을 입증할 객관적인 증거를 전혀 제출하지 못하였다.

사건의 쟁점은 이 사건 계약서가 기노걸의 의사에 따라 작성된 것인지 여부(계약서의 진정성립)였고, 이는 H건설이 입증해야 할 사항이었다(입증 책임). 즉 H건설은 기노걸이 이 사건 계약서를 작성하였다는 사실을 보통의 상식을 가진 일반인들이라면 의문을 제기하지 않을 정도로 증명해야 하는 입장이었다. 그러나 H건설은 이 사건 계약서가 기노걸에 의하여 작성되었다는 객관적인 증거를 단 한 건도 제출하지 못하였다.

부동산매매계약서는 매우 중요한 처분문서[1]이다. 보통 이와 같이 중요한 계약서에는 계약을 체결하는 사람이 어떠한 흔적이라도 남기게 된다. 또한 H건설과 같이 부동산매매계약체결을 자주 접하는 자라면 특히나 계약 상대방(기노걸)의 흔적을 어떠한 방법으로도 남기는 것이 상식이다. 그래야 H건설은 물론 기노걸도 안심할 수 있다. 만약 한쪽 당사자가 나중에 계약을 체결한 사실이 없다고 하면 어떻게 할 것인가? H건설과 같은 대기업이라면 특히 이런 부분을 유의하였을 것이다. 보통은 계약금 등 돈을 주고받거나, 계약서에 자필 서명을 남기거나, 인감도장을 날인하는 방법으로 그 흔적을 남긴다. 최근에는 계약체결 상황을 녹음 또는 녹화를 하기도 한다.

그런데 이 사건 계약서에는 기노걸과 관련한 어떠한 흔적도 없었다. 기노걸은 H건설로부터 돈을 받은 사실도 없었다. 계약서에도 기노걸의 글씨는 없었고, 날인된 도장은 누구나 새길 수 있는 막도장이었다. 그 외에도 기노걸의 흔적은 전혀 없었다. 즉 H건설은 기노걸이 이 사건 계약서를 작성하였다는 객관적인 증거를 전혀 제출하지 못했다. 이와 같은 계약서는 기노걸의 인적사항을 알고 있는 사람이면 누구라도 위조할 수 있는 계약서였다. 당시 토지매매대금이 20억 원이나 되는 부동산매매계약서를 이런 식으로 작성할 리는 없다. 그런데 제1심 법원은 이러한 상식을 모두 뒤집고 기노걸이 이 사건 계약서를 작성하였다고 판단하였다. 이른바 전관예우의 반칙 없이는 불가능한 판단이다.

둘째, 증인으로 출석한 A와 B의 진술서 및 법정증언도 전혀 신빙성이 없었다.

애초 A는 "1999년 11월 24일에 이지학과 기노걸이 이 사건 계약서를 작성하는 현장을 보았다"라고 하였고, B도 "1999년 11월 24일 Y종합건설에게 양수금 36억 원을 주면서 이 사건 계약서를 교부받았다"라고 했다. 그런데 Y종합건설이 2000년 7월 28일 기노걸에게 발송한 통고서가 증거로 제출되자 두 사람은 갑자기 진술을 번복한다. 왜냐하면 2000년 7월 28일자 통고서에는 그때까지 계약체결을 거부하고 있는 기노걸의 모습이 담겨 있었기 때문이다. A는 Y종합건설의 전무이사였고, Y종합건설이 기노걸에게 보낸 통고서의 내용이 자신의 진술과 모순되는 상황에 대하여 화들짝 놀랐을 것이다.

그 뒤 A와 B는 법정에 증인으로 출석하였고, A는 "이지학과 기노걸이 매매계약을 체결하는 장소에 입회한 것은 1999년 11월 24일이 아니라 2000년 9~10월"이라고 말을 바꾼다. B도 같은 날 "Y종합건설로부터 이 사건 계약서를 전달받은 것은 1999년 11월 24일이 아니라 2000년 가을 경"이라고 말을 바꾼다. 종전에는 Y종합건설에게 36억 원을 지급하는 동시에 이사건 계약서를 전달받았다고 구체적인 사실과 연계시켰지만, 그렇게 연계된 사실은 어디론지 사라졌다. 무슨 기억이 이렇게도 편리할 대로 뒤죽박죽 일 수 있다는 말인가? A는 Y종합건설의 전무이사로서 이 사건 계약서를 작성하여 H건설에게 전달해 줄 의무를 지는 입장이고, B는 H건설의 담당 직원으로서 어떻게 해서든지 소송을 승소하도록 해야 할 입장이다. 두 사람의 갑작스런 진술 번복이 뭔가 이상하지 않은가? 재판부 판사들이 갑자기 이런 생각조차도 못하는 바보가 되어버렸단 말인가? 참 편리하다.

한편, A는 법정에서, "당시 기노걸은 안방에서 통장과 도장을 가지고 마루로 나와 통장을 보면서 계좌번호를 불러 주었고, 이지학은 이를 현장에서 직접 적어 넣었다"라고도 하였다. 계약체결 현장상황을 보다 구체적으로 묘사하였다. 자신의 증언에 무언가 신뢰성을 주기 위한 것으로 풀이된다. 그런데 이러한 구체적인 증언 내용은 A 증언의 신빙성을 더욱 떨어뜨렸다. 왜냐하면 기노걸은 계약서에 기재되어 있는 농협계좌번호는 기노걸이 1997년 9월 24일자로 예금계약을 해지하고, 통장 뒷 표지 절반이 찢어져 있는 상태라는 사실이 확인되었기 때문이다. 기노걸이 예금계약을 해지하고 뒷 표지까지 찢어진 통장을 펼쳐보면서 계좌번호를 불러 주었을 가능성은 거의 없다. 그럴 가능성이 있다고 하는 법관들의 상상력이 의심스러울 뿐이다.

통장 계좌번호에 대한 증언을 믿을 수 없다면, 같은 기일에서 "도장 날인하는 것을 보았다"는 증언도 믿을 수가 없게 된다. 왜냐하면 법정에서 진실만을 말하겠다고 선서까지 한 증인의 증언이 지나치게 H건설에게 편파적으로 전개되고 있고, 그 내용이 지나치게 비상식적이기 때문이다. 더구나 계약현장에 입회하였다는 A의 진술은 이를 뒷받침할 수 있는 객관적인 증거도 전혀 없었다. 그런데도 제1심 재판부는 헌법과 법률이 법관에게 부여해 준 재판 권한으로 A의 모든 증언은 믿을 수 있다고 하였다.

특히 2000년 9~10월경에 작성되었다는 이 사건 계약서에 기노걸이 1997년 9월 24일에 예금계약을 해지한 농협계좌번호가 기재된 점과 관련하여 제1심 재판부는, "계좌번호는 통장의 첫 장을 넘기면 바로 알 수 있지만 계좌의 폐쇄여부는 통장의 마지막 면을 보아야 알 수 있는 관계로, 이 사건 계약서 작성 당시 75세의 고령으로 병석에 누워있던 기노걸이 착오로 폐쇄된 계좌번호를 불러줄 가능성도 존재한다"라고 판시하였는데, 이러한 판시는 이른바 '전관예우' 또는 '기교사법'의 백미라고 할 것이다. 어떻게 평범한 세상살이에서 이런 기발한 상상력이 나올 수 있다는 말인가? 무슨 연유로 지극히 희박한 가능성(?)만을 근거로 H건설이 부담해야 할 엄격한 입증책임의 굴레를 일거에 해방시켜 주는 은혜(?)를 하사한단 말인가? 도저히 정상적인 입증책임의 법리에 따른 판단이라고는 믿을 수가 없다. 재판부에 무슨 귀신에라도 씐 게 아니라면, 이른바 전관예우의 반칙을 의심하지 않을 수 없다.

셋째, 절차적인 면에서도 전관예우의 특혜가 제공되었다.

2006년 7월 25일 A는 증인으로 출석하였고, "2000년 9~10월 기노걸이 불러주는 통장번호를 이재학이 직접 계약서에 기재하는 것을 지켜보았다"라고 했다. 그런데 그 뒤 기을호는 이 사건 계약서에 기재된 농협 계좌는 1997년 9월 24일에 해지된 것임을 발견하였고, 이와 관련된 통장의 사본(새로 개설하여 사용하고 있던 기노걸의 통장 사본 포함)을 증거로 제출하면서, A의 증언은 믿을 수 없다고 하였다. 그 후 변론기일이 다시 열렸고, 재판장은 H건설 소송대리인에게 A와 B를 다시 증인으로 신청하도록 하는 특혜를 베풀었다.

A와 B가 최초로 법정 증인으로 출석한 것도 이미 그 이전에 한 진술서 내용(1999년 11월 24일에 계약 체결하는 현장을 입회하였다)에 거짓말이 포함되어 있었기 때문이었다. 즉 담당 재판부는 이미 A와 B에게 자신들의 진술을 짜 맞출 수 있는 기회를 제공한 것이었다. 그런데 이렇게 제공된 증인신문절차에서 또다시 A의 "2000년 9~10월경에 기노걸이 통장을 불러주는 것을 이재학이 계약서에 기재해 넣는 것을 보았다"는 증언을 믿지 못하게 되는 상황이 발생하자, 담당 재판부는 또다시 이들이 진술을 번복하거나 또는 종전 증언을 강조할 기회를 제공해 준 것이었다.

이는 절차적으로 매우 이례적인 특혜에 해당한다. A는 자칭 생존하는 유일한 증인이라고는 하지만 쉽게 이를 믿기는 어려운 상황이었고, 더구나 Y종합건설의 전무이사였다는 점에서 증인으로서의 중립성마저 의심되는 상황이었다. 이와 같은 불안정한 증인에게 같은 재판절차에서 2번씩이나 진술을 번복할 수 있는 기회를 제공하는 것은, 일반적인 소송절차에서 좀처럼 없는 일이었다. 특히 뒤에서 살펴볼 것이지만, 기을호는 재심소송절차에서 A와 B

와 C의 거짓진술을 찾아낸 다음 이들을 탄핵증인으로 신청하였으나 담당 재판부는 전혀 받아들이지 않았던 상황과 비교하더라도 이는 매우 이례적인 특혜라고 볼 수밖에 없다.

다만, A는 이와 같은 특혜에도 불구하고 다시 출석한 법정에서 "2000년 9~10월 경에 기노걸이 통장을 불러주고, 이재학이 계약서에 이를 기재해 넣는 것을 본 것은 틀림없다"고 강조하는 기염을 토했다. 결국 제1심 재판부는 A가 자신의 증언을 사실로 강조할 기회를 제공하였고, 이러한 특혜를 토대로 계약서의 계좌번호가 1997년 9월 24일에 예금계약이 해지된 것이 확인되었음에도 A의 모든 증언을 신빙성 있는 증거로 채용하였다. 결국 제1심 재판부는 H건설이 내세운 중립성이 의심스러운 증인 A의 진술과 증언이 위기에 봉착할 때마다 이를 번복하거나, 강조할 기회를 제공하는 특혜를 베풀었고, 이러한 증언을 토대로 A의 모든 증언에 신빙성을 부여하는 판단을 한 것이다. 이런 일련의 절차를 공정한 재판이라고 하여야 할지도 의심스럽다.

넷째, 판결이유도 상식을 이탈하는 등 너무나 편파적이었다.

우선, 이 사건 계약체결과 전혀 무관한 증거들이 개념 없이 제시하고 있다. 그 예가 바로 갑제6호증의 1~6(M건설이 2003년 초경 기을호에게 500만 원, 1,000만 원씩 6차례 계좌 이체한 자료)을 증거로 설시한 것이다. 이 사건 계약 당사자로 주장된 사람은 기노걸과 H건설이고, 문제 되는 계약체결 시기도 2000년 9~10월이다. 그런데 느닷없이 계약체결 당사자도 아닌 기을호와 M건설(대표이사 최**)이, 문제가 되는 계약체결시기도 아닌 2003년 6월 이후에 500만원, 1000만원 씩 6차례에 걸쳐서 받은 돈을 마치 매매대금인 것처럼 두루뭉술하게 설시하고 있다. 아무런 관련도 없는 사항을 대충 끼우고 붙여서 원님 재판하듯이 판결이유에 설시하였다. 더구나 M건설 대표이사 최**도 증인으로 출석하여 위 돈은 사건과 무관한 것으로 진술하였고, 다른 관련 서류에도 이러한 사실이 기록으로 나타나 있다는 점은 판결이유에서 감쪽같이 생략하였다. 그야말로 견강부회(牽强附會)식 판결 이유였다.

또한 제1심 재판부는 앞서 본 바와 같이 "2000년 9~10월 경 기노걸은 예금계약이 해지된 통장과 당시 사용하고 있는 통장을 모두 가지고 있었고, 계좌번호는 첫 장을 넘기면 바로 알 수 있지만 계좌의 폐쇄 여부는 통장의 마지막을 보아야 알 수 있으므로 당시 75세의 고령으로서 병석에 누워 있는 기노걸이 착오로 폐쇄된 계좌번호를 잘못 불러 줄 가능성"을 언급하였다.

한 번 따져보자.

예금계약이 해지된 통장은 뒷면 표지 절반이 찢겨져 있었고, 이러한 통장 원본은 법정에 증거로 제출되었고, 재판장은 법정에서 이를 모두 확인하였었다. 어떻게 뒤표지가 절반이나 찢어진 상태인 통장의 첫 장을 펼쳐서 계좌번호를 불러 줄 수 있다는 말인가? 더구나 통장의 예금계약해지 여부는 마지막에 기록되어 있는 것이 아니라, 통장 두 번째 장에서 바로 확인할 수 있는 상태였다. 즉 기노걸은 예금통장 두 번째 장 한 면만을 사용한 다음 곧바로 예금계약을 해지하였으므로 굳이 통장의 마지막을 볼 필요도 없었다. 오히려 마지막 뒷 표지는 앞서 찢겨진 상태였었다. 판결 이유는 마치 무엇하나 거칠 것 없이 상식과 논리를 가감없이 파괴하는 형식을 취하였다.

다음으로 제1심 재판부는, 2000년 9~10월 당시 기노걸의 상태를 병석에 누워 있는 병약한 자로 만들어 버렸다. 마지막 변론기일에서 증인 A는 '기을호는 병으로 누워있지는 않았지만 얼굴이 새까맣다'라고 하였는데, 재판부는 이에서 한 발 더 나아간 것이었다. 만약 당시 기노걸이 고령으로 병석에 누워 있었던 병약한 상태였다면, 이렇듯 홀로 병석에 누워있는 기노걸을 찾아가서 매매대금이 20억 원이나 되는 매매계약서에 도장을 받는다는 것은 상식적으로 가능한 일이란 말인가? 대기업 H건설은 이런 식으로 받은 매매계약서를 유효하다고 주장할 수 있을 만큼 도덕성을 상실한 기업이었단 말인가? 그렇게 수단과 방법을 가리지 않는 기업이었단 말인가? 판결 이유 한 구절 한 구절이 너무도 어이가 없었다. 법관들의 세상을 이해하는 인식 수준이 이 정도라면, 지금 대한민국 국민의 재산과 생명과 자유는 촌각의 위기 상태에 처한 것이리라.

또한 제1심 재판부는, "만약 H건설, Y종합건설, 이지학이 D건설로부터 계좌번호를 받았거나 매매계약 대행과정에서 이미 알고 있었던 기노걸의 계좌번호를 이용하여 이 사건 계약서를 위조하였다면, 당시 이미 폐쇄된 계좌번호가 아니라 2차 중도금이 지급된 계좌번호를 적었을 것으로 보인다"라고 했다.

이것이야말로 재판부가 확증편향 편집증에 걸려 있다는 증거가 아닐까. 기노걸은 1997년 9월 24일 종전 사용하던 통장의 예금계약을 해지하고 새로운 통장을 개설하여 사용하였다. D건설과 매매계약을 체결한 후 계약금 및 1차 중도금은 종전 농협통장으로 송금받았지만, 2차 중도금은 1997년 11월 5일 새로 개설한 통장으로 송금 받았다. 제1심 재판부는 이지학(또는 H건설, Y종합건설)은 당연히 이러한 사실들을 모두 알고 있다는 전제에서, 만약 이 사건 계약서를 위조하였다면 이지학은 기노걸이 새로 개설한 통장의 계좌번호를 적어 넣었을 것이라고 하면서, 이를 기노걸이 이 사건 계약서를 작성하였다는 논리적 근거로 설시하고 있다.

이는 재판부가 얼마나 H건설에게 편향되었는지를 여실히 보여주고 있다. 1997년 기노걸과 D건설이 계약을 체결한 당시 D건설을 대리한 자는 이지학이었다. 따라서 이지학은 기노걸이 계약금과 1차 중도금을 받은 농협 계좌번호는 당연히 알고 있을 것이다. 그러나 이지학으로서는 기노걸이 그 후 종전 사용하던 농협계좌를 해지하고 새로이 농협계좌를 개설한 사실까지 알 리는 없다. 통장 계좌번호는 개인 신용정보인데 어떻게 그 후 기노걸이 새로 개설한 농협계좌번호를 이지학이 알 수 있다는 말인가? 당연히 이지학으로서는 기노걸이 새로 개설한 계좌번호를 몰랐기 때문에 종전에 알고 있던 계좌번호를 이 사건 계약서에 적어 넣었을 것이다.

그런데 제1심 재판부는 이지학은 당연히 기노걸이 그 후 개설한 통장의 계좌번호까지 모두 알고 있다는 전제에서, 만일 이지학이 이 사건 계약서를 위조하였다면 그 후 개설하여 2차 중도금을 지급받은 계좌번호를 적었을 것이라고 한다. 그렇다면 만약 이 사건 계약서에 2차 중도금을 받은 계좌번호가 적혀 있었다면 위조되었다는 사실을 인정해 주겠다는 말인가? 물론 전혀 아닐 것이다. 판결이유 자체가 그야말로 확증편향 편집증에 걸린 환자가 쓴 것 같았다. 이미 결론을 정해 놓은 상태에서 아무런 논리도 없는 글이 판결이유라는 명목으로 이리저리 허공을 떠돌면서, 사리에도 어긋나는 전제사실을 근거로 정 반대의 상식이하의 결론을 도출시킨다. 이래도 전관예우의 특혜가 아니라고 한다면, 판사들의 일상적 의식상태가 의심스러울 뿐이다.

다섯째, H건설에게 불리한 A의 증언은 증인신문조서에서 빠져 있었다.

무엇보다도 전관예우의 반칙을 의심스럽게 하는 것은 A의 증인신문조서가 일부 조작되었다는 사실이다. 즉 2006년 7월 25일 변론기일에서 A가 한 증언 내용 중 H건설에게 불리한 증언이 누군가에 의하여 의도적으로 삭제하는 방식으로 증인신문조서가 조작되어 있었다.

A는 맨 처음에는 진술서에서 "1999년 11월 24일 이 사건 계약이 체결되는 현장에 있었다"라고 하였다. 그런데 뒤이어 Y종합건설이 2000년 7월 28일자로 기노걸에게 발송한 통고서가 증거로 나오면서 A의 이러한 진술은 거짓으로 드러났다. 그 후 A는 2006년 7월 25일 법정에 증인으로 출석하여 "계약체결 현장에 입회한 것은 1999년 11월 24일이 아니라 2000년 9~10월"이라고 진술을 번복하였는데, 그 이유 중 하나로서, "Y종합건설은 1999년 11월 24일 H건설과 사업양도양수계약을 체결한 이후부터 향산리 지주

24명과 계약서 작성에 착수하였으므로 1999년 11월 24일에는 이 사건 계약서를 작성할 수가 없었다."라고 하였다. A의 이러한 증언은 H건설의 소송대리인의 질문(신문)에 대한 답변이었다.

당시 나는 A의 위 답변내용을 듣고서 또다시 A가 거짓말을 하고 있다고 직감하였다. 왜냐하면 B가 제출한 진술서에서는 A의 위 증언과 정반대의 내용 즉, "Y종합건설은 1999년 11월 24일 사업양도양수계약서를 작성하기 이전에 향산리 지주 24명 대부분과 이미 H건설 명의의 매매계약서를 작성한 상태"라고 한 내용을 파악하고 있었기 때문이었다. 나는 A에 대한 반대신문을 하면서 2차례에 걸쳐서 "정말로 1999년 11월 24일 이후부터 향산리 지주 24명과의 계약서 작성에 착수하였는지"를 물었다. A는 2차례 모두 분명하게, "1999년 11월 24일 이후부터 향산리 지주 24명과의 매매계약서 작성에 착수한 것은 분명하다. 그렇기 때문에 1999년 11월 24일에 이 사건 계약서를 작성했다는 종전 진술서는 사실일 수 없다"라고 하였다.

그 후 같은 변론기일에서 B에 대한 증인신문이 이어졌고, 나는 B에 대한 반대신문을 하면서 조금 전에 A에게 한 내용과 동일한 질문(신문)을 하였다. 이에 대하여 B는 "1999년 11월 24일 이전에 24명 중 대부분 매매계약서가 이미 H건설 명의로 작성되어 있는 상태"라고 대답하였다. B는 A와는 정반대의 증언을 한 것이었다. 다시 말하면 두 사람 중 한 사람의 증언은 거짓인 것이었다. 이때 갑자기 재판장이 증인신문에 개입하였고, 때마침 미리 증인신문을 마치고 방청석에서 있던 A와 B의 대질 신문이 이루어지기도 하였다.

그런데 B의 증인신문조서에는 이러한 대질 신문내용까지 기재되어 있는데, A의 증인신문조서에는 "1999년 11월 24일 이후부터 향산리 지주 24명과의 매매계약서 작성에 착수하였다"는 증언내용이 모두 삭제되고 없었다. 누군가 의도적으로 A의 위 증언내용을 삭제한 것이다. 그 이유가 무엇인지는 제1심판결서를 보고서야 알게 되었다. 바로 A가 진술을 번복하는 경위가 허위이거나 의심스럽다는 맥락 자체를 지워버리기 위한 것이었다.

다시 말하면, A의 번복 진술 "2000년 9~10월에 계약체결 장소에 입회하였다"는 증언을 증거로 채택하기 위하여, 진술번복의 경위에 대한 일관성 없는 증언부분을 증인신문내용에서 삭제해 버린 것이다. 재판부가 A의 허위진술의 맥락을 감추기 위하여 의도적으로 증인신문조서를 조작한 것이다. 어떻게 이런 일이 있을 수 있는가? 법관이 재판을 이런 식으로 한다는 말인가? 이런 식이 절차진행을 어떻게 공정한 재판이라고 할 수 있단 말인가?

이제까지 나온 증거를 토대로 그동안의 사실관계를 정리하면 다음과 같다.

1997년 9월 1일 기노걸은 D건설과 매매계약을 체결하였고, 이때 D건설을 대리한 사람은 이지학이었다. 당시 기노걸은 사용하던 농협 241084-56-002254 계좌를 이지학에게 가르쳐 주면서 계약금과 1차 중도금을 위 계좌로 입급해 달라고 하였을 것이다. 기노걸은 위 계좌로 계약금 및 1차 중도금을 지급받았다. 그런데 그 후 1997년 9월 24일 기노걸은 위 예금계좌를 해지하고 새로운 농협계좌를 개설하여 사용하기 시작했다. 왜냐하면 새로 개설한 농협 계좌가 이자율이 훨씬 높았기 때문이다. 그리고 기노걸은 새로 개설한 농협 계좌번호를 D건설 담당자에게 알려주었고, 1997년 11월 5일 새로 개설한 농협계좌로 2차 중도금을 지급받았다. 따라서 이지학은 기노걸이 새로 개설한 농협 계좌번호는 알 수가 없다.

그 후 1년 뒤 D건설은 부도가 났고, 이번에는 Y종합건설이 이지학을 통하여 기노걸과 H건설과의 매매계약서를 작성해야 하는 상황이 되었다. 이지학은 기노걸을 찾아가 H건설 명의로 매매계약서를 다시 작성하자고 하였을 것이다. 그런데 기노걸은 지난 2~3년 동안 부동산 가격이 엄청나게 뛰었고, 또 잔금에 대한 이자도 한 푼 받지 않고서 2년 전 부동산 가격으로 매매계약을 체결해 줄 리가 없다(당시 은행 저축이자율은 연 15%에 달했다) . 당연히 매매가격을 높여주지 않으면 H건설과는 계약을 체결하지 않겠다고 하였을 것이다(2000. 7. 28.자 통고서 참조).

이지학으로서는 매우 곤혹스러웠을 것이다. 왜냐하면 기노걸의 계약서를 포함한 24건의 계약서를 H건설 명의로 작성해서 넘겨주어야만 토지대금을 받을 수 있기 때문이다. 이에 이지학은 우선 급한 대로 종전에 D건설을 대리하면서 알고 있었던 기노걸의 농협계좌번호(농협 241084- 56-002254)를 계약서에 기재하고, 또 기노걸의 인적사항을 기재한 다음, 기노걸의 막도장을 날인하여 작성한 이 사건 계약서를 Y종합건설에게 주었고, Y종합건설은 이를 H건설에게 교부하여 주면서 24건 중 1건을 제외한 23건의 토지대금 37억 원을 지급받았으며, 그 중 일부는 이지학(W공영)에게 주었을 것이다. 당시 이지학으로서는 기노걸이 1997년 9월 24일 종전에 사용하던 농협 예금계좌를 해지한 다음 새로운 계좌를 개설하여 사용하고 있다는 사실까지는 알지 못하였으니 어쩔 수 없는 일이었다. 그 후 이지학은 2001년 5월 급성 심장마비로 사망하였다.

2005년 11월 H건설은 이 사건 계약서를 기초로 기을호에게 소송을 제기하였고, Y종합건설 전무이사 A에게 거짓 진술을 부탁하였을 것이다. 즉 H건설은 기노걸과 이지학이 이미 사망하였다는 점을 십분 활용하여, 자신들이 허위로 만들어 낸 사실 즉 "A는 1999년 11월 24일 사망한 이지학과 함께 사망한 기노걸의 자택을 방문하여 이 사건 계약서를 작성하는 현장을 보았다"는 내용의 진술서를 A에게 보여 주면서 서명을 요구하였을 것이다.

A로서는 다소 찜찜하였으나 대기업 H건설이 "현재 이지학과 기노걸은 모두 사망하였으니 상관없다"라고 하면서 괜찮다고 하니 어쩔 수 없었을 것이다. 이 과정에서 A에게 어떠한 이익이 제공되었을 수도 있겠다. 그런데 그 뒤 연이은 돌발 상황이 발생했다. Y종합건설이 기노걸에게 2000년 7월 28일자로 발송한 통고서가 나온 것이다. 이에 의하면 A의 진술 내용 즉, "1999년 11월 24일에 계약체결하는 장소에 입회하였다"는 진술은 거짓임이 분명하기 때문이다.

A는 무척 당황하였을 것이다. 대기업 H건설을 믿고 거짓 진술서를 작성해 주었는데 그게 딱 걸렸기 때문이다. 그 뒤 A는 불안한 마음에 3차례나 증인출석을 하지 않았고, 마지막으로 법원에서 과태료를 부과하자 2006년 7월 28일에서야 할 수 없이 증인으로 출석한다.

A는 아마도 증인으로 나오면서 H건설으로부터 "아무 일이 없을 것이니 걱정하지 말고 끝까지 계약서 작성 현장에 있었다고 진술해 달라"는 부탁을 받았을 것이다. A는 증인으로 출석하여 "계약 현장에 입회한 것은 1999년 11월 24일이 아니라, 2000년 9~10월"이라고 번복하였다. 물론 B도 마찬가지로 진술을 번복하였다. 그런데 A는 이미 계약날짜와 관련하여 한 차례 거짓말이 탄로 난 상황이므로, 계약체결 현장 상황에 대한 좀 더 구체적인 내용을 진술해야 할 필요성을 느꼈을 것이다. 그래야 진술을 번복하는 이유가 좀 더 그럴듯하게 보일 수 있기 때문이다.

이에 A는 "Y종합건설은 H건설과 1999년 11월 24일 사업양도양수계약을 체결한 이후부터 향산리 24건의 매매계약서 대행 작업에 착수하였다"라고 하였고, 또한 계약서에는 기노걸의 계좌번호가 기재되어 있다는 사실에 착안해, "기노걸은 통장을 보고 직접 계좌번호를 불러 주었고, 이지학은 이를 현장에서 직접 계약서에 기재해 넣는 것도 보았다"라고 증언하였을 것이다. 이때까지 A와 H건설은 기노걸이 종전에 사용하는 농협 계좌를 1997년 9월 24일자로 해지하고 새로운 농협계좌를 개설하여 사용하였다는 사실을 전혀 모르고 있었기 때문이다.

그런데 이미 H건설 직원 B는 1999년 11월 24일 사업양도양수계약 이전에 미리 대부분의 계약서를 받아 놓은 상태였다는 내용의 진술서를 증거로 제출한 상태였고, 또한 기을호가 보관하고 있던 기노걸의 통장을 살펴보니, 계약서에 기재된 농협계좌는 1997년 9월 24일자로 해지된 것임이 확인되었다. 더구나 기노걸은 1997년 11월 5일 새로 개설한 통장으로 D건설로부터 2차 중도금을 지급받았으며, 그 후 2004년 8월 기노걸이 사망할 때까지 계속해서 새로 개설한 통장을 사용하였다는 사실도 확인되었다.

다시 H건설과 A의 거짓 진술은 모두 탄로가 나는 순간이다. 그러나 H건설은 국내 최고의 건설 대기업이었고, H건설 소송대리인도 법관 출신 변호사였다. 제1심 재판부는 A에게 또다시 법정에서 증언할 기회를 주었고, H건설은 A에게 자신들을 믿고 끝까지 지금까지의 증언을 고수해 주기를 부탁하였을 것이다.

다시 법정에 선 A는 끝까지 "2000년 9~10월 경 기노걸은 통장을 보면서 계좌번호를 불러주었고, 이지학은 현장에서 직접 이를 계약서에 적어 넣은 것은 틀림없다. 기자 출신으로 이것만은 분명하다"라고 거듭 강조하였다.

제1심 재판부는 이미 H건설에게 승소판결을 선고해 줄 마음을 굳힌 상태였고, A의 의심스런 진술번복 경위에 대한 맥락을 지우기 위하여 증인신문조서에서 "Y종합건설은 H건설과 1999년 11월 24일 사업양도양수계약을 체결한 이후부터 향산리 24건의 매매계약서 대행 작업에 착수하였다"는 부분을 삭제한다. 그리고 A의 모든 증언을 신빙성 있는 증거로 채택하여 이 사건 계약서의 진정성립을 인정하고 H건설에게 승소판결을 선고한다.

이것은 지금까지 나온 증거를 토대로 기을호의 입장에서 사실관계를 합리적으로 추정한 것이다. 다소간의 오류가 있을 수는 있으나 큰 틀에서 충분히 수긍이 가는 객관적인 증거를 바탕으로 한 합리적인 추정이다. 이에 의하면, "2000년 9~10월 경에 이 사건 계약서를 체결하는 장소에 입회하였다"는 A의 증언은 그 진실성 자체가 의심스럽다. 다시 말하면 H건설은 기노걸이 이 사건 계약서를 작성하였다는 사실을 전혀 입증하지 못한 것이다. 그럼에도 제1심 재판부가 H건설에게 승소 판결을 선고해 준 것은 여러 가지 측면에서 이른바 전관예우의 특혜를 베푼 것으로 볼 수밖에 없다. 이것은 불공정한 판결이고 헌법과 법률을 위반하는 위헌·위법한 판결이며, 법관이라면 마땅히 지녀야 할 최소한의 기본적 양심에도 어긋나는 판결이다.

배심제도는 영미법상 오랜 전통을 가진 사법절차이다. 미국은 일찍이 식민시대 초기부터 형사 재판뿐만 아니라 민사사건에서도 일반 시민으로 구성된 배심재판을 고수해 왔다[2]. 미국 시민권자라면 시민의 의무로서 배심원으로 재판에 참여하여 범죄의 유무나 사실문제를 직접 판단하고 결정해야 한다. 미국 수정헌법 제7조는 소송물가액이 20달러를 초과하는 보통법상의 소송에서 배심재판을 받을 권리를 보장하고 있다. 배심원의 규모는 보통 12명으로 구성되지만 최근에는 6명의 배심원단을 허용하는 추도 나타나고 있다. 배심원단은 그 지역의 단면을 대표하는 일정한 배심원 후보 풀에서 선출되는데, 각 소송당사자(원고와 피고)는 배심원 후보자에 대한 예비심문절차(Voir Dire)에서 무이유부기피권을 행사하는 등 일정 범위에서 배심원단 구성에 관여할 수 있다. 이와 같이 구성된 배심원단은 주로 사실판단에 관하여 만장일치의 평결(텍사스 주는 10대 2 다수결 평결도 인정)을 내리게 되고, 평결은 그 종류와 결과에 따라 판사의 결정을 구속한다.

만약 제1심 사건을 경기 김포 혹은 서울 지역을 대표하는 12명의 배심원단을 구성한 다음, 지금까지 살펴본 증거와 A와 B의 진술 및 증언이 배심원단 앞에서 펼쳐졌다고 가정할 때, 배심원들은 이 사건 계약서가 기노걸에 의하여 작성되었는지 여부에 대하여 어떠한 평결 결과를 내놓을까?

H건설은 기노걸이 이 사건 계약서를 작성하였다는 사실을 증명할 단 한 건의 객관적인 증거도 제출하지 못했다. 기노걸에게 돈도 주지 않았고, 서명도 받지 못했고, 인감도장도 받지 못했다. 또한 A와 B의 최초 진술서 내용(1999년 11월 24일 계약체결 현장에 입회하였다)은 다른 증거에 의하여 거짓으로 드러났고, 그 후 법정에서의 A와 B의 번복 진술을 뒷받침하는 객관적인 증거는 전혀 없었다. 그냥 말만 바뀐 것이다.

무엇보다도 A는 법정에서 "2000년 9~10월 기노걸은 자택 안방에서 통장과 도장을 가지고 나와서 계좌번호를 불러 주었고, 이지학은 이를 현장에서 직접 계약서에 적어 넣는 것을 보았다"라고 말한 증언은 매우 의심스럽다. 왜냐하면 이 사건 계약서에 기재되어 있는 계좌번호는 기노걸이 1997년 9월 24일 자로 예금계약을 해지하고 폐쇄한 것임이 드러났기 때문이다. 이와 같은 상황에서 아무런 근거도 없는 A의 증언을 액면 그대로 믿어줄 배심원이 얼마나 있을까? 원고인 H건설은 12명의 배심원으로부터 "이 사건 계약서는 기노걸이 작성한 것이다"라는 A의 증언이 진실일 것이라는 점에 대하여 만장일치(혹은 10명 이상)의 찬성의견을 얻어낼 수 있을까?

증인신문조서에서는 삭제되었지만, A는 종전 진술을 번복한 이유로 "1999년 11월 24일 H건설과의 사업양도양수계약서를 작성한 이후부터 24건의 계약서 작성 용역에 착수하였다"라고 하였는데, 뒤이어 B는 "1999년 11월 24일 이전에 이미 대부분의 매매계약서를 작성한 상태였다"라고 하는 등 두 사람의 증언이 정면으로 배치되는 상황에 대하여 배심원단이 어떻게 평가할까? H건설은 '이 사건 계약서는 기노걸이 작성한 것'이라는 주장에 대하여 12명의 배심원 중 적어도 10명 이상에게 찬성표를 받아내지 못하면, 담당 판사는 어쩔 수 없이 H건설(원고)에게 패소 판결을 선고할 수밖에 없었을 것이다.

그런데 유감스럽게도 이 사건 재판이 미국에서의 배심재판이 아닌 대한민국 수도 서울의 중심인 서울중앙지방법원 합의부에서 열렸고, 평범한 12명의 배심원단이 평결을 내린 것이 아니라 전문직업법관 3명으로 이루어진 재판부가 "사실판단" 및 "법리적용"에 관한 모든 재판 권한을 독점 행사하여 판결하였다. 전문 직업법관의 판단이 12명의 배심원단의 판단(평결)보다 더 공정하고 정의로우며 우수하다고 할 수 있을까?

직업 법관에게 아무런 제한 없이 우리의 생명과 자유와 재산에 대한 모든 처분권을 맡기고 있는 우리 사법제도에는 아무런 문제도 없는 것일까? 한때 공부를 무척 잘했고 놀라운 인내력과 성실함으로 어려운 시험을 우수한 성적으로 통과하였다는 사실이 재판의 공정성을 담보하는 근거가 될 수 있을까? 공정성을 담보하지 못한다면 우리 국민은 너무도 위험한 도박을 하고 있는 것은 아닐까?

법관이 독점적 재판 권한을 남용하여 오히려 정의를 왜곡하고 국민의 기본권을 침해하는 일이 일어난다면 이 문제를 어떻게 해결해야 하는가? 법관에게 재판에 관한 권한을 독점시키면서도, 혹여 권한 남용에 대한 아무런 대비책도 마련하지 못함으로서 오히려 선량한 국민이 법관의 눈치를 살피며 불안해하고 있는 것은 아닌가? 만약, 법관이 그 지위와 권한을 남용하여 이른바 전관예우, 연고주의 등의 연줄로 힘 있는 자들에게만 편파적으로 유리한 재판을 하는 일이 일상화된다면 보통의 서민들은 어떻게 해야 하는 것일까?

우리는 왜 우리의 의사에 따라 선출하지도 않은 직업 법관들에게 우리의 삶에서 가장 중요한 자유, 생명, 재산에 관한 최종적인 처분 권한을 맡겨 버린 것일까?

다음은 배심제도의 찬성론자인 Ehrlich's Blackstone가 한 말이라고 한다.

"사람(생명)과 재산을 보장하는 공정한 사법은 시민사회의 위대한 목적이다. 사법이 왕이 임명한 고위직의 직업 법관에게만 전적으로 의존한다면 그들의 결정은 각 직업 법관들의 성격과 상관없이 자신들의 지위와 위엄 쪽으로 기울어지는 일이 종종 있을 것이다, 인간 본성에 비추어 볼 때 몇 안 되는 직업 법관들이 항상 다수의 이익과 선을 주의 깊게 살필 것이라고 기대할 수 없다[3]."

우리 사회에서 법관이 모든 재판절차에서 "공정하게" "사실판단"을 할 것이라고 사실은 얼마나 증명되었으며, 또 국민들로부터 얼마나 호응을 얻고 있을까?

不動産 賣買契約書

※ 不動産의 表示

소재지	지번	지목	면적(㎡)	소유권자	비고
경기도 김포시 고촌면 향산리	65-2	대	255	기노걸	지상물일체 포함
	65-5	대	36		
	65-8	대	539		
	65-12	전	284		
	65-20	대	322		
	67-1	대	1,815		
계			3,251(983.4평)		

　상기 표시 부동산의 매도인인 상기 소유권자(이하 '갑')와 매수인　　건설 주식회사 대표이사 김　규(이하 '을')는 아파트 신축 사업용 토지매매를 위하여 상호간에 신의와 성실을 원칙으로 아래와 같이 부동산 매매계약을 체결한다.

- 아　　　　래 -

第 1 條 (契約의 主内容)

　가. '갑'은 위 표시부동산의 정당한 소유자임을 확인하여 본 계약서에 명시된 '갑' 의 제반의무를 책임진다.

　나. '갑'이 1997. 9. 1.동아건설산업(주)와 체결한 부동산 매매계약을 '을'이 1999. 11. 5.승계 인수함에 따라 이를 재확인하고, 기수수대금 승계 및 잔대금 지불방법을 정한다. (小略.)

　다. '갑'과 '을'은 '갑' 소유 표시 부동산에 '을'이 아파트를 신축할수 있도록 매매 하고저 제2조 이하의 내용으로 표시 부동산의 매매계약을 체결한다.

　라. 이 승계계약 체결후 '갑'은 '을'의 동의 없이 표시부동산을 제3자에게 양도하 거나 제한물권 설정 등의 행위를 할 수 없다.

第 2 條 (賣買代金 支給條件)

　가. 대금총액 : 一金일십구억육천육백만원整(₩1,966,000,000)

　나. 매매대금의 지급 일정

구 분	지급기일	금 액	비 고
계 약 금	1997. 9. 1	₩196,600,000	1조 나항 참조
1차 중도금	1997. 9. 1	₩98,300,000	1조 나항 참조
2차 중도금	1997. 11. 5	₩688,100,000	소유권이전시
잔 금	승계계약후 6개월	₩983,000,000	어음지급,지급보증
합 계		₩1,966,000,000	

1999. 11. 24.

계약서 제1조에는 1999년 11월 5일 인수승계를 확인한다고 되어 있고, 제2조에서는 승계계약 후 6개월 이내에 H건설 이 기노걸에게 잔금 983,000,000원을 지급하기로 약정하고 있다.

다. 확정 측량 결과 매매면적이 변경될 시 상기 '가'항 금액을 매매면적으로
　　나눈 금액으로 정산키로 한다.

라. 매매대금 지불관련 특약

　1) 매매대금중 계약금(10%) 및 1차중도금(5%)은 계약일로부터 5일 이내
　　에 '갑'이 지정하는 은행계좌로 '을'이 입금하기로 한다.
　　（　농협　은행 : 241084-56-002274　）

　2) 계약금 지급후 '을'은 동 금액에 대한 채권확보를 위하여 가처분을 할
　　수 있으며, '을'의 요청시 총 지급액의 130% 범위내에서 근저당권 설정
　　또는 소유권 이전 가등기 신청을 위한 서류를 '을'에게 교부하기로 한다.

第 3 條 (契約擔保 및 土地使用承諾 等)

　　본 계약 체결과 동시에 '갑'은 '을'의 인허가에 필요한 제반서류(토지사용
　　승락서, 인감증명서 등)를 교부하기로 한다.

第 4 條 (所有權 移轉 및 명도 時期)

　가. '갑'은 '을'로부터 제2조 토지잔대금을 수령하거나, '을'의 서면통보에 의하
　　여 잔대금 지불기일에 지불할 것을 명시한 약속어음 또는 금융기관의 지불
　　보증서로 지불할 경우 소유권 이전에 필요한 일체의 서류를 '을'에게 교부
　　하고 부동산을 명도하기로 한다.

　나. 명도시 부동산 등기상에 기재되지 않은 하자는 명도후에도 '갑'의 책임과
　　비용으로 처리하기로 한다.

第 5 條 (設定權利의 抹消)

　가. 본 계약 체결 당시의 '갑'의 등기상에 설정된 소유권 이외의 모든 권리는
　　'갑'의 책임하에 제4조의 잔대금 지급일전까지 말소하여야 한다.

　나. 본 계약 체결일 이후 '갑'은 위 표시부동산에 '갑'의 소유권 이외의 어떠한
　　권리도 설정할 수 없으며, '갑'의 의지와 관련없이 행하여진 소유권을 제한
　　하는 권리(임차권, 가처분, 가압류, 지상권 등 일체의 권리)는 '갑'의 책임하
　　에 제4조 잔대금 지불기일 전까지 말소하여야 한다.

　다. 상기 '가'항 및 '나'항의 설정권리 말소가 기한내에 완료되지 못할시 '을'은
　　중도금 또는 잔금의 지급을 연기하거나 권리의 말소를 직접 행할 수 있으며
　　이에 투입된 비용은 '갑'의 부담으로 하며 토지대금에서 상계 처리한다.

〈증거자료 1-2 : 기노걸 명의의 이 사건 계약서 제2면〉

매도인 란에는 기노걸의 주소, 주민등록번호, 성명, 계약일자 등이 기노걸의 자필이 아닌 다른 누군가의 필체로 기재되어 있고, 기노걸의 한글 막도장이 찍혀 있다. 후에 위 필체의 주인공은 W공영의 직원인 〈증인C〉의 필체임이 밝혀진다.

第 6 條 (農作物 等 支障物에 관한 事項)

　　가. '갑'은 표시 부동산상의 지장물 일체(미등기 건축물 및 기타 농작물과 지하구
　　　조물을 포함한다.)를 제4조 잔대금 지불기일전까지 '갑'의 책임과 비용으로 철
　　　거, 거주자의 퇴거 및 건물의 멸실등을 완료하여 토지 명도에 하등의 지장이
　　　없도록 조치하여야 하며, '을'은 일반구조물 철거를 책임지고 철거한다.

第 7 條 (行爲 制限)

　　이 계약 체결후 계약자중 일방이 다음과 같은 행위를 할 경우 사전에 상대방
　　의 서면 승낙을 얻어야 하며 승락없이 행한 행위의 모든 책임은 행위자가 부
　　담한다.
　　1) '을'의 동의없는 표시부동산의 대금청구권 양도 및 소유권 이전
　　2) 이 계약서에 대한 질권등 제한물권의 설정 및 담보 제공
　　3) 상대방의 승인없이 이 계약서를 제3자에게 공개
　　4) '을'의 동의없는 매매,증여,전세권,저당권,임차권의 설정 기타 일체의 처분
　　　행위

第 8 條 (諸稅 公課金)

　　표시부동산에 대한 제세금 및 공과금은 과세기준일을 기준하여 제4조의 소유
　　권 이전일 이전까지 발생된 부과분은 명의에 관계없이 '갑'이 부담하고 그 이
　　후에는 '을'이 부담한다.

第 9 條 (違約에 따른 賠償)

　　가. '갑'과 '을'이 본 계약을 위반하였을 경우, 상대방은 상당한 기간을 정하여
　　　상대방에게 그 이행을 최고한 후 본 계약을 해지할 수 있다.
　　나. 본 계약을 '갑'이 위약시는 계약금의 2배액을 변상하며 '을'이 위약시는 계
　　　약금은 '갑'에게 귀속되고 반환을 청구할 수 없으며, 계약 해지 및 해제로
　　　입은 상대방의 피해는 별도 보상 및 배상키로 한다.
　　다. '을'이 아파트 사업을 위한 사업승인을 접수한 후 '갑'의 책임있는 사유로
　　　본계약의 이행이 불가능하거나 이행이 지체될 경우 '갑'은 상기 '가' 항
　　　내지 '나' 항의 배상과 별도로 '을'의 기투입비용 및 예상 사업수익을
　　　배상한다.

第 10 條 (特約事項)

　　가. 본 계약의 내용은 '갑'과 '을'의 상속인 또는 포괄승계인에게 자동 승계된다.
　　나. 본 계약과 관련된 부동산의 소유권이전 및 지장물의 철거 등의 '갑'의 모든
　　　책임은 계약 당사자인 '갑'과 상속인 또는 포괄승계인 모두가 연대
　　　하여 부담한다.

〈증거자료 1-3 : 기노걸 명의의 이 사건 계약서 제3면〉

H건설은 기노걸의 자필이 아닌 다른 누군가의 필체로서 기노걸의 성명, 주민등록번호를 기재하고, 기노걸의 막도장을
찍은 영수증을 증거로 제출하였다. 이는 뒤에 〈증인C〉의 필체임이 밝혀진다.

第 11 條 (契約의 解釋 및 管轄地)

　　가. 본 계약서상에 명시되어 있지 아니한 사항은 일반 상거래 관행에
　　　　의하여 해석한다.

　　나. 본 계약에 따른 분쟁에 관하여 법률적 사안이 발생할 경우 소송
　　　　관할법원은 서울지방법원 본원으로 한다.

　　　　위와 같은 계약을 체결함에 있어 '갑'과 '을'은 위 계약조건을
충실히 이행할 것을 입증하기 위하여 이 계약서에 날인하여 각1부
씩 보관키로 한다.

1999, 11/24
2000.
~~1999.~~

賣渡人 (갑) : 경기도 김포시 고촌면 향산리 67
　　　　　　　261123 - 1273615
　　　　　　　기 노 걸

買受人 (을) : 서울시 종로구　　　140-2
　　　　　　　(110111-0007909)
　　　　　　　건 설 주 식 회 사
　　　　　　　대 표 이 사 김　　규

효 협 人 : 안양시 동안구 관양동 1508
　　　　　　종 합 건 설 주 식 회 사
　　　　　　대 표 이 사 김 환, 정 경

〈증거자료 1-4 : 기노걸 명의의 이 사건 계약서 제4면〉

기노걸은 다른 부동산매매계약서를 작성하면서는 직접 한문 자필로 성명, 주소, 주민등록번호를 각 기재하고, 한문 성명
으로 된 인감도장을 날인하였었다.

領　收　證

一金 구억 팔천삼백 만일 정整　(₩983,000,000)

但, 김포시 고촌면 향산리 토지매매대금(계약금 및 중도금)

上記 金額을 政히 領收함

2000年 11月 24日 '99. 11/24

領受印 : 기 노 걸

(261123 - 1253615)

건설주식회사 **貴重**

〈증거자료 2 : 기노걸 명의의 영수증〉

H건설은 기노걸의 자필이 아닌 다른 누군가의 필체로서 기노걸의 성명, 주민등록번호를 기재하고, 기노걸의 막도장을 찍은 영수증을 증거로 제출하였다. 이는 뒤에 〈증인C〉의 필체임이 밝혀진다.

"갑"　　　주　소 : 金浦市 高村面 香山里 67番地
（賣渡人）　성　명 : 奇老杰　㊞　주민등록번호 : 261123-1253615

　　　입금계좌 : 　　　　○○은행　예금주 :
　　　계좌번호 :

"을"　　　주　소 : 서울시 중구 서소문동 120-23
（買收人）　상　호 : 건설산업주식회사
　　　대표이사 : 유　성　용

"중개입회인"　주　소 :
　　　상　호 :
　　　대　표 :

〈증거자료 3 : 다른 부동산매매계약서에 기재된 기노걸의 자필 및 인감도장〉

기노걸은 다른 부동산매매계약서를 작성하면서는 직접 한문 자필로 성명, 주소, 주민등록번호를 각 기재하고, 한문 성명으로 된 인감도장을 날인하였었다.

통 고 서

수신인 : 경기도 김포시 고촌면 향산리 67번지
　　　　기 노 걸 귀하

발신인 : 김포시 사우동 256-7 경동빌딩3층
　　　　종합건설(주) 대표이사 김 ○○

　　당사는 1997년 3월 향산취락지구 저밀도 변경승인이 완료된 시점에서부터
개발계획을 다시 수립하여 현재까지 사업을 진행해 온 바 막대한 개발사업
비를 부담하면서 향산리 개발에 노력하였으나 당사가 동아건설(주)로부터 양
도 승계받은 부동산 양도권리를 인정하지 않음에 따라 개발이 지연되어 이
내용증명을 발송합니다.　　　　　　　누가?

　　현 향산리의 개발면적은 93,000평으로 도시계획도로 및 학교, 공원 등
33,000평은 기부체납하여야 하며 공동주택용지로 60,000평을 사용하게 됩니
다. 또한 현부지는 윗상리 일부와 아랫상리 반이상이. 군사시설보호지역으로
되어 있어 군시설에 대한 대체시설물 이전비 등 개발자의 사업비 부담이 가
중되어 있고 104번 군도로로 사용하게 될 도로개설비, 사우지구 우회도로와
연결되는 향산IC 공사비(약 50억) 등 순수 토지비로 산정시 귀하의 토지평수
의 절반이 기부체납 또는 개발비 부담이 되어 있습니다. 따라서 귀하 토지
가의 2배에 상당한 사업비가 지출되는 셈입니다. 지금까지 도로를 70만원,
전답을 80만원, 대지는 100만원(건물비 별도 보상) 선에서 협의 매입을 해온
바 90% 이상의 주민이 이에 동의하고 계약을 완료한 반면, 귀하는 이에 불
응하고 개인의 이익만을 추구하고 있음으로 먼저 내용증명으로 당사의 사업
경위와 취지를 설명하고 도시개발법 21조의 2/3이상 토지매입 및 토지소유자
총수의 2/3 이상 동의한 근거에 따라 동법제13조에 의거 토지수용권을 부여
받아 사업시행을 하고자 합니다. 이러한 사태는 귀하의 비협조와 터무니 없
이 높은 토지가격을 요구함으로 당사로 하여금 불가피한 선택을 하도록 한
것입니다.　　　　?　기재액

　　지금까지 당사의 개발비 부담으로 향산리 전체의 막대한 개발이익을 가져
다 준 공로를 인정하지 못하는 귀하에게 섭섭함을 표하며 아무런 물리적 마
찰없이 해결되기를 기대합니다. 안녕히 계십시오.

붙임 : 사업추진경위서 1부. 끝.

이 우편물은 2000/07/28 제 181150
호에 의하여 내용증명우편물로
발송하였음을 증명함　　　　　　　　　　2000년　　　월　　　일

김포우체국장

2000. 7.

〈증거자료 5-1 : 기노걸이 1997년 9월 24일 예금계약을 해지한 예금통장 앞뒤 표지〉

기노걸은 1997년 9월 24일 이 사건 계약서에 기재된 농협 241084-56-002254 계좌의 예금계약을 해지하고, 통장 마그네틱선 제거를 위하여 통장 뒷면 절반을 훼손해 놓았다. 그런데 제1심 증인A는 기노걸이 2000년 9~10월 경에 이러한 통장을 보고 이지학에게 계좌번호를 불러주었고, 이지학은 이를 현장에서 계약서에 기재하는 것을 입회하여 보았다고 증언하였다.

인 감		계좌번호	241084 - 56 - 002254
통장발급번호 :		주민등록번호	261123-1253615 실명확인필
		성 명	기 노 걸 님

97 년 08 월 06 일
97 08 06

농업협동조합

전화번호 고촌 장곡
고촌 장곡

(등록 : 38 - 46) (14×8.75) 91. 2.

(0341) 86 -5301

자 율 저 축 예 탁 금
일련번호 : 91 1432745

안 내 말 씀

○ 저희 농협을 이용하여 주셔서 감사합니다.
○ 농협 온라인 취급점에서는 전국 어느곳에서나
입금, 지급이 가능합니다.
(단, 장애중에는 타농협에서의 거래가 불가능합니다)
○ 통장과 인감을 함께 분실하시면 위험하오니 따로
보관하시고 분실하셨을 때에는 가까운 농협온라인
취급점에 신고하여 주십시오.

수 입 인 지

제 신 고 사 항 기 재 란			특기사항
년 월 일	신고내용	검 인	

(이 통장은 표지를 합하여 8장임)

〈증거자료 5-2 : 기노걸이 1997년 9월 24일 예금계약을 해지한 예금통장 첫째 장〉

통장 첫째 장에는 농협 계좌번호(241084-56-002254)와 기노걸의 주민등록번호(261123-1253615), 그리고 통장 개설일(1997. 8. 6.)이 나온다.

자유저축예탁금거래명세

🌀 농업협동조합

	년 월 일	찾으신금액	예입하신금액	잔 액	적 요	취급점
1	계좌번호 : 241084-56-002254		신규	첫거래 감사합니다 !!		
2	97·08·06		₩10,000	₩10,000	현금	241084
3	97·09·01	김정철	₩94,900,000	₩94,910,000	자기앞41	241083
4	97·09·01	김정철	₩100,000,000	₩194,910,000	자기앞41	241083
5	97·09·01	김정철	₩100,000,000	₩294,910,000	자기앞41	241083
6	97·09·24	₩70,000,000	26722761-10	₩224,910,000	대체	241084
7	97·09·24	₩224,910,000		₩0	해지	241084
8						
9						
10						
11						
12						

13	원 금	₩224,910,000	
14	예금이자	₩557,522	
15	소득세	₩83,620	
16	법인세	₩0	
17	주민세	₩8,360	
18	농특세	₩0	
19	세금합계	₩91,980	
20	환경기금	₩0	
21	차감이자	₩465,542	
22	현금지급	₩465,542	
23	기노걸 님 농협을 이용해주셔서 감사합니다		
24			

적요란 설명

K : 기 장	J : 정 정	B : 부도지급
X : 취 소	INT : 이 자	11~43 : 타점권
CD : 현금입출기	AM : 자동이체	

마음은 농촌 저축은 농협

⟨증거자료 5-3 : 기노걸이 1997년 9월 24일 예금계약을 해지한 예금통장 둘째 장⟩

기노걸은 농협 241084-56-002254 계좌를 1997년 9월 24일에 해지한 다음 모든 예금을 당시 개설한 다른 농협계좌로 대체하였다. 예금계약이 해지된 사실은 통장 둘째 장에서 곧바로 알 수 있었지만, 제1심 법원은 "계좌의 폐쇄여부는 통장의 마지막 면을 보아야 알 수 있으므로 당시 75세인 기노걸이 착오로 폐쇄된 계좌번호를 불러주었을 수도 있다"고 하였다.

-

제2장

연 고 주 의

(서울고등법원 2007나5221호, 제2심 사건)

2007년 1월 10일 서울고등법원에 항소장을 접수하였다.

기을호의 바로 이웃집에는 기을호 보다 나이가 몇 살 많은 허창이라는 사람이 살고 있다. 그런데 소문을 듣자 하니, H건설은 2000년 12월 20일 경 허창의 부동산에 처분금지가처분(부동산의 매매 등을 금지하는 법원의 결정)을 한 사실이 있었다고 했다[4]. 그런데 H건설이 허창의 부동산에 해 놓은 처분금지가처분결정은 누군가 허창의 부동산매매계약서를 위조하여 이를 근거로 처분한 것이라고 하였다. 허창은 2001년 4월에서야 법원 서류를 열람하여 이러한 사실을 알게 되었고, 당시 변호사를 선임하여 법원에 제소명령을 신청하였으나 H건설은 이에 응하지 아니하여 결국 부동산처분금지가처분은 취소되었다.

나는 몇 차례 거절에도 불구하고 허창과의 면담을 통하여 이에 대한 자세한 내막을 들었고, 허창으로부터 당시의 일에 대한 진술서까지 받아냈다. 허창은 자신의 이름으로 된 부동산매매계약서가 위조되었다는 사실은 H건설도 시인하였다고 했다. 그런데 허창 명의의 가짜 부동산매매계약서의 작성 일자는 2000년 1월 7일로 되어 있었는데, 글씨체를 자세히 살펴보니 기노걸의 이 사건 계약서에 기재된 글씨체와 동일하다는 사실이 밝혀졌다. 또한 허창의 가짜 부동산매매계약에 찍힌 막도장과 이 사건 계약서에 찍힌 막도장은 같은 형태라는 사실도 한눈에 알 수 있었다. 즉 누군가가 두 사람의 막도장을 같은 도장집에서 만든 것임이 틀림없었다.

허창의 가짜 부동산매매계약서에도 국민은행 계좌번호가 기재되어 있었다. 그런데 알고 보니 그 계좌번호도 1997년 12월에 예금계약이 해지된 것이라는 사실도 밝혀졌다. 두 계약서가 작성된 날짜는 모두 2000년 이후인데, 무슨 이유에서인지 두 계약서에는 1997년에 예금계약이 해지된 계좌번호가 적혀 있다는 사실까지 동일하였다.

나는 여러 경로를 통하여 2001년 당시 허창과 H건설 사이의 가처분취소 소송 관련 자료 및 당시의 사정들을 알 수 있는 자료들을 수집하여 항소심에 증거로 제출하였다. 기노걸과 허창의 부동산매매계약서는 비슷한 시기(2000년 이후)에 작성되었으며, 같은 사람의 글씨로 작성되었고, 같은 형태의 막도장이 날인되었으며, 모두 1997년 예금계약이 해지된 은행(농협, 국민은행) 계좌번호가 기재되어 있었으며, 두 사람 모두 H건설로부터 일체의 매매대금을 지급받은 사실이 없었는데도 불구하고, 두 사람의 부동산매매계약서를 기초로 2000년 12월에 각 부동산에 처분금지가처분이 이루어진 것이었다. 그런데 중요한 사실은 이 중 허창의 부동산매매계약서가 위조되었다는 점이고, 그렇다면 당연히 기노걸의 이 사건 계약서도 위조되었을 것이라고 추정 또는 의심하기에 충분하다. 다시 말하면 이 정도의 증거가 제출되었다면 기을호로서는 이 사건 계약서가 기노걸에 의하여 작성되지 않았다는 사실에 대하여 반증에 충분히 성공하였다고 보아야 한다. 즉 H건설로서는 기을호의 이러한 반증을 모두 침묵시킬 수 있는 객관적인 증거를 제출해야 한다.

또한 나는 이지학의 유족을 찾아가 어렵사리 이지학의 노트 등 이지학의 글씨가 기재된 서류를 입수하였는데, 놀랍게도 이 사건 계약서의 인적사항 및 계좌번호란에 기재된 글씨는 이지학의 글씨가 아니었다. 다시 말하면 증인 A는 제1심에서, "2000년 9~10

월 경 기노걸이 불러주는 계좌번호를 이지학은 현장에서 직접 계약서에 적어 넣는 것을 보았다"고 하였는데, 이 사건 계약서에 기재되어 있는 "농협 241084-56-002254"라는 글씨의 필체는 이지학의 글씨가 아니었다.

즉 그동안 제1심 증인 A의 "2000년 9~10월 경에… 기노걸은 1997년 9월 24일에 매매계약을 해지한 계좌번호를 불러주었다"는 증언은 그 신빙성이 매우 의심스러웠지만, 이제는 이러한 A의 증언이 명백하게 거짓임이 증명된 것이다.

항소심 재판부는 무슨 연유인지 재판 진행을 서둘렀다. 나는 허창 명의의 가짜 부동산매매계약서 및 부동산처분금지가처분 자료를 정리하여 증거로 제출하였고, 또한 A는 Y종합건설의 대주주 겸 전무이사로서 이 사건 계약서의 진정성립 여부와 이해관계가 있는 자로서 쉽게 그 증언을 믿어서는 안 된다는 점도 강조하였으며, 아울러 이지학의 유족으로부터 건네받은 이지학의 노트와 편지 등의 글씨체와 이 사건 계약서에 기재된 글씨체를 대조한 필적감정서를 증거로 제출하면서, A의 증언은 명백한 거짓 증언임이 확인되었으므로 A의 증언은 증거로 사용해서는 안 된다고 항변하였다.

H건설은 이지학의 노트와 편지 등의 글씨와 이 사건 계약서에

기재된 글씨는 다르다는 필적감정 결과에 대하여, 이 사건 계약서의 인적사항란은 사무실에서 미리 적어 왔고 사건현장에서 이지학이 직접 기재한 것은 계약서 계좌번호란의 "계좌번호"이므로 기을호 측의 주장은 맞지 않다고 하였다.

그러나 이 사건 계약서의 계좌번호란에는 손글씨 "농협 241084-56-002254" 중 "농협"이라는 글자체와 계약서 인적사항란의 손글씨 "기노걸, 고촌면 향산리" 등의 글씨체는 동일한 필체라는 사실도 확인되었고, 아라비아 글씨체 역시 동일한 필체라는 사실은 육안으로도 식별할 수 있는 사항이었다.

[제2심 판결] _____

2007년 10월 11일 담당 재판부는 기을호의 항소를 기각하는 판결은 선고하였다.

제1심판결 이유의 주요 부분은 항소심 판결 이유에서도 그대로 인용되었고, 그 외 허창의 매매계약서에 대한 주장과 관련하여 다음과 같은 추가적인 이유가 설시되었다.

H건설이 2000년 12월 13일 기노걸의 옆집에 사는 허창 소유의

전 398평 등 6필지 토지에 관하여 위 각 토지를 매수한 D건설로부터 매수인의 지위를 승계하였음을 이유로 이에 관한 계약서 및 영수증(이 사건 계약서 및 영수증과 형식이 동일하고, 매도인 및 영수인 허창 옆에 소위 한글 막도장이 찍혀 있으며, 작성일자는 2000년 1월 7일로 되어 있다)을 첨부하여 부동산처분금지가처분 신청을 하여 2000년 12월 20일 서울지방법원 2000카합3535호로 위 각 토지에 관하여 부동산처분금지가처분결정이 내려졌으나, 허창이 2001년 4월 7일 위와 같은 H건설의 지위 승계를 승낙한 바 없고, 위 계약서 등은 위조된 것이라고 주장하면서 H건설에게 소취하를 요구한 후 H건설이 법원의 제소명령에도 불구하고 소를 제기하지 않아 2001년 8월 31일 서울지방법원 2001카합1537호로 위 부동산처분금지가처분 결정이 취소된 점은 인정할 수 있다.

그러나 허창에 관한 위와 같은 사정만으로는 허창에 관한 위 계약서가 위조되었다고 단정하기 어려울 뿐만 아니라, 가사 허창에 관한 위 계약서가 허창의 승낙을 받지 않고 작성되어 위조된 것이라 하더라도, 이지학은 2000년 경 매매계약의 체결을 위해 허창 및 기노걸의 집을 수차례 방문하였는바(갑제31호증, 을제25호증의 1), 기노걸은 이 사건 계약서의 작성을 승낙하였을 수도 있는 점 등에 비추어, 그러한 사정만으로 이와 달리 보기 어렵다.

-서울고등법원 2007나5221호 판결이유 중에서

사법절차에서의 연고주의란, "전관 변호사는 아니지만 담당 판검사 등과 친분관계나 연고관계가 있는 변호사가 선임된 경우 그렇지 않은 변호사가 선임된 경우보다, 수사 및 재판의 결과에 있어서 부당한 특혜를 받거나 절차상의 혜택을 받는 현상"을 말한다.

전관예우와 마찬가지로 연고주의의 폐해 역시 비리의 주체는 특혜를 받는 변호사나 당사자가 아니라 현직 판검사라는 사실을 먼저 인식해야 한다. 어느 분야보다 공정하고 투명해야 할 사법절차가 현직 판검사와 연고 관계에 있는 변호사가 선임되었다는 이유로 그 결과(또는 절차)에 영향을 끼친다면, 이는 법치주의를 정면으로 파괴하는 행위에 해당할 수밖에 없다.

제2심판결은 연고주의의 특혜(반칙)가 적용된 것일까?

나는 제2심판결은 전관예우뿐만 아니라 연고주의의 반칙이 적용된 위법한 판결이라고 생각하고 있다. 그 이유는 다음과 같다.

첫째, 우선 형식적으로 제2심 재판부 재판장과 H건설의 소송대리인(변호사)는 같은 대학교 법학과 출신 선후배 사이였다. 즉 H건설 소송대리인은 제2심 재판장의 대학 10년 선배였다. 단순히 재판장과 담당 변호사가 대학 선후배, 그것도 10년 선후배 사이라는 이유만으로는 연고주의를 의심하기에는 부족하다고 할 것이다. 그러나 제2심 소송이 진행되던 2007년 당시 서울고등법원 민사재판부에는 약 20여 명의 재판장(부장판사)이 있었는데, 그 중에서 H건설 소송대리인과 같은 대학 출신 재판장은 이 사건 제2심 재판장이 유일하였다면 사정은 좀 다를 수 있다. 저자는 당시에도 이러한 상황에 대해 의아하게 생각했던 기억이 생생하다. 왜 하필 이런 재판부로 사건이 배당되었을까? 지금에 와서 돌이켜 보면 제2심(항소심) 사건은 배당에서부터 이미 모종의 조작이 들어가지 않았나 하는 의심을 떨쳐버릴 수 없다. 우리사회가 학벌 사회이고, 특히 대학의 서열화에 따른 연고주의 사회라는 사실은 대부분 인정할 것이다. 특히 법조계에서의 대학의 연고주의는 다른 어느 분야보다도 곤고하다는 점까지 감안하면, 그리고 항소심 재판부의 배당은 사전에 어느 정도 조정이 될 수 있다는 점 등을 감안하면, H건설과 판사 출신의 H건설 소송대리인이 항소심 재판부의 배당에 어느 정도 영향을 끼쳤을 것이라는 의혹을 단순한 기우라고 할 수만은 없을 것이다.

둘째, 제2심판결은 재판장과의 연고 관계가 영향을 받았다고 의심하는 근본적인 이유는 판결내용과 결과가 지나치게 H건설에게 편파적으로 구성되어 있기 때문이다. 몇 가지만 살펴보자.

(1) 우선 제1심판결은 그 과정과 결론에 있어서 너무도 의문이 많다. H건설은 이 사건 계약서를 핵심 증거로 제출하며 기을호를 상대로 소송을 걸었는데, 이 사건 계약서가 기노걸에 의하여 작성되었다는 객관적인 증거는 전혀 없었다. 단지 "2000년 9~10월 경 기노걸과 이재학이 이 사건 계약서를 작성한 것을 보았다"는 A의 증언이 유일한 증거이다. 그런데 이러한 A의 증언도 기을호가 다른 증거(통고서)를 제출하고 난 뒤 갑자기 번복된 것이어서 출발부터 신빙성이 떨어진 것이었다. 또한 이러한 과정에서 나온 "계좌번호 관련 증언"은 일반의 상식에도 도저히 맞지 않았다. 다시 말하면 A의 증언이 증거로서의 진실성을 갖추었는지는 전혀 검증되지 않았고, 진실성을 뒷받침하는 다른 객관적인 증거도 전혀 없는 상태였다. 오히려 그동안의 진술번복 과정과 "계좌번호 관련 증언" 그리고 A의 지위(Y종합건설 전무이사)와 H건설과의 관계 등을 참작하면 A의 증언은 쉽게 믿어서는 안 되는 것이었다. 그런데 제1심판결은 A의 증언을 전향적으로 증거로 채택하였다. 기을호는 항소심에서 이러한 사항들을 일목요연하게 설명(변론)하였음에도 불구하고 제2심법원은 이에 대하여 아예 귀를 닫아버렸고 제1심법원과 똑같은 판결 이유를 설시하였다. 이러한 판시 이유는 상식적으로 도저히 납득하기 어렵다. 일반인들에게 판단을 맡긴다면 도저히 나올 수 없는 결론이다. 이러한 과정과 결과에 비추어볼 때 H건설의 소송대리인이 전직 판사 출신이자 제2심 재판장

· · · · ·   전관예우 보고서

과 같은 대학 출신이라는 사실이 재판 결과에 크게 영향을 미쳤다고 의심하기에 충분하다. 즉 이를 우연이라고 보기는 어렵다.

(2) 다음으로 제2심법원은 기을호가 제2심에서 추가로 제출한 허창 관련 증거에 대한 주장까지 모두 배척한 것도 납득하기 어렵다. 다시 한번 강조하거니와 H건설은 이 사건 계약서가 기노걸에 의하여 작성되었다고 하면서 기노걸의 아들 기을호에게 소송을 걸어왔다. 그렇다면 H건설은 이 사건 계약서가 기노걸에 의하여 작성되었다는 사실을 증거에 의하여 명확히 증명해야 한다(본증, 이를 '입증책임'이라고 한다). 좀 더 쉽게 말하면, H건설은 이 사건 계약서는 수치적으로 90% 이상은 기노걸에 의하여 작성되었다는 확신이 설 정도로 충분하게 입증하여야 한다.

반면에 기을호로서는 이 사건 계약서가 기노걸에 의하여 작성되지 않았을 것이라고 의심을 품을 정도의 반증만 제출하면 된다. 이를 수치적으로 표현한다면, 이 사건 계약서는 기노걸에 의하여 작성되었을 것이라는 확신을 70% 이하로 떨어뜨릴 정도만 증명하면 된다. 다시 말하면 기노걸이 작성하지 않았을 가능성이 30% 이상만 되면 기을호는 반증에 성공한 것이다. 지금까지 기을호는 충분히 반증에 성공했다.

비슷한 시기에 작성된 허창 명의의 계약서가 대표적이다. 허창은 자신의 계약서는 위조되었다고 진술서도 작성해 주었고, H건설도 위조임을 인정하여 가처분을 취소하여 주었다. 그런데 이 사건 계약서와 허창 명의의 계약서는 비슷한 시기에 작성되었고, 계약서 형식도 동일하며, 인적사항란에 기재된 손글씨도 같았으며, 동일한 형태의 한글 막도장이 찍혀 있었고, 동일하게 1997년에 예금계약이 해지된 계좌번호가 적혀 있었으며, 또한 동일한 시기(2000년 12월)에 부동산처분금지가처분에 사용되었다. 그렇다면 이 사건 계약서도 허창 명의의 계약서와 동일하게 위조되었을 가능성은 충분히 의심할 만하다. 이러한 가능성을 모두 부정하고 이 사건 계약서가 수치적으로 90% 이상은 기노걸에 의하여 작성되었다고 어떻게 확신하겠는가? 여기에 제1심 증인 A의 "계좌번호 관련 증언"은 너무도 미심쩍다는 사실까지 종합하면 기을호는 객관적인 증거로서 반증에 충분히 성공하였고, 반면 H건설은 이 사건 계약서가 기노걸에 의하여 작성되었다는 사실의 입증에 실패하였다고 보아야 한다.

그런데 제2심법원은 이 사건 계약서는 기노걸에 의하여 작성되었다는 사실을 당연한 것으로 전제하였고, 오히려 허창의 계약서가 위조되었거나 혹은 위조되었을 가능성만 가지고 이 사건 계약서도 위조되었다고 보기 어렵다고 판시하였다. 다시 말하면 H

건설이 이 사건 계약서는 기노걸에 의하여 작성되었다는 사실을 90% 이상 확실하게 증명해야 하는 것이 아니라, 오히려 기을호가 이 사건 계약서가 위조되었다는 사실을 90% 이상 확실하게 증명해야 한다는 논리였다.

이는 입증책임의 법리를 완벽하게 위반한 것이다.

민사소송에서 입증책임이 누구에게 있느냐는 매우 중요한 요소이다. 입증 정도에 따라서 소송의 승패가 달라지기 때문이다. 민사소송법 제357조는 "사문서(계약서 등)는 그것이 진정한 것임을 증명하여야 한다"라고 규정하고 있다. 대법원 판례도 계약서는 이를 증거로 제출하는 자가 입증책임을 부담한다고 일관되게 판시하고 있다. 기노걸이 이 사건 계약서를 작성하였다는 사실을 H건설이 입증해야 한다는 것은 곧 증거에 의하여 기노걸이 이 사건 계약서를 작성하지 않았을 가능성이 조금이라도 밝혀지면 H건설의 청구는 기각되어야 한다는 의미이다. 민사법을 제대로 공부한 법률가라면 누구나 알고 있는 법리이다. 사법시험에 합격하고 사법연수원을 우수한 성적으로 졸업한 뒤 최소한 10년을 넘게 법관으로 근무한 제2심 재판부(재판장 및 배석판사)가 이와 같은 입증책임의 법리를 모를 리 없다. 그런데 제2심 판결 이유에는 마치 기노걸이 이 사건 계약서가 위조되었다는 사실을 증명해야 하는 것으로 판단하였다. 어떻게 이것을 우연이라고 할 수 있단 말인가?

(3) 무엇보다도 연고주의 판결에 대한 의심을 떨쳐 버릴 수 없는 것은 제2심 재판부는 기을호가 제출한 증거 중 가장 중요한 증거에 대한 판단 자체를 누락하였다는 점이다.

기을호는 제2심 변론과정에서 이 사건 계약서에 기재된 글씨(계좌번호란 포함)는 이지학의 글씨가 아니라는 취지의 필적감정서를 증거로 제출하였다. H건설은 기노걸이 이 사건 계약서를 작성하였다는 사실을 증명하는 유일한 증거는, A의 "기노걸과 이지학이 계약을 체결하는 것을 보았다"는 제1심 증언뿐이다. 그렇다면 이러한 A의 증언은 과연 증거로서 믿을 수 있는지를 따져보아야 한다. 객관적인 증거로 뒷받침이 되지 않고 말(言) 뿐인 A의 증언에 의심스러운 점은 없는지를 검증해 보고, 만일 의심스러운 점이 있다면 이를 판결의 증거로 사용해서는 안 된다. 법원이 하는 판결은 신중해야 하는데, 의심스러운 증언을 판결의 근거로 사용하게 되면 그러한 판결은 신뢰성이 떨어지고 판결에 대한 불신이 확산되고, 그렇게 되면 결국 사회가 불안해지게 된다.

A는 증인으로 출석하여 "기노걸과 이지학이 계약을 체결할 때, 이지학은 현장에서 기노걸이 불러주는 계좌번호를 직접 계약서에 적어 넣는 것을 보았다"라고 하였다. 이와 같은 A의 증언에 따르면 이 사건 계약서에 기재되어 있는 계좌번호의 글씨는 이지학의

글씨여야 한다.

그런데 이지학의 유족으로부터 입수한 자료에 의하면 이 사건 계약서에 기재되어 있는 글씨는 이지학의 글씨가 아니었다. 즉 이 사건 계약서 계좌번호란에는 "농협 241084-56-002254"라는 글씨가 기재되어 있었는데, 이 중 "농협"이라는 글씨와 이지학의 글씨를 대조한 결과 서로 다른 필체였다. 이는 곧 A는 "계좌번호"와 관련하여 거짓 증언을 하였다는 의미이다. 기을호는 이러한 내용의 필적감정서를 제2심 재판부에 증거로 제출하였고, 같은 내용을 준비서면으로도 진술하였다. 일반적으로도 거짓말을 한 사람의 말은 쉽게 믿어서는 안 된다. 하물며 법정에서 진실만을 말하겠다고 한 증인이 명백한 거짓말을 하였다면, 그러한 증인의 다른 증언도 진실성을 담보할 수 없고, 따라서 이러한 증인의 증언은 판결의 근거가 되는 증거로 사용해서는 안 된다. 증인 A의 다른 증언도 90% 이상 진실할 것이라고 장담할 수 없기 때문이다. 만일 제2심법원이 기을호가 마지막에 제출한 필적감정서를 증거로서 제대로 판단하였다면 당연히 A의 증언은 증거로 사용할 수 없으므로 기을호의 항소는 인용되었을 것이고, H건설은 패소할 수밖에 없었을 것이다.

그런데 제2심법원은 기을호가 증거로 제출한 이지학 글씨 관련 필적감정서에 대하여 아무런 판단도 하지 않았다. 즉 이를 감쪽같이 빼 먹은 것이다. 그때까지 기을호가 제출한 가장 중요한 증거에 대한 판단을 생략한 것이다. 그리고 기을호의 항소를 기각하면서 H건설의 승소판결을 유지하였다. 어떻게 이런 일이 있을 수 있단 말인가? 이것을 과연 우연이라고 할 수 있을까? H건설에게 유리하게 판단해 주려는 강한 의지가 개입되지 않고서 어떻게 이런 판결이 나올 수 있다는 말인가?

[제1,2심 사건이 미국식 배심재판으로 진행되었다면…?] _____

제1심 및 제2심에서 제출된 증거자료가 12명의 미국 배심원단 앞에 제출되고, "이 사건 계약서는 기노걸이 작성한 것으로 볼 수 있을까"라는 사실관계에 대한 평결을 요청하였다면 그 결과는 어떻게 되었을까? 12명의 배심원단 중 10명 이상의 배심원이 "증거에 의하면 이 사건 계약서는 기노걸이 작성한 것으로 볼 수 있다"라는 평결을 내릴 가능성이 얼마나 될까? 만일 12명의 배심원 중 10명 이상이 위와 같은 평결에 동의한다면, 법원으로서는 H건설의 승소판결을 유지할 것이고, 12명의 배심원 중 3명 이상이 "도저히 기노걸이 작성한 것으로 볼 수 없다"고 하면서 만장일치 혹은 다수결 평결에 동의하지 않는다면 H건설을 패소하게 될 것이다.

여기서 우리나라 민사소송법에서의 입증책임의 법리와 배심원단의 평결의 정족수는 비슷한 원리에 기초해 있음을 알 수 있다. 좀 더 자세히 살펴보자. 우리나라 민사소송법 제357조에서는 "사문서는 그것이 진정한 것임을 증명하여야 한다"라고 규정하고 있다. 이는 곧 사문서(계약서 등)를 증거로 제출하는 쪽에서 그 사문서가 명의인(이 사건에서 '기노걸')의 의사에 따라 작성되었음을 증명해야만 계약서에 기재된 내용에 증명력 있는 증거가 될 수 있다는 의미이다. 이를 법률용어로 "입증책임"이라고 하는데, 입증책임이 있는 자가 입증을 하지 못하면 그로 인한 불이익을 감수하여야 한다는 의미이다. 다시 말하면 입증책임을 다하지 못하면 그 사문서는 증거로 사용될 수 없다는 말이다. 이 사건에서 H건설은 기노걸의 명의로 되어 있는 이 사건 계약서를 증거로 제출하였다. 따라서 H건설은 이 사건 계약서가 기노걸의 의사에 따라 정상적으로 작성되었다는 사실에 대하여 입증책임이 있는 자이다.

그렇다면 H건설은 기노걸이 이 사건 계약서를 작성하였다는 사실을 어느 정도까지 증명하여야 하는 걸까? 추상적으로 말하면 "반대 사실에 의심을 품지 못할 정도" 혹은 "상대방의 반대주장에 침묵을 명할 수 있을 정도"까지 입증을 하여야 한다. 좀 더 알기 쉽게 수치적으로 말하면, "십 중 팔구 정도" 그러니까 "약 90% 이상 진실(사실)이라는 확신이 들 정도"로 증명을 하여야만 비로소

이 사건 계약서는 기노걸이 작성한 증거로 사용될 수 있다는 의미이고, 기을호의 입장에서는 합리적인 근거로서 기노걸은 이 사건 계약서를 작성하지 않았다는 반증만 제시하면 된다는 의미이다.

이를 배심원단의 평결 정족수와 비교하여 보면, H건설이 제출한 증거에 비추어 보면 12명의 배심원 중 적어도 10명 이상이 기노걸이 이 사건 계약서를 작성한 것으로 볼 수 있다는 확신을 가지고 찬성을 할 정도가 되어야 한다는 의미라고도 할 수 있다(다만 미국 대부분의 민사 배심재판은 배심원의 만장일치의 평결을 요구하고 있다). 이렇게 보면 우리나라 증거법으로서의 "입증책임의 법리"와 미국 배심원단의 "평결 정족수"는 증거의 증명력과 관련하여 비슷한 기능을 수행하는 것임을 알 수 있을 것이다.

이제 다시 제1, 2심에서 제출된 각 증거들이 배심원단 앞에 개시되었다고 가정해 보자. 물론 미국은 항소심이 법률심으로 운영되기 때문에 항소심에서 다시 배심원 평결을 하지는 않는다. 다만, 제1심법원은 배심원 평결이 있은 후에도 증거가치의 명백성에 반하는 경우 등에는 사후심사를 통하여 새로운 배심원으로 하여금 당해 사건을 다시 심리하도록 하는 것은 가능하다[5].

어쨌든 우리나라 항소심은 사실심이라는 점과 제1심판결에 심각한 오류가 있었다는 점을 감안하여 제1, 2심에 제출된 증거들이 새로운 배심원단 앞에 개시되었다고 가정해 보자. 과연 H건설은 12명의 배심원 중 10명 이상의 배심원들로부터 "이 사건 계약서는 기노걸이 작성한 것으로 볼 수 있다"라는 평결을 받아 낼 수 있을까?

물론, 배심원단 앞에는 "이 사건 계약서의 계좌번호는 이지학의 글씨가 아니라는 내용이 담긴 필적감정서"도 제시되었을 것이며, 이 사건 계약서와 같은 글씨, 같은 형태의 막도장, 같은 시기에 예금계약이 해지된 허창의 매매계약서가 위조되었다는 증거자료도 제시되었을 것이다. 즉 제2심 재판부처럼 가장 중요한 핵심 증거에 대한 판단을 누락하는 일은 없었을 것이다. 평범한 시민으로 구성된 12명의 배심원들이 토론을 통하여 집단지성을 발휘한다면 제2심 재판부와 같은 어이없는 실수는 범하지 않았을 것이기 때문이다.

또한 H건설의 소송대리인과 제2심 재판장이 같은 대학교 출신이라는 사실도 배심원 평결에 전혀 영향을 미치지 못할 것이며, 배심원 평결에 영향을 미치는 요소는 오로지 증거의 우월성이 가장 중요하고 유일할 것이다.

H건설이 제출한 증거는 이 사건 계약서를 작성하는 것을 보았다는 A의 증언 하나뿐이고, A의 증언을 뒷받침하는 객관적인 증거는 아무것도 없다. 더구나 A는 H건설의 용역업체인 Y종합건설의 전무이사였다. 또한 A는 처음에는 "1999년 11월 24일에 이 사건 계약체결 현장에 있었다"고 하였으나, 기을호가 다른 증거(통고서)를 제출하자 진술을 번복하여 "1999년 11월 24일이 아니라 2000년 9~10월경이었다"라고 진술을 번복하였다.

A는 2000년 9~10월 경에 이지학은 기노걸이 불러주는 계좌번호를 이 사건 계약서에 직접 적어 넣었다고 했는데, 정작 계약서에 기재된 계좌번호는 기노걸이 1997년 9월에 예금계약을 해지한 것임이 밝혀진다. 더구나 이지학 유족이 제출한 노트와 편지 등에 의하면 이 사건 계약서에 기재된 계좌번호의 필체는 이지학의 글씨도 아닌 것으로 드러났다. 진실만을 말하겠다고 선서한 A는 법정에서 명백한 위증까지 하였다. 이런 상태에서 평범한 12명의 배심원 중에서, 기노걸이 이 사건 계약서를 작성하는 현장을 보았다는 A의 증언은 얼마나 진실하고 우월한 증거로 판단 받을 수 있을까?

통상 매매계약을 체결할 때에는 상대방에게 계약금 등의 명목으로 돈을 지급하거나 자필서명이라도 받는 것이 보통인데, H건설은 기노걸에게 어떠한 돈도 지급하지 않았고 자필서명도 받지 않았다. 그 후 약 5년 뒤 H건설은 이 사건 계약서 한 장을 증거로 제출하고 있을 뿐이다. 과연 "2000년 9~10월 기노걸과 이지학이 이 사건 계약을 체결한 것을 보았다"는 A의 증언은 얼마나 신빙성이 있는 우월한 증거일까?

소재지	지번	지목	면적(㎡)	소유권자	비고
경기도 김포시 고촌면 향산리	61-2	전	1,184	허 상	지상물일체 포함
	61-3	잡	374		
	61-4	전	588		
	65-1	대	943		
	65-7	대	438		
	65-11	잡	602		
계			4,129(1,249평)		

상기 표시 부동산의 매도인인 상기 소유권자(이하 '갑')와 매수인   건설 주식회사 대표이사 김 규(이하 '을')는 아파트 신축 사업용 토지매매를 위하여 상호간에 신의와 성실을 원칙으로 아래와 같이 부동산 매매계약을 체결한다.

- 아   래 -

第 1 條 (契約의 主內容)

가. '갑'은 위 표시부동산의 정당한 소유자임을 확인하여 본 계약서에 명시된 '갑'의 제반의무를 책임진다.

나. '갑'이 1997. 9. 1.동아건설산업(주)와 체결한 부동산 매매계약을 '을'이 1999. 11. 24.승계 인수함에 따라 이를 재확인하고, 기수수대금 승계 및 잔대금 지불방법을 정한다.

다. '갑'과 '을'은 '갑' 소유 표시 부동산에 '을'이 아파트를 신축할수 있도록 매매하고저 제2조 이하의 내용으로 표시 부동산의 매매계약을 체결한다.

라. 이 승계계약 체결후 '갑'은 '을'의 동의 없이 표시부동산을 제3자에게 양도하거나 제한물권 설정 등의 행위를 할 수 없다.

第 2 條 (賣買代金 支給條件)

가. 대금총액 : 一金이십억육천팔오만원整(₩2,060,850,000)

나. 매매대금의 지급 일정

구 분	지금기일	금 액	비 고
계 약 금	1997. 9. 1	₩192,765,000	1조 나항 참조
1차 중도금	1997. 9. 1	₩96,382,500	1조 나항 참조
2차 중도금	승계계약후 4개월	₩885,851,250	소유권이전시
잔 금	2차 중도금 지금후 6개월	₩885,851,250	어음지급,지급보증
합 계		₩2,060,850,000	

〈증거자료 6-1 : 허창 명의의 부동산매매계약서 제1면〉

이 사건 계약서와 동일한 글씨로 작성되고, 동일한 형태의 막도장이 날인된 동일한 형식의 H건설 - 허창 명의의 부동산 매매계약서이다. 누군가가 허창 매매계약서를 작성하여 H건설에게 교부하였고, H건설이 이를 이용하여 허창의 부동산에 처분금지가처분을 하였으나, 추후 위조사실이 확인되어 가처분을 취소해 주었다.

다. 확정 측량 결과 매매면적이 변경될 시 상기 '가'항 금액을 매매면적으로
나눈 금액으로 정산키로 한다.

라. 매매대금 지불관련 특약

1) 매매대금중 계약금(10%) 및 1차중도금(5%)은 계약일로부터 5일 이내
에 '갑'이 지정하는 은행계좌로 '을'이 입금하기로 한다.

(국민 은행 : 079-21-0525-482)

2) 계약금 지급후 '을'은 동 금액에 대한 채권확보를 위하여 가처분을 할
수 있으며, '을'의 요청시 총 지급액의 130% 범위내에서 근저당권 설정
또는 소유권 이전 가등기 신청을 위한 서류를 '을'에게 교부하기로 한다.

第 3 條 (契約擔保 및 土地使用承諾 等)

본 계약 체결과 동시에 '갑'은 '을'의 인허가에 필요한 제반서류(토지사용
승락서, 인감증명서 등)를 제공하기로 한다.

第 4 條 (所有權 移轉 및 명도 時期)

가. '갑'은 '을'로부터 제2조 토지잔대금을 수령하거나, '을'의 서면통보에 의하
여 잔대금 지불기일에 지불할 것을 명시한 약속어음 또는 금융기관의 지불
보증서로 지불할 경우 소유권 이전에 필요한 일체의 서류를 '을'에게 교부
하고 부동산을 명도하기로 한다.

나. 명도시 부동산 등기상에 기재되지 않은 하자는 명도후에도 '갑'의 책임과
비용으로 처리하기로 한다.

第 5 條 (設定權利의 抹消)

가. 본 계약 체결 당시의 '갑'의 등기상에 설정된 소유권 이외의 모든 권리는
'갑'의 책임하에 제4조의 잔대금 지급일전까지 말소하여야 한다.

나. 본 계약 체결일 이후 '갑'은 위 표시부동산에 '갑'의 소유권 이외의 어떠한
권리도 설정할 수 없으며, '갑'의 의지와 관련없이 행하여진 소유권을 제한
하는 권리(임차권, 가처분, 가압류, 지상권 등 일체의 권리)는 '갑'의 책임하
에 제4조 잔대금 지불기일 전까지 말소하여야 한다.

다. 상기 '가'항 및 '나'항의 설정권리 말소가 기한내에 완료되지 못할시 '을'은
중도금 또는 잔금의 지급을 연기하거나 권리의 말소를 직접 행할 수 있으며
이에 투입된 비용은 '갑'의 부담으로 하며 토지대금에서 상계 처리한다.

〈증거자료 6-2 허창 명의의 부동산매매계약서 제2면〉

계약서 제2조 라항에는 허창의 국민은행 079-21-0525-482 계좌번호가 기재되어 있었는데, 이는 허창이 1997년 12
월에 예금계약을 해지하고 폐쇄한 계좌번호였다.

第 6 條 (農作物 等 支障物에 관한 事項)

　　가. '갑'은 표시 부동산상의 지장물 일체(미등기 건축물 및 기타 농작물과 지하구
　　　조물을 포함한다.)를 제4조 잔대금 지불기일전까지 '갑'의 책임과 비용으로 철
　　　거, 거주자의 퇴거 및 건물의 멸실등을 완료하여 토지 명도에 하등의 지장이
　　　없도록 조치하여야 하며, '을'은 일반구조를 철거를 책임지고 철거한다.

第 7 條 (行爲 制限)

　　이 계약 체결후 계약자중 일방이 다음과 같은 행위를 할 경우 사전에 상대방
　　의 서면 승낙을 얻어야 하며 승락없이 행한 행위의 모든 책임은 행위자가 부
　　담한다.
　　1) '을'의 동의없는 표시부동산의 대금청구권 양도 및 소유권 이전
　　2) 이 계약서에 대한 질전등 제한물권의 설정 및 담보 제공
　　3) 상대방의 승인없이 아 계약서를 제3자에게 공개
　　4) '을'의 동의없는 매매,증여,전세권,저당권,임차권의 설정 기타 일체의 처분
　　　행위

第 8 條 (諸稅 公課金)

　　표시부동산에 대한 재세금 및 공과금은 과세기준일을 기준하여 제4조의 소유
　　권 이전일 이전까지 발생된 부과분은 명의에 관계없이 '갑'이 부담하고 그 이
　　후에는 '을'이 부담한다.

第 9 條 (違約에 따른 賠償)

　　가. '갑'과 '을'이 본 계약을 위반하였을 경우, 상대방은 상당한 기간을 정하여
　　　상대방에게 그 이행을 최고한 후 본 계약을 해지할 수 있다.
　　나. 본 계약을 '갑'이 위약시는 계약금의 2배액을 변상하며 '을'이 위약시는 계
　　　약금은 '갑'에게 귀속되고 반환을 청구할 수 없으며, 계약 해지 및 해제로
　　　입은 상대방의 피해는 별도 보상 및 배상키로 한다.
　　다. '을'이 아파트 사업을 위한 사업승인을 접수한 후 '갑'의 책임있는 사유로
　　　본계약의 이행이 불가능하거나 이행이 지체될 경우 '갑'은 상기 '가' 항
　　　내지 '나' 항의 배상과 별도로 '을'의 기투입비용 및 예상 사업수익을
　　　배상한다.

第 10 條 (特 約 事 項)

　　가. 본 계약의 내용은 '갑'과 '을'의 상속인 또는 포괄승계인에게 자동 승계된다.
　　나. 본 계약과 관련된 부동산의 소유권이전 및 지장물의 철거 동의 '갑'의 모든
　　　책임은 계약 당사자인 '갑' 과 상속인 또는 포괄승계인 모두가 연대
　　　하여 부담한다.

　　　　　가. 본 계약서상에 명시되어 있지 아니한 사항은 일반 상거래 관행에
　　　　　　　의하여 해석한다.
　　　　　나. 본 계약에 따른 분쟁에 관하여 법률적 사안이 발생할 경우 소송
　　　　　　　관할법원은 서울지방법원 본원으로 한다.

　　　　위와 같은 계약을 체결함에 있어 '갑'과 '을'은 위 계약조건을
　성실히 이행할 것을 입증하기 위하여 이 계약서에 날인하여 각1부
씩 보관키로 한다.

　　　　　　　　　　　　　　　　2000.
　　　　　　　　　　　　　　　　~~1999.~~　　1 . 7

　　　　　賣渡人 (갑) : 경기도 김포시 고촌면 향산리 7
　　　　　　　　　　　　460 2 - 1 53
　　　　　　　　　　　　허

　　　　　買受人 (을) : 서울시 종로구　　140-2 -
　　　　　　　　　　　(110 -0007)
　　　　　　　　　　　건 설 주 식 회 사
　　　　　　　　　　　대 표 이 사 김 윤 규

　　　　　立 會 人 : 안양시 동안구 관양동 1508
　　　　　　　　　　　종 합 건 설 주 식 회 사
　　　　　　　　　　　대 표 이 사 김 환, 정 경

〈증거자료 6-4 허창 명의의 부동산매매계약서 제 4면〉

허창의 주소, 성명, 주민등록번호, 계약일자가 기재되어 있는데 기노걸의 이 사건 계약서에 기재된 글씨와 동일한 필체
로 확인되었다. 또한 날인되어 있는 허창의 막도장도 이 사건 계약서에 날인된 기노걸의 막도장과 동일한 형태였다.

No.____

領 收 證

一金 이억 팔천 구백 일십 사만 칠천 오백 원整 (₩289,147,500)

但, 김포시 고촌면 향산리 토지 매매 대금

上記 金額을 政히 領收함

2000年 1月 7日

領受印 : 허 ㉑

(460 2 - 153)

건설주식회사 貴重

〈증거자료 7 : 허창 명의의 영수증〉

허창의 주민등록번호가 기재되고, 막도장이 날인된 영수증이다. 증거자료2에서 본 기노걸의 영수증과 동일한 필체, 동일한 형태의 막도장이다.

통 고 서

수신인 : 경기도 김포시 고촌면, 향산리 7번지
　　　　허　　귀하

발신인 : 김포시 사우동 256-7 경동빌딩3층
　　　　종합건설(주) 대표이사 김

　　당사는 1997년 3월 향산취락지구 저밀도 변경승인이 완료된 시점에서부터
개발계획을 다시 수립하여 현재까지 사업을 진행해 온 바 막대한 개발사업
비를 부담하면서 향산리 개발에 노력하였으나 당사가 동아건설(주)로부러 양
도 승계받은 부동산 양도권리를 인정하지 않음에 따라 개발이 지연되어 이
내용증명을 발송합니다.
　　현 향산리의 개발면적은 93,000평으로 도시계획도로 및 학교, 공원 등
33,000평은 기부체납하여야 하며 공동주택용지로 60,000평을 사용하게 됩니
다. 또한 현부지는 윗상리 일부와 아랫상리 반이상이 군사시설보호지역으로
되어 있어 군시설에 대한 대체시설물 이전비 등 개발자의 사업비 부담이 가
중되어 있고 104번 군도로로 사용하게 될 도로개설비, 사우지구 우회도로와
연결되는 향산IC 공사비(약 50억) 등 순수 토지비로 산정시 귀하의 토지평수
의 절반이 기부체납 또는 개발비 부담으로 되어 있습니다. 따라서 귀하 토지
가의 2배에 상당한 사업비가 지출되는 셈입니다. 지금까지 도로를 70만원,
전답을 80만원, 대지는 100만원(건물비 별도 보상) 선에서 협의 매입을 해온
바 90% 이상의 주민이 이에 동의하고 계약을 완료한 반면, 귀하는 이에 불
응하고 개인의 이익만을 추구하고 있음으로 먼저 내용증명으로 당사의 사업
경위와 취지를 설명하고 도시개발법 21조의 2/3이상 토지매입 및 토지소유자
총수의 2/3 이상 동의한 근거에 따라 동법제13조에 의거 토지수용권을 부여
받아 사업시행을 하고자 합니다. 이러한 사태는 귀하의 비협조와 터무니 없
이 높은 토지가격을 요구함으로 당사로 하여금 불가피한 선택을 하도록 한
것입니다.
　　지금까지 당사의 개발비 부담으로 향산리 전체의 막대한 개발이익을 가져
다 준 공로를 인정하지 못하는 귀하에게 섭섭함을 표하며 아무런 물리적 마
찰없이 해결되기를 기대합니다. 안녕히 계십시오.

붙임 : 사업추진경위서 1부. 끝.

이 우편물은 2000/07/28 제 181149
호에 의하여 내용증명우편물로
발송하였음을 증명함
　　　김포우체국장

2000년　　월　　일

《증거자료 8 : Y종합건설이 허창에게 보낸 통고서(2000. 7. 28.)》

Y종합건설은 2000년 7월 28일 허창에게도 "승계계약에 협조해 주지 않아 토지수용권을 발동하겠다"라는 내용의 협박
성 통고서를 발송하였다. 증거자료4 참조.

수 신 :   건설(주)
　　　　　 서울 종로구   140의 2(소관 : 민간사업본부 영업부)
　　　　　 대표이사 김   규

발 신 :   허

　　　　　 김포시 고촌면 향산리 7

제 목 :   소취하 요청서

귀사의 번영을 기원합니다.

1.   귀사는 본인 소유 토지 6필지(김포 향산리)를 매매, 임대 근저당권설
　　　정을 하지 못 하도록 가처분을 하였습니다.
　　　(서울지방법원 2000카합 3535. 가처분)(2000. 12. 20.)

2.   귀사와 본인은 아무 거래가 없었습니다. 귀사는 다만 동아건설산업
　　　(주)로부터 본인과의 거래 관계에 따른 권리를 양도 받았음을 근거로
　　　하고 있는 줄 압니다.

3.   그러나 그 어떤 권리를 양도받았다 해도 매도인인 본인의 승낙이 없
　　　었던 이상 본인에 대하여 그 권리를 주장할 수 없으며, 이는 상식일
　　　뿐 아니라 별첨 판례에도 명백한 바입니다.

4.   이에 본인은 귀사가 별첨 판례 등을 참고 심사숙고하여 이후 15일
　　　내에 소를 취하하지 아니할 경우 귀사의 부당 소송으로 인한 본인의
　　　물심양면의 피해를 보상하기 바랍니다.

5.   귀사는 이미 온 국민의 지탄을 받은 망국적 기업책임이 발각되었거
　　　니와 양민을 이렇게 더 이상 괴롭히지 말기 바랍니다.

　　　　　　　　　　　　　　　　　　　　　　　　　　2001.   4.   17.
　　　　　　　　　　　　　　　　　　　　　　　　　　위 허

〈증거자료 9 : 허창이 H건설에게 보낸 소 취하 요청서(2001. 4. 17.)〉

허창은 2001년 4월 17일, H건설이 자신의 부동산에 2000년 12월 20일 서울지방법원 2000카합3535호로 처분금지가
처분을 하였다는 사실을 알았고, 이에 H건설과는 아무런 거래관계가 없으므로 가처분을 취소해 줄 것을 요청하는 통고
서를 발송하였고, 그 후 위 가처분은 취소되었다. 왼쪽 하단에 2001년 4월 19일자 H건설의 접수인이 날인되어 있다.

감 정 서

(筆 跡)

1. 의 뢰 인

   서울특별시 서초구 서초동 1554-8

   안 천 식

2. 감 정 물

   (가) 부동산 매매계약서 사본 1부

   (나) 이 ■ 학 필적 사본 4매   **이하여백**

3. 감 정 사 항

   위의 부동산 매매계약서에 기재된 감정 대상 필적과 이 ■ 학 필적의 이동(異同) 여부   **이하여백**

4. 감 정 방 법

   위의 필적 감정을 위하여 입체 현미경, 고정밀 영상 투영기, 계측기 등 과학 기기를 이용하여 필의 구성과 배자의 형태, 운필 방향과 각도, 필획 간에 연결되는 위치와 간격, 자음과 모음의 구성, 기필 부분

1507

이 사건 계약서와 어렵게 입수한 이지학의 필적 4매를 대상으로 필적감정을 실시한 필적감정서 내용이다.

과 종필 처리 형태 등을 비교 검사하고, 기재 과정상의 변화 상태 및 개인의 잠재 습성과 사본 과정상의 변화 등을 종합적으로 검사하였음.

5. 감 정 소 견

(가) 위의 부동산 매매계약서에 기재된 감정 대상 필적은 안정되고 숙련된 필적으로서 개인의 특성이 나타나 있었고, 이●학의 필적도 숙련된 필적이지만 기재할 때마다 기재 과정상의 변화가 있으며, 각 필적은 동일 내용의 문자는 부족하지만 상호 동일 내용의 문자와 동일 내용의 자음과 모음을 기준하여 각 필적의 특징을 정밀 대조하였음. **이하여백**

(나) 위의 각 필적은 첨부된 사진 제 1, 2, 3, 4, 5, 6호의 상하 녹선 표시와 같이, 외형상의 숙련 상태에서는 유사성 있는 부분은 있으나 정밀 대조에서 운필 구성과 배자의 형태, 기재 방향과 각도 등에서 각각 차이점이 관찰되었고, 특정 필획의 길고 짧은 형태, 필획 간에 연결되는 위치와 간격, 자음과 모음의 구성에서도 차이점이 있으며, 특히 모음 "ㅓ, ㅕ, ㅏ, ㅑ, ㅣ" 등 모음 상단의 곡선적인 세리프 형태, "김"자 "ㅁ"의 기재 방향, "포"자의 연결 형태, "면"자의 필획 형태와 방향, "경"자의 기재 방향과 각도, "걸, 협"의 받침 형태에서는 개인의 기재 습성의 차이점이 관찰되었고, 부동산 매매계약서의 필적은 전체적으로 길이와 간격이 고른 형태의 필적이지만 이●학의

1504

〈증거자료 10-2 필적감정서 : 이 사건 계약서와 이지학의 필적을 대조 - 제2면〉

정밀 대조한 결과 이 사건 계약서의 필적과 이지학의 필적은 운필구성과 배자의 형태, 기재방향과 각도 등에서 차이점이 관찰된다는 내용이다.

필적은 부분적으로 모음을 길게 기재하는 습성의 차이도 있으며, 이재학의 필적은 변화점 중에서도 공통점이 있으나, 부동산 매매계약서의 필적과는 특징 상사점이 관찰되지 아니하였음. 이하여백

(첨부 사진 제 1, 2, 3, 4, 5, 6호 참조)

6. 감 정 결 과

이상의 감정 소견과 같이, 위의 부동산 매매계약서에 기재된 감정 대상 필적과 이재학 필적은 각각 차이점 있는 필적으로 사료됨.

2 0 0 7 . 8 . 1 7 .

붙임. 감정물 일체

第 一 文 書 鑑 定

서울特別市 瑞草區 瑞草洞 1699
(서원빌딩 403 호)

文書鑑定士 金 炳

1506

⟨증거자료 10-3 필적감정서 : 이 사건 계약서와 이지학의 필적을 대조 - 제3면⟩

최종적으로 이 사건 계약서에 기재된 필적과 이지학의 평소 필적은 각각 뚜렷한 차이점이 있는 것으로 각기 다른 필적이라는 사실이 확인되었다. 다시 말하면 제1심 증은 A의 증언은 거짓이라는 내용이다.

(사진 제 6 호)

上. 부동산 매매계약서 은행 계좌 부분 필적, 下. 이⬛학 필적 부분 확대 사진
녹선 표시는 상하에 기재된 필적의 차이점 부분

第 一 文 書 鑑 定 院

필적, 인영, 지문, 변조, 작성년도

/5//

〈증거자료 10-4 필적감정서 : 사진 6호〉

필적의 대조는 이 사건 계약서의 계좌번호란에 기재되어 있는 '농협'이라는 글자도 포함되었고, 이는 이지학의 글씨가 아
님이 확인된 것이다.

나. ~~~~ ~~~~~ ~~~~ ~~~~~~ ~~~~~ ~ ~~~~~ ~~~ ~~~
나눈 금액으로 정산키로 한다.

라. 매매대금 지불관련 특약

  1) 매매대금중 계약금(10%) 및 1차중도금(5%)은 계약일로부터 3일 이내
에 '갑'이 지정하는 은행계좌로 '을'이 입금하기로 한다.

  (농협 은행 : 241084-56-002394)

  2) 계약금 지급후 '을'은 동 금액에 대한 채권확보를 위하여 가처분을 할
수 있으며, '을'의 요청시 총 지급액의 130% 범위내에서 근저당권 설정
또는 소유권 이전 가등기 신청을 위한 서류를 '을'에게 교부하기로 한다.

第 3 條 (契約擔保 및 土地使用承諾 等)

  본 계약 체결과 동시에 '갑'은 '을'의 인허가에 필요한 제반서류(토지사용
승락서, 인감증명서 등)를 ~~~~~로 한다.

第 4 條 (所有權 移轉 및 명도 時期)

  가. '갑'은 '을'로부터 제2조 토지잔대금을 수령하거나, '을'의 서면통보에 의하
여 잔대금 지불기일에 지불할 것을 명시한 약속어음 또는 금융기관의 지불
보증서로 지불할 경우 소유권 이전에 필요한 일체의 서류를 '을'에게 교부
하고 부동산을 명도하기로 한다.

  나. 명도시 부동산 등기상에 기재되지 않은 하자는 명도후에도 '갑'의 책임과
비용으로 처리하기로 한다.

第 5 條 (設定權利의 抹消)

  가. 본 계약 체결 당시의 '갑'의 등기상에 설정된 소유권 이외의 모든 권리는
'갑'의 책임하에 제4조의 잔대금 지급일전까지 말소하여야 한다.

  나. 본 계약 체결일 이후 '갑'은 위 표시부동산에 '갑'의 소유권 이외의 어떠한
권리도 설정할 수 없으며, '갑'의 의지와 관련없이 행하여진 소유권을 제한
하는 권리(임차권, 가처분, 가압류, 지상권 등 일체의 권리)는 '갑'의 책임하
에 제4조 잔대금 지불기일 전까지 말소하여야 한다.

  다. 상기 '가'항 및 '나'항의 설정권리 말소가 기한내에 완료되지 못할시 '을'은
중도금 또는 잔금의 지급을 연기하거나 권리의 말소를 직접 행할 수 있으며
이에 투입된 비용은 '갑'의 부담으로 하며 토지대금에서 상계 처리한다.

표기한 누군은 감정 대상부분임.

15/7

〈증거자료 10-5 필적감정 대상물 - 부동산매매계약서 계좌번호 부분의 필적〉

대조군으로 사용된 부동산매매계약서의 계좌번호란의 필적.

제3장

도장값이
3,000만 원이었다니…!
(대법원 2007다74607호 상고심 사건)

[상고이유서 제출] _____

    2007년 10월 31일 상고장이 접수되고 곧이어 상고이유서를 제출했다.

    항소심(제2심)은 사실심의 최종단계였다. A는 이지학이 현장에서 직접 계좌번호를 이 사건 계약서에 적어 넣는 것을 보았다고 했다. 그런데 기을호가 제2심에서 제출한 증거인 '필적감정서'에 의하면 이 사건 계약서에 기재된 계좌번호 등 글씨는 이지학의 글씨가 아니었다. 필적감정서는 A의 증언은 신빙성이 없어 증명력

있는 증거가 될 수 없다는 가장 중요한 핵심 증거였다. 그런데 제
2심법원은 핵심 증거인 필적감정서에 대한 판단을 하지 않고서
기을호의 항소를 기각했다. 제2심법원이 필적감정서에 대한 증거
판단을 하였다면 그 결과는 당연히 달라졌을 것이다. 왜냐하면 A
의 증언은 명백한 거짓임을 증명하는 증거였기 때문이다.

민사소송법 제451조 제9조는 "판결에 영향을 미친 중요한 사항
에 대하여 판단을 누락한 때"에는 재심사유로까지 규정하고 있고,
당연히 상고 사유가 된다. 명백한 판단유탈(判斷遺脫)의 위법이 존
재하기 때문이다. 대법원은 당연히 원심(제2심)판결을 파기하고
사건을 서울고등법원으로 돌려보내 다시 필적감정서 등 증거에
대하여 판단하도록 해야 한다.

1997년 9월 24일자로 예금계약이 해지된 기노걸의 농협 계좌
번호가 2000년 9~10월 경에 이 사건 계약서에 기재된 경위도 매
우 의심스럽다. 2000년 9~10월 경에 이 사건 계약서가 작성되었
다는 A의 증언 자체도 믿을 수 없다. 왜냐하면 A의 증언만 있을
뿐 다른 객관적인 증거가 전혀 없기 때문이다. H건설과 이해관계
가 있는 A가 거짓말을 할 가능성을 배제할 수 없기 때문이다. 이
건 법 이전에 지극히 당연한 상식이다.

2008년 1월 18일 대법원에서 판결문이 송달되었다, 소위 말하는 4줄짜리 심리불속행기각 판결이었다. 항소심 재판부는 이 사건 계약서에 기재된 계좌번호의 글씨는 이지학의 글씨가 아니라는 증거로 제출한 필적감정서에 대하여 전혀 판단하지 않았다. 필적감정서는 제1,2심을 통틀어 A의 증언의 신빙성을 탄핵할 수 있는 가장 중요한 증거이다. 항소심이 이에 대하여 아무런 판단도 하지 않음으로써 명백한 판단유탈의 위법을 저질렀고, 이는 분명한 법률상의 상고이유에 해당한다. 따라서 심리불속행 판결은 원천적으로 불가능한 상황이었다. 법률은 이런 경우에 심리불속행기각을 하지 못하도록 규정하고 있다. 그런데 대법원은 불과 4개월이 지나지 않아 심리불속행기각 판결을 하였다. 대법원과 대법관들은 헌법과 법률 위에 군림하는 존재들이란 말인가?

상고심절차에 관한 특례법에 의하면, 민사소송(가사, 행정 포함)에 있어서 헌법, 법률 상고이유에 중대한 법령에 위반에 대한 사유 등을 포함하지 않는 경우에는 상고 기록이 접수된 지 4개월 이내에 심리불속행기각 판결을 할 수 있도록 규정하고 있고, 이 경우 대법원은 판결의 선고도 하지 않고, 판결서에 기각 이유도 적지 않아도 된다. 대법원이 법률심으로서의 기능을 효율적으로 수

행하고, 법률관계의 분쟁을 신속하게 확정하기 위한 목적으로 만들어진 법이라고 한다.

사법연감에 의하면 2008년도에 대법원에 접수된 총 사건 건수는 총 34,137건(본안: 28,048건, 본안 외: 6,089건, 민사 본안: 9,975건)이다. 이를 12명의 대법관(대법원장, 법원행정처장 제외)이 4명씩 조를 이루어 심리를 통하여 판결을 하는데 그 중 약 70%의 사건이 심리불속행으로 기각되고, 최종적으로 6.8%의 사건만이 파기환송 등으로 구제를 받는다고 한다.

산술적으로 계산하면 대법관 한 명이 1년간 처리해야 할 사건 수는 약 2,800건(민사 본안은 약 830건), 매월 약 235건(민사 본안 70건), 대법관이 매월 평균 20일 근무한다고 계산하면 한 사람의 대법관이 매일 약 12건(민사 본안 3.5건), 그러니까 하루 8시간씩 쉬지 않고 근무한다고 가정하더라도 1시간에 1.5건의 상고사건을 처리해야 한다는 계산이 나온다. 4명의 대법관이 함께 심리한다고 계산하면 각 재판부는 매 시간당 6건의 사건을 처리해야 한다는 것이다[6].

보기만 해도 살인적인 수치가 아닐 수 없다. 제1심과 제2심에서 치열하게 다투어 온 사건이라 사건기록은 더 두꺼울 것이다.

물론 재판연구관들이 도와주기는 하겠지만, 담당 대법관으로서는 두꺼운 사건기록을 살펴볼 엄두도 내지 못할 것이고, 상고이유서 조차도 제대로 파악하기 어려울 것이다. 그러니까 대법관들이 상고기록을 모두 훑어본다는 것은 아예 불가능한 일이고, 당해 심급에 제출된 상고이유서마저도 제대로 읽고서 판단을 한다고 장담할 수 없다.

그렇다면 수많은 사건 속에서 사건을 제대로 파악하고 파기환송을 통해 구제를 받는 6.8%의 사건은 도대체 어떤 사건일까? 심리불속행기각 판결을 통과하는 약 30%의 사건은 또 어떤 사건일까?

이와 관련하여서는 서울변호사회 및 대한변호사협회 회장을 역임한 하창우 변호사가 경험한 일화가 유명하다. 하창우 변호사는 2008년 서울변호사회 회장으로 있을 때 판사 출신 한 여성 변호사의 상담을 받았다고 한다. 이 여성 변호사는 어떤 의뢰인으로부터 착수금으로 5,000만원을 받고 대법원 상고사건을 수임하였다는 것이다. 그런데 대법원에 상고이유서를 제출하면서, 의뢰인의 요청으로 상고이유서에 대법관 출신 변호사의 이름을 기재하고 도장을 찍었는데 그 비용이 무려 3,000만 원 이었다는 것이다. 대법관 출신 변호사는 상고이유서에 이름만 올리고 소위 말하는 도장 값으로 3,000만 원을 받아 챙기고 있었다. 다시 말하면, 상고심에서 약 70%에 달하는 심리불속행기각 판결을 피하기 위해서는 상고이유서에 대법관 출신 변호사의 도장이 필요하였는데, 그 가격이 무려 3,000만 원에 이른다는 것이 법조계의 현실이었다는 것이다.

대법관 출신 변호사의 전관예우는 이미 널리 알려진 바이다. 최근 한 매체에 따르면 전직 대법관 출신 변호사들은 실무 변호사들을 거느리는 하청구조를 이용하여 변호사업계의 황제예우를 받으면서 상고사건을 싹쓸이하고 있으며, 이들이 수임한 사건은 상고 기각률도 현저히 낮다고 한다[7]. 일반 시민들이 제1, 2심 재판에서 만족하지 못하여 대법원으로 상고사건이 폭주하는 일련의 상황을 이용하여 전직 대법관 출신 변호사들은 전관 특혜의 호황을 누리고 있다는 것이다.

대법관의 임기는 6년으로서 연임이 가능하다. 그러나 상고심 사건의 폭주하고 있는 현실 법조 생태계는 대법관의 연임 자체를 불가능하게 하고 있다. 6년의 임기를 무사히 마치면 변호사 업계에서 귀족 대우를 받으면서 돈과 명예를 한 손에 거머쥘 수 있다는 유혹은 인간의 본성으로는 쉽게 떨쳐버릴 수가 없다. 그러는 가운데 우리 사회의 공정과 정의는 무너지고 연줄과 연고주의를 바탕으로 뿌리 깊은 불공정과 자조 섞인 체념이 전체 사회 분위기를 지배하고 있는 것은 아닌가.

기을호 사건의 항소심 재판부가 너무도 뻔한 증거관계에도 불구하고 판단유탈의 위법까지 저지르는 판결을 감행할 수 있었던 것도, 법조계에 일말의 연줄이나 인맥도 존재하지 않는 기을호나 그 소송대리인에게 6.8%에 해당하는 대법원 파기환송 판결이 나오지 않을 것은 물론이거니와, 아마도 30%에 속하는 심리불속행 기각판결 조차도 면하지 못할 것이라는 사법현실을 너무도 잘 알고 있었기 때문이 아니었을까?

누구를 위한 사법제도이며, 누구를 위한 대법원일까?

제4장

삭족적리(削足適履)
-맞춤 주문형 판결
(서울중앙지방법원 2008고단3739 피고인 A의 위증 형사사건)

[2008년 4월 4일에 사무실로 찾아온 C⋯]

2007. 2. 기을호는 A와 B, 그리고 H건설 대표이사를 사문서위
조 및 행사, 사기죄로 수사기관에 고소했다. 방배경찰서 조사에
이어 서울중앙지방검찰청 검사는 기을호의 고소사건을 모두 불기
소처분을 하였다. 기을호는 다시 검찰에 항고장을 제출했다. 서울
중앙지방검찰청 담당 검사는 사건을 재개하면서 대검찰청 문서감
정실에 이 사건 계약서의 필체가 이재학의 필체인지 필적감정신
청을 했다. 서울시내 5개 문서감정원에서는 한결같이 이 사건 계
약서의 글씨는 이재학의 글씨가 아니라고 했지만, 대검찰청 문서

감정실은 잘 모르겠다는 애매한 답변을 보내왔다. 참으로 기가 막히는 일이었다. 검사는 다시 불기소처분을 하였고, 기을호는 다시 항고했다. 2008년 2월 서울고등검찰청 담당 검사는 항고마저 기각했다. 기을호는 2008년 3월 서울고등법원에 재정신청을 접수하였다.

그 즈음 나는 어렵사리 이 사건 계약서에 기재된 글씨는 W공영 총무를 역임한 C의 필체라는 사실을 알아냈고, 2008년 4월 4일 C는 나의 서초동 사무실로 찾아왔다. C는 이 사건 계약서는 2000년 1월 경 자신이 W공영 사무실에서 작성하였다고 했다. 당시 사장이었던 이지학은 기노걸의 인적사항과 계좌번호를 가르쳐 주며 계약서와 영수증을 작성하도록 지시하였고, 이지학이 가지고 있던 기노걸의 막도장을 날인 하였다고 했다. 기노걸의 옆집에 사는 허창의 계약서와 영수증도 동일한 방법으로 작성하였다고 했다. C는 이러한 내용의 진술서를 인증서로 작성해 주었다.

2008년 4월 18일 C는 방배경찰서에 참고인으로 출석하여서도 '이 사건 계약서는 2000년 1월 경 이지학의 지시에 따라 자신이 작성하였고, 도장은 이지학이 가지고 있던 것을 날인하였다'라는 내용의 진술조서를 작성하였다. 방배경찰서는 C의 글씨와 이 사건 계약서의 글씨를 국립과학수사연구소에 보내서 필적감정을 하였고, 국립과학수사연구소는 이 사건 계약서에 기재된 글씨는 C의 글씨와 개인적인 습성까지 동일하다는 사실을 확인해 주었다. 비로소 이 사건 계약서는 기노걸에 의하여 작성되지 않았다는 사실이 확인되는 순간이었다.

나는 C의 진술서와 국립과학수사연구소 필적감정서를 서울고등법원 재정신청 담당 재판부에 제출했다. 2008년 6월 12일 서울고등법원은 A의 증언 중 "A는 2000년 9~10월 이지학과 함께 기노걸의 집을 찾아가, 이지학의 사무실에서 가지고 온 이 사건 계약서에 이지학은 기노걸이 불러주는 계좌번호를 기재하고, 기노걸이 건네주는 도장을 날인 하였고 A는 이를 모두 지켜보았다"는 진술은 A의 기억에 반하는 증언이므로 위증죄로 기소할 것을 명하였다(서울고등법원 2008초재733호 재정신청).

[서울중앙지방법원 2008고단3739호 위증 사건] _____

드디어 A는 위증죄로 기소되었다.

검사는 A의 위증죄에 대하여 2차례나 불기소처분을 하였으나, 서울고등법원의 재정 결정에 따라 강제로 기소를 할 수밖에 없었다. 그러나 공소유지에 임하는 검사의 태도는 너무도 소극적이었다. 일례로 A의 위증죄를 밝혀줄 핵심 증거는 바로 이 사건 계약서에 기재된 글씨(계좌번호 포함)는 C의 필체라는(다시 말하면 이지학의 필체가 아니라는) 국립과학수사연구소 작성 필적감정서인데, 검사는 이를 법정에 증거로 제출하지도 않았다. 방청석에서 지켜보던 나는 이러한 점을 지적하였고 검찰은 그제야 필적감정서를 증거자료 목록에 올렸다. 그러나 검사는 방배경찰서에서 작성한 C의 진술조서는 끝내 증거자료 증거목록에 올리지 않았다.

사건이 한참 진행되던 2008년 9월 중순 즈음 나는 C로부터 급한 전화를 받는다. 급히 만나고 싶다는 것이었다. 다음날 서초동 사무실로 찾아온 C는 나에게 돈 200만 원을 빌려달라고 하였다. 무언가 일이 벌어지고 있음이 분명했다. 함정에 걸려드는 느낌도 들었다. 나는 C를 설득하여 조용히 돌려보냈다.

2008년 12월 C는 이 사건 계약서의 글씨는 자신의 글씨가 맞지만 날인된 도장은 이지학이 찍었는지는 잘 모르겠다는 진술서를 H건설 직원 B에게 작성해 주었고, A의 변호인은 이를 재판부에 증거로 제출했다. 무슨 일이 벌어지고 있었다. 2009년 1월 21일 B와 C는 A의 위증사건에 증인으로 출석하였다. 피고인 A에게는 두 명의 전직 부장판사 출신 변호사가 선임된 상태였다. C의 신문내용 요지에 대하여만 살펴보자.

검사의 신문에서 C는, "이 사건 계약서에 기재된 기노걸의 계좌번호, 성명, 주소는 자신이 쓴 것이 맞지만, 기노걸의 막도장을 누가 찍었는지는 모른다"고 했다. 그러면서 "2008년 4월 4일에 진술서에서 이지학이 기노걸의 막도장을 찍었다는 내용은 당시 착각한 것"이라고 하였다.

그 후 피고인A의 변호인 신문에서는, "안천식 변호사(저자)에게 진술서를 작성해 줄 당시 진술서 내용을 자세히 확인하지 않고 서명해 준 것"이라고 하였고, 더 나아가 "2000년 가을경에 기노걸과 승계계약이 성사된 것을 기념하여 A와 이지학, 허형 등이 김포 시내에서 회식을 한 것도 기억한다"고 했다. 또한 C는 "2000년 3월경 기을호가 자신에게 전화를 하여 협조해 주면 평생 먹고 살 수 있게 보장해 주겠다고 회유하였고, 안천식 변호사는 협조해 주지 않으면 신상에 불이익이 있을 것"이라고 협박하였다고 했다.

다시 재판장의 직권 신문에서 C는, "안천식 변호사에게는 이지학이 도장을 찍는 것을 본 것 같다는 말을 하지도 않았는데 안천식 변호사가 마음대로 이지학이 도장을 찍는 것을 보았다는 내용이 들어 있는 진술서를 작성했고, 자신은 그 내용을 확인하지 못하고 서명을 한 것"이라고 했다. 이에 재판장이 방배경찰서에서는 어떻게 진술하였느냐고 묻자 C는 당황해하면서, "방배경찰서에서는 이지학이 도장 찍는 것을 보았다고 하였지만, 그때는 제대로 기억하지 못해서 그렇게 진술했다"고 말했다. 그리곤 다시 "이지학이 계약서에 도장을 찍었다고 진술한 것은 향산리 주민동의서에 도장을 찍은 것과 착각하였다"라고도 했다. 증언자체에 전혀 일관성이 없이 뒤죽박죽이었다.

다시 검사 신문에서 C는, "안천식 변호사와 사무실에서 이야기할 때 도장에 관해 이야기가 오간 것은 사실이다. 진술서의 내용은 모두 당시 자신이 말한 내용이 맞다"라고 인정했다. 그러면서 "당시 이지학이 향산리 주민의 막도장을 가지고 다니면서 주민동의서에 도장을 날인한 것과 착각하여 그렇게 진술한 것이다"라고 하였다.

그리곤 피고인A의 변호인의 신문에서는, "2008년 4월 4일 안천식 변호사에게 진술서를 작성해 준 후 2008년 6월 말경 H건설 직원 B와 전화 통화를 했는데, 그때서야 진술서 내용에 도장 날인에 대한 진술이 있다는 것을 알았다"라고 했다. 또다시 검사에게 답변한 내용과는 모순되는 증언을 하고 있었다.

2009년 1월 21일 제6차 공판기일을 마쳤고 그때까지 공판을 담당한 판사는 법관 정기인사를 이유로 교체되었다. 6차례의 공판기일을 진행하며 핵심 증인의 증인신문까지 하면서 사건의 실체에 대한 뚜렷한 인상을 가졌던 담당 판사는 다른 판사로 교체된 것이었다.

2009년 4월 24일 마지막 공판기일이 열렸다. 피고인 A는 그동안 공판기일 내내 자신은 어떠한 거짓 증언도 하지 않았다고 했었다. 마치 무언가 믿는 구석이 있다는 듯 보이는 태도였다. 그러던 피고인 A는 마지막 공판기일 피고인신문에서야 "계좌번호 관련 증언"에 대하여만 위증죄를 인정하였고, "인장 날인 관련 증언"에 대하여는 계속해서 거짓 증언을 한 사실이 없다고 하였다.

그러니까 A는 제1심 증인으로 출석하여 "2000년 9~10월 이지학과 함께 기노걸의 집을 찾아가, 이지학의 사무실에서 가지고 온 이 사건 계약서에 이지학은 기노걸이 불러주는 계좌번호를 직접 계약서에 기재하였으며, 이어서 기노걸이 건네주는 도장을 날인 하는 것을 모두 지켜보았다"는 증언 중에서, "이지학은 기노걸이 불러주는 계좌번호를 직접 계약서에 기재하는 것을 보았다"는 부분은 거짓임을 인정하지만, "이지학은 기노걸이 건네주는 도장을 날인 하는 것을 보았다"는 부분은 결단코 거짓이 아니라고 하였다. 도대체 어떻게 생겨먹은 뇌 구조이기에 이렇게도 편리할 대로 수시로 기억을 떼었다 붙였다 할 수 있다는 말인가?

그러면서 2000년 9~10월에 피고인 A가 이지학과 함께 기노걸의 집을 찾아간 이유는, 그 이전에 이지학이 Y종합건설에게 제출한 허창의 계약서에 말썽이 발생했기 때문에 Y 종합건설에서 이지학 혼자서 계약한 것은 인정하지 않겠다고 하였기 때문이라고 하였다.

그러나 A의 이러한 진술은 또다시 스스로를 함정에 빠뜨렸다. 왜냐하면 허창의 계약서가 문제된 것은 2001년 4월 즈음이었기 때문이다. 허창은 2001년 4월경에 H건설이 자신의 부동산에 처분금지가처분이 되어 있다는 사실을 알았고, 법원 기록을 열람한 결과 C의 글씨로 된 가짜 부동산매매계약서의 존재를 비로소 알게 된다. 그 후 허창은 H건설과의 법적 분쟁을 벌였고 H건설은 위조되었다는 사실을 인정하여 가처분을 취소하였다. 이와 관련한 가처분취소소송 기록과 허창의 진술서 등은 모두 증거로 제출된 상태였다. 이러한 일련의 상황을 고려하면, 2001년 4월에 일어난 허창 계약서 관련 문제 때문에 2000년 9~10월에 이지학과 함께 기노걸의 집을 찾아갔었다는 A의 진술은 시간상으로 모순이라는 사실을 곧바로 알 수 있다. 다시 말하면 A는 또다시 거짓 변명을 하고 있는 것이다.

즉 이 사건 계약서는 기노걸에 의하여 작성된 사실 자체가 존재하지 않았고, 그럼에도 A는 H건설의 강요에 의하여 계속해서 새로운 기억을 억지로 만들어 내고 있었던 것이다. 그러면서 A는 이 모든 사단(事端)은 H건설이 시켜서 일어난 일이니, 대기업 H건설은 무슨 수를 써서라도 이 모든 사태를 책임지고 해결해 줄 것이라고 믿었을 것이다. 또한 A는 앞서 선고된 민사소송 제1, 2, 3심의 판결을 상기하면서, H건설이 이 모든 것을 깨끗하게 해결해 줄 것이라는 자신감에 더욱 충만하였을지도 모르겠다. 아마도 A는 눈앞에서 진행되는 재판이란 미리 짜고 치는 우스꽝스러운 연극이나 펜터마임에 불과한 것으로 여겼을지도 모르겠다.

[판결의 선고]

2009년 5월 22일 판결이 선고되었다. 담당 재판부는 A의 "2000년 9~10월 이지학과 함께 기노걸의 집을 찾아가, 이지학의 사무실에서 가지고 온 이 사건 계약서에 이지학은 기노걸이 불러주는 계좌번호를 계약서에 기재하고, 기노걸이 건네주는 도장을 날인하였고 이를 모두 지켜보았다"는 증언에 대한 위증 공소사실 중 "이지학의 사무실에서 가지고 온 이 사건 계약서에 이지학은 기노걸이 불러주는 계좌번호를 기재하는 것을 지켜보았다"는 부분에 대하여만 위증죄의 유죄를 인정하면서 벌금 500만 원을 선고하였고,

"이지학은 기노걸이 건네주는 도장을 날인 하는 것을 지켜보았다"
는 부분은 위증으로 단정할 수 없다고 하면서 무죄로 판단하였다.

담당 재판부의 무죄부분 판결 이유는 다음과 같았다.

공소사실의 요지 및 피고인의 주장

이 부분 공소사실의 요지는 "피고인은 2006년 7월 25일 서울중
앙지방법원 359호 법정에서 같은 법원 2005가합99041호 소송
의 증인으로 출석하여 선서한 다음 증언함에 있어, 사실은 이지학
이 기노걸에게 찾아가 토지매매계약서에 기노걸이 건네주는 도장
을 날인하는 것을 본 사실이 없음에도 불구하고, 2000년 9~10월
사이에 기노걸의 집에 이지학과 함께 찾아가 이지학이 가지고 온
토지매매계약서에 이지학은 기노걸이 건네주는 도장을 날인하였
고, 피고인은 옆에서 이를 모두 지켜보았다"라고 기억에 반한 허
위의 진술을 하여 위증하였고, 2006년 11월 28일 같은 장소에서
같은 사건 증언으로 출석하여서도 같은 취지로 기억에 반한 허위
의 진술을 하여 위증하였다"라는 것이고, 이에 대하여 피고인은
이 법정에 이르기까지 일관되게 위 공소사실을 부인하고 있다.

판 단

(1) 이 부분 공소사실에 부합하는 듯한 증거들 중, 2008년 4월 4

일 자 C의 진술서는 2008년 12월 18일자 진술서 및 제6회 공판 조서 중 C의 진술기재에 비추어 선뜻 유죄의 근거로 삼기 어렵고, 다음으로 고소장, 기을호의 진술조서 및 제4회 공판조서 중 기을호의 일부 진술기재는 그 내용 취지가 '기노걸은 계약서 등을 작성할 때에는 반드시 인감도장을 사용하였는데 이 사건 매매계약서에 날인된 인장은 막도장으로 기노걸이 평소 사용하던 것이 아니고, 위조된 인장이 날인된 이 사건 계약서는 위조된 것이다'라는 것으로, 이는 기을호의 주장내용일 뿐이어서 역시 선뜻 유죄의 증거로 삼기 어렵다.

(2) 한편, 제출된 증거들에 의하면 이 사건 매매계약서에 매매대금의 입금계좌로 기재된 농협 계좌는 1997년 9월 24일 해지되어 폐쇄된 계좌로서 C가 2000S년 초 이지학이 불러주는 대로 이 사건 계약서에 미리 계좌번호를 기재해 두었던 사실, H건설은 D건설이 매수한 허창(기노걸 옆집 거주) 소유의 김포시 고촌면 향산리 61-2 외 6필지 토지에 대한 매수인의 지위를 승계하였다는 이유로, 이에 관한 계약서 및 영수증을 첨부하여 부동산처분금지가처분 신청을 하여 2000년 12월 20일 서울지방법원 2000카합3535호로 위 각 토지에 관하여 부동산처분금지가처분 결정이 내려졌으나, 허창이 2000년 4월 17일 위와 같은 H건설의 지위 승계를 승낙한 바 없고 위 계약서 등은 위조된 것이라고 주장하면서 H건

설에 소 취하를 요구한 후 H건설이 법원의 제소명령에도 불구하고 소를 제기하지 않아 2001년 8월 13일 서울지방법원 2001카합 1537호로 위 부동산 처분금지 가처분 결정이 취소된 사실은 인정되나, 이러한 사정들만 가지고는 기노걸의 도장과 관련한 피고인의 위 진술이 피고인의 기억에 반하는 허위의 진술이라고 단정하여 이 부분 공소사실을 유죄로 인정하기에는 부족하다.

(3) 또한 이 사건 계약서에 C가 미리 계좌번호를 기재하였음에도, 피고인이 위증죄 유죄의 공소사실에서 본 바와 같이 '이지학은 기노걸이 불러주는 계좌번호를 기재하였고 피고인은 옆에서 이를 지켜보았다'라는 취지로 기억에 반하는 허위의 진술을 한 바 있다고 하더라도, 이를 가지고 바로 피고인의 도장 관련 위 증언도 피고인의 기억에 반하는 허위의 진술이라고 단정할 수는 없다.

-서울중앙지방법원 2008고단3739호 판결 이유

C는 2008년 4월 4일 안천식 변호사 사무실을 찾아와서 사건 관련 서류와 설명을 들은 뒤 진술서를 작성해 주었다. 그 내용은 이 사건 계약서는 이지학의 지시에 의하여 위조 작성하였다는 것이었다. 그 뒤 2008년 6월 H건설은 직원 B를 통하여 C를 집요하게 설득하였고, 2008년 12월 C로부터 "이 사건 계약서의 글씨는

자신의 글씨가 맞지만, 도장 날인에 대하여는 모른다"는 번복된 진술서를 받아 내어 A의 위증 사건 재판부에 증거로 제출한다.

그리고 2009년 1월 21일 C는 자신의 진술번복 과정을 설명하면서, A가 선임한 변호인에게는, "안천식 변호사가 C가 말한 내용을 진술서로 작성할 때 그 내용을 확인하지 않고서 서명을 해 준 것"이라고 말한다. 그러나 판사의 직권신문에서는 "안천식 변호사에게 도장 관련 이야기를 하지도 않았는데 마음대로 그러한 내용의 진술서를 작성했고 C는 이를 확인하지 못한 상태에서 서명한 것"이라고 말을 바꾼다. 이에 재판장은 방배경찰서에서도 그렇게 말했냐고 물으니 C는 "방배경찰서에서는 이지학이 도장을 날인하는 것을 보았다고 말했다. 그땐 몰라서 그랬다"라고 둘러댄다.

그리곤 검사에게는 "안천식 변호사에게 도장 관련 이야기를 나눈 것은 맞다. 당시 이지학이 도장을 찍은 것 같다고 말하였다. 안천식 변호사는 진술인이 말한 내용대로 진술서를 작성한 것이다. 그런데 당시 진술인이 착각한 것이다. 이지학이 주민동의서에 막도장을 찍는 것과 착각하였다. 당시 이지학은 향산리 주민들의 막도장을 가지고 있었다"라고 다시 말을 바꾼다. 그리고 다시 A의 변호인에게는, "2008년 6월에 B를 만나고 나서야 진술서에 도장 관련 내용이 있다는 것을 알았다"고 또다시 말을 바꾼다.

C에게 송곳 같은 질문을 던진 판사는 법관 정기인사를 이유로 다른 판사로 교체된다. 그리고 바뀐 판사는 C가 법정에서 여러 번 진술을 번복하고 말을 바꾸면서 이지학이 도장 날인을 하지 않았다고 하니, 2008년 4월 4일에 이지학이 도장 날인을 하였다는 C의 진술서 내용은 믿기 어렵고, 아버지 기노걸은 인감도장 외의 도장을 날인하지 않는다는 기을호의 증언도 믿기 어렵고, 이 사건 계약서와 동일한 글씨로 된 허창의 계약서가 위조되었더라도 이 사건 계약서까지 위조되었다고 단정할 수도 없고, 또한 피고인 A가 제1심에서 증인으로 출석하여 "계좌번호" 관련 거짓 증언을 하였다고 A의 "도장 날인" 관련 진술도 거짓증언이라고 단정하기 어려워 무죄라는 것이다.

삭족적리(削足適履), 마치 살이 붙어 있는 발을 잘라서 억지로 신발에 맞추려는 듯한 맞춤 주문형 억지판결이었다. 담당 판사는 자신의 발을 잘라서 신발에 맞춘 것이 아니라, 법관으로서의 양심을 쪼개어 주문형 억지판결로 맞춘 것이었다. 대한민국 법관은 자유심증주의라는 이름으로 신(神)보다도 더 높은 곳에서 세상을 두루 살피면서 일반 국민들의 법률생활을 전반에 법관의 뜻을 관철시켜 움직이는 위대한 권능을 부여받은 것일까?

문제는 담당 판사에게만 있는 것도 아니었다. 공소유지를 담당

하는 검사의 태도도 마찬가지였다. 아니 어쩌면 더 가관이었는지
도 모르겠다. 차례로 살펴보자.

[공판에 임하는 검찰의 태도]

판결의 내용보다 더 기가 막힌 것은 검찰의 태도였다. 제7회 공
판기일 이후 공판검사가 법정에서 한 말이라곤 "더 이상 할 것이
없습니다"라는 단 한 마디뿐 이었다. 재판부가 공소사실 중 일부
를 무죄로 판단한 후 저자는 서면과 구도로서 담당 검사에게 항소
를 요청했다. 그때 담당 검사가 한 말이 참 걸작이었다.

"에~~ 우리가 꼭 재정신청 사건이라서 그런 것은 아니고요,
불복해도 달리 무죄 판결이 번복될 것 같지도 않고, 유죄로 선고
된 범죄의 형량도 적~절하다고 보여서, 항소를 하지 않기로 결재
를 올렸으니 그리 아시기 바랍니다"

검찰은 앞서 공판을 진행하면서 중요한 증거신청 및 제출을 누
락했다. 먼저 검찰은 2008년 4월 18일 C가 방배경찰서에 출석하
여 작성한 진술조서를 증거로 제출하지 않았다. 당시 C는 방배경
찰서 참고인으로 출석하여 이 사건 계약서는 이지학의 지시에 의

하여 위조한 것이라고 분명하게 진술했다. 경찰이 작성한 C의 참고인 진술조서는 형사소송법 제313조 제1항에 의하여 증거능력이 인정되는 증거였고, 피고인A의 "도장 날인" 증언이 위증이라는 범죄사실을 입증할 매우 중요한 증거였다. 그런데 검찰은 위 진술조서의 존재를 알고 있었음에도 불구하고 끝내 법정에 증거로 제출하지 않았다.

또한 당시 법정에는 허창의 사실확인서(허창의 매매계약서는 누군가에 의하여 위조되었다는 취지)가 증거로 제출되었고, 피고인 A는 증거에 동의도 하지 않았는데도 불구하고, 검사는 무슨 이유에선지 허창에 대한 증인신청을 철회하였다. 결국 허창의 사실확인서는 증거능력을 상실하였고, 허창의 매매계약서가 위조되었다는 사실을 충분히 입증되었다고 할 수도 없게 되었다. 판결 이유에 "설사 허창의 매매계약서가 위조되었다고 하더라도~"라는 설시는 허창의 매매계약서가 위조되었는지 불확실하다는 의미이다. 그리고 기노걸 측의 간곡한 항소요청에도 불구하고, 검사는 부실한 공소유지 결과로 선고된 A의 무죄판단에 대하여 항소조차도 하지 않았다. 이렇듯 검찰의 공소유지 태도는 오만하기가 직무유기에 가까울 정도로 부실했다.

이와 같은 현상은 재정신청 인용 결정에 따라 기소가 강제되는 경우에도 검사가 공소유지를 담당하도록 규정한 형사소송법 재정신청제도에 기인한다. 즉 검사는 자신들의 불기소처분이 옳다는 항의의 표시로 노골적으로 공소유지에 소홀하면서 오히려 재판부가 무죄를 선고해 주기를 바라는 경향이 있고, 이러한 제도적 허점은 오랫동안 문제점으로 부각되어 왔지만 개선되지 않고 있는 것이 우리의 사법 현실이다.

이런 일은 이웃 일본에서 정착되고 있는 검찰심사회(檢察審査會) 제도하에서는 좀처럼 일어날 수 없는 일이다. 일종의 변형된 대배심제도에 속하는 일본 검찰심사회 제도는, 선거명부를 기준으로 무작위로 추첨한 약 11명의 심사위원들이 검찰의 불기소처분이나 검찰사무의 불합리한 점을 사후 심사하도록 하는 제도이다. 일본은 검찰심사위원회의 의결로 기소가 결정된 경우 종전 수사에 참여한 검사를 배제하고 특별검사를 선임(주로 변호사 중에 선임)하여 공소유지를 담당하도록 하고 있다. 일본 검찰심사회 제도는 1948년부터 도입된 것으로서 일본 국민들의 지지 속에 날로 발전해 가고 있다.

결국 검찰은 A의 위증 공소사실에 대하여 일부 무죄의 선고에도 불구하고 항소하지 않았고, 제1심판결은 그대로 확정되었다. A의 위증으로 사실상 결정적인 재산적 · 정신적 피해를 입은 기을

호는 피고인 A의 위증 공판절차에 참여할 기회도 주어지지 않았다. 이렇게 법원과 검찰, 그리고 2명의 부장판사 출신 변호사들의 합작품으로 A의 '도장 관련' 위증에 대하여 맞춤 주문형 억지 무죄 판결이 완성된 것이다.

[피고인 A의 위증사건이 미국식 배심재판으로 진행되었다면…?] _____

미국의 형사 배심제도는 영국 이주민에 의하여 도입되었으나, 이후 미국 사회의 법과 문화의 특수성으로 인하여 독자적인 발전 과정을 거치게 된다. 즉 미국인의 사법부에 대한 불신, 공개재판에 대한 자유롭고 대중적인 토론에 관한 열망, 인종적·민족적 불평등을 극복하기 위한 미국인들의 노력, 미국인의 당사자주의 소송구제에 대한 신념, 주와 연방의 2원적 사법제도 등이 그러한 특수성에 해당한다[8].

한편 미국 연방대법원은 1968년 던컨 앤 루이지에나(Duncan v. Louisiana) 사건에서 수정헌법 제6조에 의하여 보장되는 배심재판을 받을 권리는 수정헌법 제14조에 의하여 모든 미국 시민에게 보장되는 적법절차의 한 요소라고 선언하면서 아래와 같이 판결하였는데, 이는 미국 시민들의 인권보장절차에 있어서 배심제도를 얼마나 소중하게 여기고 있는지를 잘 알 수 있을 것이다.

〖"연방 헌법과 주 헌법에서 배심재판으로 보장하는 것은 법이 어떻게 집행되어야 하고, 정의가 어떻게 실현되어야 하는지에 관하여 심사숙고한 뒤 내린 판단의 결과이다. … 피고인에게 자신의 동료인 배심원으로부터 재판받을 권리를 부여하는 것은 부패하거나 공명심이 지나친 검사, 그리고 권력에 순응하거나 편견이나 괴벽에 빠진 법관에 대항하는 더 없이 소중한 안전장치이다. 만약 피고인이 더 많은 교육을 받았지만 피고인에게 덜 동정적인 법관 1인의 판단보다는 배심원의 상식적 판단을 선호한다면, 피고인은 배심재판을 받을 수 있어야 한다. …. 중대한 형사사건에서 자의적 법 집행에 대한 방어 수단으로 인정되는 배심재판을 받을 권리를 보장할 국가의 막중한 책무는 수정헌법 제14조 적법절차에 의하여 보장된다. 따라서 각 주는 이를 존중하여야 한다⁹."〗

다시 돌아와, 만일 이 사건이 형사 배심재판으로 진행되었다면 어떻게 되었을까?

A의 애초의 진술은 "1999년 11월 24일 기노걸과 이지학이 이 사건 계약체결하는 장소에 입회 하였다"는 것이었다. 그러나 다른 증거에 의하여 위 진술은 시점상 거짓인 것으로 드러났다. 그러자 A는 증인으로 출석하여, "이지학과 기노걸이 이 사건 계약을 체

결한 시점은 1999년 11월 24일이 아니라 2000년 9~10월 경이다. 당시 기노걸은 안방에서 통장을 가지고 나와 마루에 있는 이지학에게 계좌번호를 불러주었고, 이지학은 현장에서 직접 이를 계약서에 기재하였으며, 이어서 건네주는 막도장을 날인하는 것을 보았다"라고 하였다. 진술을 번복하면서 보다 구체적인 계약현장 상황에 대하여 진술한 것이다.

그런데 계약서에 기재된 계좌번호는 이지학의 글씨가 아니라 C의 글씨임이 확인되었다. 당시 이지학이 직접 계좌번호를 기재하는 것을 보았다는 A는 계좌번호 글씨 관련 명백한 거짓말을 한 것이었다. A가 계좌번호 글씨 관련하여 명백한 거짓말을 한 이유는 무엇일까? 그 이유는 누구나 짐작할 수 있다. 바로 담당 법관에게, A 자신이 정말로 기노걸과 이지학이 이 사건 계약을 체결하는 장소에 입회하였다는 신뢰를 주기 위함이다. 그런데 그런 의미의 계좌번호 관련 진술이 거짓이었다면 당연히 도장 날인에 대한 진술도 거짓으로 의심해 보아야 한다.

그런데 피고인 A는 공판개시부터 공판종결 전까지 약 10개월 동안이나 위증혐의를 완강히 부인하였다. "도장 날인" 진술뿐만 아니라 객관적인 증거로 명백하게 거짓이 드러난 "계좌번호" 관련 진술에 대하여도 완강하게 거짓이 아니라고 하였다. 그러다가 최종 공판기일에서야 "계좌번호" 관련 진술에 대한 위증혐의만 시인하였다.

미국인들은 특히 거짓말을 무척 싫어한다고 알려져 있다. 배심원단으로 선출된 12명의 배심원들도 마찬가지일 것이다. 피고인 A는 우선 민사법정에서 줄기차게 진술을 번복하면서 짜 맞추기식 증언을 하였고 결국 그 중 "계좌번호" 진술은 거짓으로 드러났었다. 그런데 A는 형사 재판과정에서 명백한 거짓말인 "계좌번호" 관련 진술조차도 위증이 아니라고 우기다가 마지막에서야 혐의를 인정하면서도, 여전히 "인장 날인" 진술에 대하여는 끝까지 위증혐의를 부인하였다.

평범한 이웃으로 구성된 12명의 배심원단이 집단토론을 벌인다면 A의 말을 액면 그대로 믿고 "도장 날인" 진술만은 거짓이 아니라고 판단할 배심원이 단 한 사람이라도 존재할까? 대한민국의 신(神)적인 권위를 자랑하는 법관과 전관예우의 나쁜 관행이 전면 배제된 평범한 배심원들 중 피고인 A의 "인장 날인" 증언만을 살을 바르듯 도려내어 액면 그대로 믿어 줄 배심원이 과연 한 사람이라도 나올 수 있을까?

위 사건과 비교해 볼 사건이 있다. 당시 "별건 수사"로 크게 논란이 되었던 한○○ 전 국무총리[10](이하 '피고인'이라고 함)의 정치자금법 위반 사건인데, 사건의 개요를 요약하면 다음과 같다.

1. 검찰의 기소 및 제1, 2심 판결

피고인은 2007년 3~8월 당시 열린우리당 대선후보 경선 비용 명목으로 세 차례에 걸쳐 한△△ 전 한신건영 대표(이하 '증인1'이라고 함)로부터 9억 원을 받은 혐의(정치자금법 위반)로 2010년 7월 불구속기소 된다. 당시 증거로는 9억 원의 자금조성 및 환전 내역에 대한 금융자료, 자금을 담아 운반하는데 사용하였던 가방의 구입내역에 관한 영수증, 증인1의 경리부장의 진술과 자금조성 등에 관한 장부, 1차 정치자금으로 건넨 액면금 1억 원 수표가 피고인 동생이 사용한 사실, 2008년 2월 한 사장의 사업이 부도가 난뒤 피고인의 비서가 증인1에게 2억 원을 돌려준 사실과 그 후 피고인과 증인1이 두 차례 통화한 기록 등이 있었다.

이에 피고인 측은 증인1과 가깝게 지내던 피고인의 비서가 증인1로부터 3억 원을 빌려 그 중 1억 원 수표를 피고인의 동생에게 다시 빌려 주었고, 그 후 2억 원을 증인1에게 돌려 준 것이라고 주장한다.

증인1은 검찰 조사에서는 3차에 걸쳐서 약 9억 원의 자금을 조성하여 피괴인에게 건넨 사실을 인정하였지만, 제1심 공판기일에서는 3차에 걸쳐서 9억 원을 조성한 것은 사실이지만, 그 돈은 다른 사람에게 빌려주거나 공사 수주를 위한 로비 자금으로 사용하였다고 진술을 번복한다. 그러나 그 자금의 사용처에 대한 객관적인 증거는 없었고, 로비자금으로 주었다는 상대방과의 대질신문에서도 대답을 회피하는 태도를 취한다.

제1심법원은 증인1이 조성된 자금의 사용처에 대한 진술을 번복한 점에 주목하여 피고인에게 무죄를 선고한다. 그러나 항소심은 증인1이 제1심 법정에서의 번복진술은 믿기 어렵다고 하면서(신빙성 부족), 오히려 검찰조사에서의 일관된 진술과 이에 부합하는 다른 객관적인 증거들을 이유로 유죄를 선고한다.

2. 대법원 전원합의체 판결(대법원 2015. 8. 20. 선고 2013도11650 판결)

대법원 전원합의체는 약 2년의 심리 끝에 판결을 선고한다.

대법원(다수의견)은 증인1이 제1심 법정에서 조성된 자금의 사용처에 대하여 한 번복진술은 그 자체가 검찰 진술을 번복한 것이라는 점, 번복된 진술의 진실성을 뒷받침할 객관적인 증거가 없다는 점 등을 이유로 신빙성이 없다고 한다. 따라서 이 사건의 핵심은 조성된 자금의 사용처에 대한 증인1의 검찰 진술과 법정진술 중 어느 쪽을 믿을 것인지가 아니라, 조성된 자금을 정치자금으로 공여하였다는 증인1의 검찰진술의 신빙성을 인정할 수 있는지 여부라고 정리하면서, 검찰 조사에서의 증인1의 일관된 진술과 이에 부합하는 다른 객관적인 증거들을 이유로 유죄를 확정한다.

즉 증인1은 검찰 조사와 제1심 법정에서 9억 원의 자금을 조성하였다고 인정한 점, 증인1이 굳이 존경하는 피고인을 상대로 허위의 사실을 꾸미거나 사실을 왜곡하여 모함하였다고 보기 어려운 점, 자금의 조성내용에 대한 객관적인 증거자료 등과 제1차 정치자금 중 1억 원을 피고인의 동생이 사용하였다는 점, 그 후 피고인의 비서를 통하여 2억 원이 증인1에게 전달되었다는 점과 그 후 일련의 상황 등을 종합하면 증인1의 검찰 조사에서의 진술은 신빙성이 있다고 판단한 것이다.

또한 유죄가 인정되는 범위와 관련하여서도, 조성된 자금 9억 원의 사용처에 관한 증인1의 검찰 진술이 있고, 그 중 3억 원 부분에 대한 객관적인 증거가 나타났다면, 나머지 6억 원을 포함한 9억 원 전체에 관한 증인1의 진술이 신빙성과 증명력이 있다고 보는 것이 합리적이므로, 9억 원 전체 정치자금에 대하여 유죄라고 판단한다.

위 사건을 피고인 A의 위증사건과 비교해 보자.

피고인 A는 "2000년 9~10월 경 기노걸이 안방에서 도장과 통장을 가지고 나와서, 마루에 있는 이지학에게 통장 계좌번호를 불러주었고, 이지학은 현장에서 계좌번호를 직접 계약서에 적어 넣었고, 이어서 막도장을 건네받아 계약서에 날인하는 것을 지켜보았다"라는 증언에 대하여 위증혐의로 기소되었다. 피고인 A의 위증 범죄사실을 증명할 증거로서는, 이 사건 계약서는 이지학의 지시로 C가 작성하였다는 2008년 4월 4일자 C의 진술서, 그리고 이사건 계약서에 기재된 글씨는 C의 필체라는 국립과학수사연구소의 필적감정서가 있다(만약 검찰이 2008년 4월 18일 방배경찰서 조사관이 작성한 C의 진술조서까지 증거로 제출하였다면 더욱 확실해졌을 것이다).

그런데 C는 제1심 공판기일에서 "이 사건 계좌번호는 자신이 기재하였지만, 도장을 이지학이 찍었는지 기억나지 않는다. 종전 진술서는 착각하였다"라는 취지로 종전 진술을 번복하였다. 뿐만 아니라 C의 공판기일에서의 증언은 당해 절차에서도 여러 차례 모순을 드러내며 번복된다. 한마디로 횡설수설하였다. 그렇다면 C의 공판기일에서의 이러한 진술은 신빙성이 있는 증거가 될 수 있을까? 그렇지 않다.

한 전 총리의 재판에서 본 것과 같이, C는 제1심 공판기일 이전에는 이지학이 가지고 있던 막도장을 날인 하였다고 했고, H건설의 직원 B를 수차례 만나고 나서야 "도장 관련 진술"에 대하여만 증언을 번복했다. 즉 C의 공판기일의 진술은 자신이 종전에 한 진술을 번복한 것이었고, 또한 이러한 번복된 진술을 뒷받침하는 객관적인 증거가 전혀 없으며, 그 자체로 횡설수설하는 증언이었다. 따라서 C의 공판기일에서의 증언은 신빙성이 없어서 증거로 사용되어서는 안 된다.

따라서 A의 위증 사건의 핵심은 "인장 날인"에 대한 C의 진술서 내용과, 공판기일에서 번복된 C의 법정진술 중 어느 쪽을 믿을 것인지가 아니라, C가 2008년 4월 4일자 진술서에서 진술한 내용 즉 "2000년 1월 경 이지학의 지시로 이 사건 계약서를 작성하였으며, 당시 이지학이 가지고 있던 기노걸의 막도장을 날인한 것으로 기억한다"는 진술내용이 신빙성이 있는 진술인지 여부로 정리되어야 한다.

그렇다면 이 사건 계약서가 이지학 및 C에 의하여 위조되었다는 점을 뒷받침할 객관적 증거가 있는지를 살펴보자. 먼저 피고인 A는 이 사건 계약서에 기재된 계좌번호를 이지학이 직접 기재하였다고 했으나 이는 거짓으로 확인되었다. 즉 이 사건 계약서는 C의 글씨로 작성된 것이 확인되었고, 이는 2008년 4월 4일자 진술서 내용과 일치한다. 또한 같은 날 작성된 기노걸의 영수증 (983,000,000원을 수령)에도 기노걸의 성명이 C의 글씨로 기재된 상태에서 동일한 막도장이 날인되어 있었다는 점도 일치한다. 이러한 객관적으로 확인된 사실과 더불어 당시 C는 W공영의 총무를 담당하였다는 사실은, C가 사장인 이지학의 지시로 이 사건 계약서와 영수증을 작성하고 당시 이지학이 가지고 있던 기노걸의 도장을 날인하였을 가능성은 충분히 뒷받침될 수 있다.

다른 한편, 이 사건 계약서와 관련된 주변 상황 자체가 곧 위조 사실에 대한 정황을 충분히 뒷받침한다. 즉 기노걸은 이 사건 계약서 작성과 관련하여 H건설로부터 어떠한 돈(매매대금)도 받은 사실이 없다는 점(다른 22명의 지주들에게는 얼마간의 매매대금이 모두 지급되었음), 이 사건 계약서에는 1997년 9월 24일에 예금계약이 해지된 기노걸의 계좌번호가 기재되어 있다는 사실, 달랑 이 사건 계약서만 존재할 뿐 기노걸의 인감증명서나 주민동의서 등 다른 첨부서류가 전혀 존재하지 않는다는 점(다른 22명은 다른 첨부서류가 존재함), 특히 이 사건 계약서와 동일한 글씨로 작성된 허창의 부동산매매계약서는 위조되었다는 점 등의 증거들은 이 사건 계약서가 위조되었다는 사실을 충분히 뒷받침하고 있다.

특히 위조된 계약서로 확인된 허창의 매매계약서와 관련한 증

거기록은 이 사건 계약서도 위조되었음을 뒷받침한다. 즉 이 사건 계약서는 허창 명의의 계약서는 비슷한 시기에 작성되었고, 계약서 형식도 동일하며, 인적사항란에 기재된 손글씨도 같은 글씨이며, 동일한 형태의 한글 막도장이 찍혀 있고, 동일하게 1997년에 예금계약이 해지된 계좌번호가 적혀 있었으며, 또한 동일한 시기(2000년 12월)에 부동산처분금지가처분에 사용되었다. 그런데 허창 명의의 계약서와 위조되었다면 이 사건 계약서도 위조되었을 가능성은 충분하고, 이는 곧 2008년 4월 4일자 C의 진술내용과도 일치하기 때문이다.

또한 위증죄 유죄가 인정되는 범위에 대해서도, C의 진술서에는 "계좌번호"에 대한 진술뿐만 아니라 "인장 날인"에 대한 진술 내용도 있고, 그 중 "계좌번호" 부분에 대한 진술이 위증이라는 객관적인 증거가 나타났다면, 나머지 "인장 날인"을 포함한 이 사건 계약서 작성에 관한 C의 전체 진술내용이 신빙성과 증명력이 있다고 보는 것이 합리적이므로, 당연히 "계좌번호" 뿐만 아니라 "인장 날인"에 대한 A의 전체 증언을 위증죄의 유죄로 보아야 한다.

한편, C의 법정 진술에 의하더라도 이 사건 계약서는 위조되었을 수밖에 없다. 왜냐하면, C는 2000년 1월 초에 이지학에 지시에 의하여 기노걸과 허창의 부동산매매계약서를 작성하였다고 하

였고, 또한 당시 이지학은 향산리 주민들의 막도장도 가지고 있었다고 하였으므로 당연히 기노걸, 허창의 막도장도 가지고 있었을 것이다. 그렇다면 당시 이지학과 C는 이미 작성되어 있는 허창과 기노걸의 매매계약서에 가지고 있던 막도장을 찍기만 하면 되는 상황이었고, 실제로 허창의 매매계약서에는 막도장이 날인된 상태가 확인되었다. 그런데도 당시 이지학 또는 C가 유독 기노걸의 이 사건 계약서에만 막도장을 날인하지 않았을 수가 있을까? 같은 글씨로 작성된 허창의 계약서에만 막도장을 날인 하고 기노걸의 이 사건 계약서에는 막도장을 날인 하지 않을 이유는 도대체 무엇일까?

대법원이 걸출한 야당 정치인에게 정치자금법위반죄 유죄를 선고하고 구속하기까지 하였던 엄중한 법리가 왜 대기업 H건설과 관련된 A의 위증죄에는 다르게 적용되는 것일까? 만일 이 사건의 법리대로라면 한 전 총리의 정치자금법위반에 대하여도 당연히 무죄를 선고해야 하는 것이 아닌가? 무엇 때문에 법원은 심판의 대상인 사람에 따라, 사건에 따라, 또는 담당 법관에 따라 각기다른 차별적인 증거 법칙을 적용하는 재판을 하는 것일까? 법관의 이와 같은 차별적인 재판은 천재지변(天災地變)인가? 그 뒷배에 숨겨진 저의는 과연 무엇일까? 피고인 A의 "계좌번호" 관련 위증죄를 유죄로 선고하면서 그 형벌도 겨우 벌금 500만 원이었다면, 이는 법원이 솜방망이 처벌을 한 것이 아니라 아예 대놓고 융숭한 대접(?)을 베풀었다고 해야 하지 않을까? 이런 결과를 두고도 단지 이는 법관의 양심의 발로일 뿐 이른바 전관예우의 반칙은 없다고 할 수 있다는 말인가?

제5장

서열화된 사법 관료주의

(서울고등법원 2009재나372호, 제1차 재심청구 사건)

2009년 6월 4일 기을호는 서울고등법원에 재심소장을 접수했다. 서울중앙지방법원 2008고단3739호 판결로 제1심 증인 A의 "계좌번호" 관련 증언에 대한 위증판결이 확정되었기 때문이다. 비록 "인장 날인" 진술에 대하여는 증거 부족으로 위증죄의 유죄로 단정할 수 없다고 하였지만, 이는 공소사실에 대하여 유죄를 증명하여야 할 책임이 있는 검사가 이를 충분히 입증하지 못하였다는 의미일 뿐, 무죄로 선고된 공소사실 자체가 진실이라는 의미는 아니기 때문이다. 즉 기을호는 민사(재심)소송을 제기한 후 추

가 증거로서 무죄로 된 공소사실과 다른 판단을 얼마든지 받을 수 있다는 것이 대법원의 판례이기도 하다.

즉 대법원은 2006다27055판결 등에서, "관련 형사사건의 판결에서 인정된 사실은 특별한 사정이 없는 한 민사재판에서 유력한 증거자료가 되나, 민사재판에서 제출된 다른 증거 내용에 비추어 형사판결의 사실판단을 그대로 채용하기 어렵다고 인정할 경우에는 이를 배척할 수 있는 것이고, 더욱이 형사재판에서 유죄판결은 공소사실에 대하여 증거능력이 있는 엄격한 증거에 의하여 법관으로 하여금 합리적인 의심을 배제할 정도의 확신을 가지게 하는 입증이 있다는 의미인 반면, 무죄 판결은 그러한 입증이 없다는 의미일 뿐이지 공소사실의 부존재가 증명되었다는 의미도 아니다"라고 판시하였다.

다시 말하면, 위증죄의 유죄로 판단된 A의 "계좌번호" 진술은 엄격한 증거에 의하여 확실하게 거짓이라는 사실이 확인되었지만, 증거 부족을 이유로 무죄판단이 된 A의 "인장 날인" 진술은 유죄로 판단할 만큼 충분한 입증이 되지 않았다는 의미일 뿐, "인장 날인" 진술이 거짓이 아니라는 사실로 증명된 것은 아니므로, 민사재판(재심소송)에서 다른 증거를 통하여 A의 "인장 날인" 진술은 거짓이라는 사실을 입증하면 된다는 말이다.

기을호는 재심소장과 함께 그동안 제1, 2, 3심에서 미처 제출하지 못하였지만 A의 위증죄 고소사건을 진행하면서 수집한 새로운 증거, 즉 이 사건 계약서의 작성자인 C의 진술서(2008년 4월 4일자), 국립과학수사연구소 필적감정서, A에게 위증죄의 기소를 명한 재정결정서(서울고등법원 2008초재733호), A의 위증죄 형사판결서(서울중앙지방법원 2008고단3739호), 그리고 형사소송기록 전체를 증거로 제출하였다. 형사소송 전체 기록을 증거로 제출한 것은, 앞선 형사재판이 얼마나 부실하게 진행되었는지를 재심 재판부에 알리기 위함이었다.

또한 문서송부촉탁신청을 통하여 검찰이 A의 위증죄 형사재판에서는 제출하지 않았던 2008년 4월 18일자 C의 진술조서(방배경찰서 작성)도 증거로 제출하였다. C는 위 진술조서에서 "이 사건 계약서는 2000년 초경 김포 W공영 사무실에서 이지학의 지시에 의하여 작성한 것"이라고 분명하게 진술하였고, 그 후 이 사건 계약서에 기재된 글씨는 자신의 필적임을 증명하기 위하여 국립과학수사연구소에 필적감정을 의뢰하였다.

한편 그 즈음 나는 지속적으로 향산리 주민 및 Y종합건설 관계자들을 접촉하고 있었는데, 그 결과 2000년 2월경에 작성된 향산리 주민 정일석 외 3명의 위조된 부동산매매계약서가 존재한다는 사실을 파악하였고, 이들의 협조를 얻어 관련 서류와 기록을 증거로 제출할 수 있었다. 그런데 놀라운 사실은 이들 위조된 계약서에 기재된 글씨는 모두 제1심 증인 A의 필체였다는 사실이었다. 즉 A는 2000년 2월 경 향산리 주민 정일석 외 3명의 부동산매매계약서를 위조한 다음, 이를 H건설에게 넘겼고, H건설은 이를 기초로 정일석 외 3명의 각 부동산에 처분금지가처분결정을 받아 두었던 것이었다. 그런데 2001년 5월 경 이지학이 갑자기 사망하면서 이러한 사실들이 모두 들통이 났고, 정일석 외 3명은 매매계약을 체결한 사실이 없다고 하면서 H건설에게 2차례에 걸쳐서 처분금지가처분을 취소하라는 통고서를 보냈으며, 그 후 H건설의 처분금지가처분결정은 모두 취소되었다. 나는 이와 관련된 각 부동산매매계약서와 2차례의 내용증명 통고서, 그리고 처분금지가처분 취소 소송서류 등을 모두 입수하여 기을호의 재심청구 재판절차에서 증거자료로 제출한 것이다.

문제의 핵심은 정일석 외 3명의 위조된 부동산매매계약서에 기재된 글씨는 A의 필체였다는 것인데, 그렇다면 A는 이지학과 함께 향산리 주민들의 계약서를 위조하여 H건설에게 넘긴 장본인이라는 점에서, 이 사건 계약서 위조와도 깊은 관계가 있다는 사실을 알 수 있고, 그렇다면 이 사건 계약서의 진정성립 여부에 대한 중립적인 증인의 자격 자체가 없다는 이야기가 된다.

그 외 기을호는 Y종합건설이 2000년 7월 28일 허창에게 내용 증명 우편으로 발송한 "통고서"도 입수하여 증거로 제출하였다. 즉 당시 Y종합건설은 기노걸 뿐만 아니라 허창에게도 동일한 내용의 통고서를 발송한 것이었다. 이로써 두 사람의 부동산매매계약서는 함께 위조되었다는 정황이 더욱 짙어졌다.

2009년 9월 재심사건 첫 번째 변론기일이 열렸다.

나는 미리 제출한 증거에 대한 조사에 임하면서 한편으로 B와 C, 그리고 허창을 증인으로 신청하였다. 담당 재판부는 허창에 대한 증인신청의 이유를 물었고, 나는 허창 명의의 계약서가 위조되었다는 사실을 증명하기 위함이라고 하였다. 이에 H건설 소송대리인은 "허창 명의의 계약서는 허창의 의사에 따라 작성되지 않았음을 인정한다."고 하였다. 즉 H건설도 허창 명의의 계약서는 위조된 것임을 인정한 것이었다. 이러한 사실은 재심 재판 변론조서에 기재되었고 이에 나는 허창에 대한 증인신청을 철회하였다.

2009년 10월 14일 B와 C에 대한 증인신문이 이루어졌다. 증인으로 출석한 C는 무척 불안해 보였고, 미리 법정 방청석 한쪽에 앉아서 무언가 메모지에 빽빽하게 적은 답변내용을 열심히 암기하고 있었다.

먼저 나는 기을호의 소송대리인으로서 질문(신문)을 시작했다.

C는 처음에는 "2008년 4월 4이자 진술서는 C 본인의 말을 토대로 안천식 변호사가 타이핑을 하고, 다시 C본인이 그 내용을 재차 확인한 후 날인한 다음 직접 공증사무실에 가서 인증서로 작성한 것"이라고 인정하였다.

그러나 얼마 뒤에는, "기을호가 '평생 먹고 살 수 있게 해 줄 테니까 도와 달라'고 회유하였고 기을호의 그런 회유에 속아서 진술서를 작성해 준 것"이라고 전혀 다른 진술을 하였다.

또한, "안천식 변호사를 마지막으로 찾아간 것은 H건설 직원 B를 만나기 이전인 2000년 6월이었고, 당시 내심 기을호가 2~3억 원 정도 주지 않을까 생각해서 이를 확인 차 방문한 것이며, 당시 안천식 변호사에게 돈 200만원을 빌려달라고 한 사실은 없다"고 하였다.

또한 "안천식 변호사를 마지막으로 만난 뒤인 2008년 7월에 H건설의 담당 직원인 B를 부천역 앞 다방에서 만났으며, 당시 C는 처음 만난 B에게 곧바로 기을호가 평생 먹을 것을 보장해 주겠다고 하였고, 또 안천식 변호사가 협박을 하여 어쩔 수 없이 2008년 4월 4일자 허위 내용의 진술서를 작성해 주었다"라는 말을 해주었다고 했다.

또한 C는 지난 형사법정에서 자신이 한 진술도 부인하였다.

즉 "지난 형사법정에서 '당시 이지학은 주민동의서 작성을 위하여 향산리 주민들의 막도장을 가지고 있었다'라고 진술했는데, 그것은 잘못된 기억이다. 이지학이 도장을 가지고 다녔는지는 보지 못하였기 때문에 모른다"라고 발뺌했다.

또한, "지난 형사법정에서 기노걸을 전혀 모르는 사람이라고 한 것은, 이름만 알고 있지 직접 만난 사실이 없었다는 의미일 뿐이며 오히려 이지학 사장의 친구인 기을호의 아버지라는 사실을 잘 알고 있었다"라고 하면서 정반대의 취지로 번복하였다.

이어서 C는 H건설의 소송대리인이 C에게 질문(신문)에서는,

"2008년 4월 4일 당시에는 이지학 사장이 그 자리에서 도장을 찍었다고 진술서를 작성해 주었는데, 지금에 와서 생각을 해 보니까 그것은 사실이 아니다. 왜냐하면 당시 업무의 효율성을 위하여 계약서 인적사항을 미리 작성해 가는 경우가 상당히 많았고, 영수증 자체도 그렇게 하는 경우가 많았다. 만약 당시에 이지학이 도장을 직접 찍었다면 기노걸을 찾아가 애타게 계약서를 작성해 달라고 하지도 않았을 것이고, 나중에 2000년 가을경에 계약이 체

결되었다면서 자축하는 회식도 하지 않았을 것이다. 따라서 처음에 진술서를 작성할 때 잘못 생각한 것이다"라고 하면서 또다시 진술을 바꾸었다.

C는 2008년 8월 경 김포에 사는 기을호를 두 번이나 찾아간 적이 있었다. 당시 C는 기을호에게 "H건설 직원 B가 찾아와서는 진술서 내용을 번복해 달라고 요구한다. 이 건으로 너무 신경이 쓰이니 장차 자신에게 돈 3,000만 원을 보장해 주겠다는 약속을 해 달라"고 요구를 하였다. 깜짝 놀란 기을호는 이 사실을 담당 변호사인 나에게 알려왔고, 나는 그러한 약속을 한 사실이 드러나게 되면 자칫 C의 진술 자체가 의심을 받을 수 있다고 조언해 주었다. 이에 기을호는 C에게 사정을 설명하고 잘 돌려보냈다고 했다. 그 후 2008년 9월 중순 경 C는 나에게도 전화를 하였고, 급히 나를 만나고 싶다고 하면서 다음날 방문하기로 했다. 나는 C의 전화를 받고 혼란에 빠졌다. 이미 기을호를 통하여 C는 H건설 직원 B와 A를 만나서 진술번복을 요구받고 있다는 사실, 그리고 기을호에게 돈을 요구하였으나 거절당한 사실을 전해 듣고 있는 터였다. 갑자기 소송대리인에 불과한 나에게까지 찾아오겠다고 하는 상황에 몹시 당황스러웠던 것이다. 혹시 C가 이미 대기업 H건설에게 매수된 것이 아닐까 하는 의심이 들었고, 만약을 위하여 다음날 대화는 녹음해 두었다.

나는 재심 법정에 그때의 녹취록을 증거로 제출하면서,

"이 녹취록에는 기을호에게 2~3억 원을 받을 수 있지 않을까 하고 제안하는 대화 내용은 전혀 없고, 오히려 나에게 돈 200만 원을 빌려달라고 하는 내용이 있으며, 또한 대화 내용에 의하면 나를 찾아온 시기는 2000년 9월로서 2008년 6월에 H건설 직원 B를 만난 이후인 것으로 나타나는데 어떻게 된 것"인지를 물었다.

C는 순간 당황하였다. 그러나 곧바로 기을호의 제안을 확인하기 위하여 찾아간 것은 사실이며, H건설 직원 B를 만난 이후에는 나를 찾아온 적이 없었다는 증언을 고수하였다.

재판장의 직권 신문이 시작되었다.

C는 처음에는 재판장의 신문에, H건설 직원 B를 만난 이후 안천식 변호사를 찾아간 적이 있다고 하였다. 그러다가는 나중에는 또다시 B를 만난 후에는 안천식 변호사를 찾아간 적이 없다고 하였다. 또한 안천식 변호사를 찾아가서 돈을 달라고 한 적도 없었고, 기을호가 제의한 금액을 확인하러 방문하였을 뿐이라고 하였다. 그러면서 2008년 4월 4일 진술서를 작성할 때, 계좌번호의 글씨가 C자신의 글씨라는 것은 사실대로 말한 것이고, 이지학이 도장을 찍었다는 부분은 사실이 아니지만 기을호가 돈을 준다고 하여 거짓 내용의 진술서를 작성해 준 것이며, 자신의 진술서를 작

성해 준 목적은 오로지 돈을 받기 위한 것이었다고 했다. 그러면서 C는 기을호에게는 오로지 돈을 받기 위하여 진술서를 작성해 주었지만, H건설에게 2008년 12월에 번복된 내용의 진술서를 작성해 주면서 전혀 돈을 요구하지 않았다고 했다.

일반적으로 사람이 경험한 사실을 진술할 때에는 비록 기억의 정도에 따라 다를 수는 있지만 대체로 시간적 순서에 따라 일목요연하고 세부적인 사항까지 자세하게 말할 수 있다. 그러나 거짓말을 할 때에는 그렇지 않다. 왜냐하면 거짓말은 직접 경험한 사실이 아니라, 뇌에 의하여 임의적으로 만들어 낸 사상(思想)의 세계이기 때문이다. 따라서 거짓말을 하는 사람은 자세한 사항을 물어보면 대답을 못하거나 엉뚱한 대답을 하는 경향이 있으며, 또한 자신이 거짓말을 하고 있다는 것을 알고 있으므로 상대방으로 하여금 이를 믿도록 하기 위하여 전혀 엉뚱한 새로운 사실을 꾸며내는 경향이 있다.

증인으로 출석한 C의 진술 태도는 전형적으로 거짓말을 하는 사람의 태도였다. 말하는 내용 자체가 앞뒤가 맞지 않고, 계속해서 진술을 번복하며, 객관적 사실에도 맞지 않는 엉뚱한 답변이 곳곳에서 출현하였다. 2008년 9월에 저자가 C와의 대화를 녹음한 녹취록이 그 대표적일 것이다.

또한 C의 증언은 H건설 직원 B의 진술과도 전혀 일치하지 않았다.

즉 C에 뒤이어 H건설 직원 B에 대한 증인신문이 진행되었는데, B는 2008년 6월 말경에 부천역 앞 다방에서 C를 처음 만났을 때, C로부터 기을호가 평생 먹을 것을 보장해 주겠다고 회유하였고 안천식 변호사가 협박하여 어쩔 수 없이 진술서를 작성해 주었다는 말은 전혀 듣지 못하였으며, 오히려 당시 C는 자신이 작성한 2008년 4월 4일자 진술서 내용대로 이지학의 지시로 이 사건 계약서를 작성하였다고 우기면서 B를 상대해 주지도 않으려 하였다는 것이었다. 이에 B는 2008년 7월 28일에 Y종합건설이 기노걸에게 내용증명우편으로 통고서까지 보냈는데 어떻게 그 전에 도장을 찍었을 수 있느냐며 따지면서 "우리도 가만히 있지 않겠다"라고 말하자 C는 굉장히 곤혹스러워하면서 만나주지도 않다가 2000년 12월 경에 번복 진술서를 작성해 주었다고 하였다. 즉 B와 C가 처음만난 순간부터의 진행 경과에 대한 두 사람의 진술은 전혀 일치하지 않았고, C의 의도적인 거짓 증언의 징후는 너무도 뚜렷했다.

[최종 주장 내용]

기을호는 제출한 증거자료를 통하여, 기노걸이 이 사건 계약서를 작성하였다는 사실을 증명하는 객관적인 증거는 전혀 없고, A의 "계좌번호"관련 증언은 위증죄 유죄로 확정되었으며, 또한 A의 "도장 날인" 공소사실은 증거 부족으로 위증죄 유죄로 단정할 수 없다는 의미의 무죄판단일 뿐 A의 "도장 날인" 진술이 진실이라는 의미는 전혀 아니며, 오히려 A의 "계좌번호 위증 사실"과 그 외 A는 2000년 2월 경 정일석 외 3인 명의의 부동산매매계약서도 위조한 사실, 그리고 C의 진술번복 경위와 재심소송 법정에서의 앞뒤 모순된 진술 태도 등을 종합하면 C의 2008년 4월 4일 자 진술서 내용은 그 진실성과 신빙성을 인정할 수 있으므로, 이 사건 계약서는 이지학에 의하여 위조되었거나, 최소한 기노걸에 의하여 작성되지 아니하였다는 사실은 충분히 증명되었으므로 재심소송을 인용하고 H건설의 소유권이전등기 청구를 기각해야 한다고 주장하였다.

이에 대하여 H건설은 기을호는 이 사건 계약서 작성 여부를 모르는 자이고, 기노걸 및 이지학이 모두 사망한 상태에서는 무엇이 진실인지는 그 이후 관련자들의 태도와 정황에 의하여 판단할 수밖에 없다고 하면서, H건설은 이 사건 계약서를 근거로 2000년 12월 경 기노걸의 부동산에 처분금지가처분을 하였음에도 당시 기노걸은 이에 대하여 어떠한 이의를 하지 않았으므로 이 사건 계약서는 기노걸에 의하여 작성되었음이 인정할 수 있다고 주장하였다[11].

판결 선고기일은 2009년 10월 28일로 지정되었다. 그런데 무슨 일인지 갑자기 판결 선고가 연기되었고 담당 재판부는 주심 판사를 수명판사로 지정하여 조정절차에 회부하였다. 수명판사는 2009년 1월 19일까지 무려 5차례나 조정절차를 진행하였으나 끝내 조정은 성립되지 않았다. 결국 주심 판사로 사건 초기부터 재판에 참여하고 5차례의 조정절차까지 진행한 수명법관은 법관 정기인사를 이유로 다른 판사로 교체되었다. 즉 2010년 3월 24일 판결 선고 시에는 재심사건 재판을 초기부터 진행한 판사는 담당 재판장 한 사람뿐이었고, 2명의 배석판사는 재판절차에는 전혀 참여하지 않은 다른 법관으로 교체된 상태였다. 그리고 담당 재판부는 기을호의 재심청구를 기각하였는데 그 주요 이유는 다음과 같다.

(1) 민사소송법 제451조 제1항 제7호 소정의 재심사유인 "증인의 거짓진술이 판결의 증거가 된 때"라 함은 증인의 거짓 진술이 판결주문에 영향을 미치는 사실인정의 자료로 제공되어, 만약 그 거짓 진술이 없었더라면 판결주문이 달라질 수 있는 개연성이 인정되는 경우를 말하는 것이므로, 그 거짓 진술이 사실인정에 제공된 바 없다거나 나머지 증거들에 의하여 쟁점 사실이 인정되어 판결주문에 아무런 영향을 미치지 않는 경우에는 비록 그 거짓 진술이

위증으로 유죄 확정판결을 받았다하더라도 재심사유에 해당되지 않는다.

(2) 제1심 증인 A의 증언 내용 중

"토지 매매계약서 상의 계좌번호는 계약서 작성 당시 기노걸로부터 직접 듣고 이지학이 기재한 것으로 기억한다. 계좌번호는 기노걸로부터 듣고 현장에서 적은 것이다. 기노걸이 불러주는 대로 이지학이 적는 것을 틀림없이 봤다. 증인이 참여한 가운데 기노걸이 불러주는 계좌번호를 기재하였기 때문에 이지학이 임의로 기재했다는 것은 있을 수 없는 것으로 알고 있다. 증인이 옆에서 보고 있었고 이지학이 직접 썼다"는 부분에 대하여는 위증으로 판명되었으나,

"당시 기노걸은 노환으로 몸이 불편하여 서랍에서 도장을 가져와 이지학에게 주었고, 이지학은 건네받은 도장으로 기노걸의 이름과 주소, 주민등록번호를 미리 기재하여 가지고 온 토지 매매계약서에 날인을 하였으며, 증인은 이를 모두 지켜보았다. 기노걸이 서랍에서 꺼낸 도장은 막도장이었다. 기노걸이 피고(기을호)의 친구인 이지학에게 반말로 도장이 여기 있으니 찍으라고 하였다. 기노걸이 도장을 준 것이 맞다"라는 부분에 대하여는 증거불충분으로 무죄가 선고되었다.

(3) 이 사건 계약서의 진정성립을 인정하기에 이른 경위와 위에서 본 제1심 증인 A의 증언, 그 중 무죄로 된 진술내용 및 유죄로 인정된 허위진술 내용에 비추어 보면, 증인 A의 증언 중 허위의 진술로 인정된 부분은 이 사건 계약서의 진정성립에 관한 간접적인 사항으로서 토지매매계약서에 기재된 계좌번호가 당시 이미 폐쇄된 계좌의 번호임이 밝혀져 그 증명력이 약한 반면, 오히려 무죄로 된 진술내용은 이 사건 계약서의 진정성립에 직접적인 사항으로서 증명력이 높은 것이어서, 유죄로 인정된 증인A의 허위 진술 부분을 제외한 나머지 증언 및 변론 전체의 취지에 의하더라도 그 진정성립을 인정하기에 충분하므로, 결국 증인A의 위증 부분은 재심대상 판결의 사실인정과 판결주문에 아무런 영향을 미친 바 없다.

(4) 한편, 이 사건 계약서가 위조되었다는 피고(기을호)의 주장에 부합하는 증인 C의 2008년 4월 4일자 진술서와 2008년 4월 18일자 참고인 진술조서의 각 기재는 재심 후 당심 증인 C의 증언 및 2009년 12월 18일자 인증서(진술서)의 기재에 비추어 믿기 어렵고, 재심 후 당심에서 증거까지 살펴보아도 달리 이를 인정할 만한 증거가 없다.

2010년 3월 24일

−서울고등법원 2009재나372호 판결 이유 중에서

2009년 10월 28일로 지정된 판결 선고기일을 며칠 앞두고 갑자기 조정에 회부되었다. 나는 무슨 일인지 궁금하여 담당 재판부에 전화를 하였다. 직원에게 사건번호를 알려주자 주심 판사와 전화를 연결시켜 주었다. 전화기에서 주심 판사의 조금은 성가신 듯한 목소리가 들려왔다.

"왜 이렇게 자주 전화를 하세요?"

"네에~? 자주라니요. 저는 처음 전화를 하였는데요."

"아~, 피고 소송 대리인이세요.. 난 또.. 원고인 줄 알고... 근데 무슨 일이세요?"

"아~ 네, 선고기일을 앞두고 갑자기 조정에 회부되었는데, 혹 무슨 일이 있나 해서요?"

"아, 그냥 조정으로 종결할 수 있지 않을까 하는 생각이 들어서 조정에 회부하였습니다. 날짜에 맞추어 피고 본인과 꼭 함께 나오도록 하세요."

"아, 네, 알겠습니다."

2009년 당시에는 변호사들이 재판 진행과 관련하여 절차상 궁금한 점이 있으면 담당 재판부와 가끔 전화 연락을 하던 시기였었다. 그러나 담당 변호사가 재판부와 수시로 연락을 취하는 것은 자칫 재판 진행 및 그 결과에 대한 오해를 살 수도 있는 일이므로, 꼭 필요한 경우가 아니면 가급적 통화를 삼가는 것이 당시 변호사들 사이의 불문의 관행이었다. 나는 선고기일에 즈음하여 갑자기 조정기일이 잡히는 상황을 이상히 여겨 처음으로 재판부에 그 이유를 문의한 것이었다. 그런데 주심 판사의 말에 의하면, 원고 소송대리인은 수시로 재판부와 전화 통화를 하고 있었던 것 같았다.

2009년 11월 10일부터 2010년 1월 19일까지 수명판사(주심판사)는 5차례의 조정절차를 진행하였다. 몇 차례 조정안을 주고받았지만 상호간의 입장 차는 좁혀지지 않았다. 수명판사는 H건설에게 조정 권한을 부여받은 임원의 출석을 요구하였으나 H건설의 상무이사가 단 한 차례 출석하였을 뿐이었다. 조정기일에 소송대리인과 함께 참석한 H건설 담당자는 주로 B(토지매입 담당 차장)였었고, 조정절차가 거듭되자 B는 자리에서 벌떡 일어나 수명판사를 향하여 삿대질을 하면서,

"거~, 사건을 제대로 알지도 못하면서 함부로 판단하려고 하지 마세요!"

라고 하면서 큰 소리로 고함을 지르는 일도 있었고, 이에 깜짝 놀란 H건설 소송대리인은 급히 B를 만류하기도 하였다. 양측의 팽

팽팽한 기 싸움 속에 조정기일은 계속해서 공전되었고, 수명판사는 마지막 5회 조정기일을 진행하면서 혼잣말로 이렇게 중얼거렸다.

"증인 C가 이렇게 이상하게 증언하고 있는데, 이걸 어떻게 하란 말인가...?"

2010년 1월 19일 5회 조정기일을 끝으로 조정은 결렬되었다. 수명판사는 각 소송대리인에게 변론기일을 다시 열어 지금까지 제출한 참고서면을 준비서면으로 진술하도록 안내하면서, 자신은 법원 정기인사로 이 판결에서 손을 떼야 할 것 같다고 하였다.

결국 2009년 6월 재심소장이 법원에 접수된 이후 2010년 1월 19일까지 줄곧 주심 판사로서 재판절차에 실질적으로 참여하였을 뿐만 아니라, 또한 5차례나 조정절차를 진행한 이** 주심판사는 위 재심판결서에 판사로서의 이름을 올리지 않았다. 즉 2009년 2월 21일 재판장은 새로 교체된 2명의 배석판사와 형식적인 변론갱신절차[12]를 거친 다음 2009년 3월 24일 판결을 선고하였다. 다시 말하면 판결서에 서명한 3명의 판사 중 실질적으로 변론을 청취하고 재판 진행에 관여한 판사는 재판장 한 사람뿐이었으며, 나머지 2명의 배석판사는 형식적으로 판결서에 이름을 올렸을 뿐이었다.

애초 2009년 10월 28일로 지정되었던 선고기일은 왜 해를 넘겨 2010년 3월 24일에 선고된 것일까? 무슨 이유로 종전에 실질적으로 재판을 주도한 이** 주심 판사는 판결서에 담당 판사로서의 이름을 올리지 못한 것일까? 그는 왜 마지막 조정기일에 마치 당사자들이 들으라는 듯, "증인 C가 이렇게 이상하게 증언하고 있는데, 이걸 어떻게 하란 말인가...?"라고 중얼거렸을까?

이** 판사는 재판장과의 합의 과정에서 명백하게 허위의 증언을 하는 C의 법정 증언이 증거로 채택되는 상황을 그대로 따를 수 없었던 것이 아닐까? 모순투성이인 C의 법정 증언을 이유로 오히려 일관되고 사실에도 부합하는 C의 2008년 4월 4일 자 진술서, 2008년 4월 18일 자 진술조서를 배척해야 하는 상황을, 판사의 양심으로 도저히 수용할 수 없었던 것은 아닐까? 현실적으로 존재하는 재판장과 배석판사의 위계 및 서열 관계와 판사로서의 양심이 충돌하였던 것은 아닐까?

2017년 3월 법원 내 학술단체인 국제인권법연구회는 '국제적 비교를 통한 법관인사제도의 모색'이라는 제목의 학술대회를 개최하면서, 현직 법관 501명을 상대로 벌인 설문조사 결과를 발표하였다. 발표에 의하면 현직 법관 중 대법원장·법원장 등 사법행정권자의 정책에 반하는 의사표시를 한 법관이 보직·평정·사무

분담에서 불이익을 받은 우려가 있다는 대답이 무려 88.2%에 이르고, 소속 법원장의 권한을 의식하는 편이라는 대답도 91.8%나 되었는데 특히 그 중 소송 법원장의 근무평정 권한을 우려한다는 답변이 98.3%나 되었다고 한다.

헌법에 의하여 신분이 보장되고, 재판에 관한 직무상의 독립성까지 부여받은 현직 판사들조차도, 사법행정권자 혹은 법원장의 눈치를 살피면서 재판에 임하고 있다는 것이다. 헌법이 보장한 법관의 재판독립은 과도하게 관료화되고 서열화된 사법구조의 현실에서 그 본질이 왜곡되어 가고 있었던 것이다. 학술대회에 참석한 어느 현직 판사는 발제 토론문에서, "관료화에 순치되어 이를 내면화한 법관은 재판에 임하면서 상급심 또는 상급자의 판단을 법률과 양심에 따라 의심해보기 보다는 곧 순응하게 되는데, 그 대표적인 모습이 바로 합의부 배석판사가 쉽게 재판장의 견해에 자신의 견해를 동일시하고자 하는 모습에서 찾아볼 수 있다"라고 하였다. 합의부에서 재판장은 상급자로서 배석판사의 1차 업무 평정을 담당하고, 다시 법원장이 2차 업무 평정을 담당하는 현실 속에서 법원의 관료화 및 서열화는 단순한 관념상의 염려가 아니라 현실적인 우려와 결과로 이어질 수밖에 없었을 것이다.

이와 같이 서열화되고 관료화가 고착된 법원 구조 속에서,

이** 판사는 도대체 무슨 생각으로, 어떠한 상황이었기에 재판장의 의견에 따르지 않고 5차례나 조정절차를 진행하다가 끝내 판결서에 이름을 올리지 않는 선택을 한 것일까? 이** 판사는 혹여 이 일로 인하여 법원 내 업무 평정 및 향후 인사과정에서 모종의 불이익을 받았던 것은 아닐까?

[눈 가리고 아웅 하기 - 신빙성이 생략된 증명력] _____

"눈 가리고 아웅 한다"는 말이 있다. 무슨 일이 있는지 다 알고 있는데 얕은 수단으로 남을 속이려 한다는 의미의 속담이다. 서울고등법원 2009재나372 판결이 바로 "눈 가리고 아웅 하기"식 판결이었다.

서울고등법원 2009재나372 판결(제1차 재심청구사건)의 주요 내용을 요약하면 다음과 같다.

> **첫째,** 제1심 증인 A는 법정에서 선서한 다음, "이 사건 계약서의 계좌번호는 계약서 작성 당시 기노걸로부터 직접 듣고 이재학이 기재한 것으로 기억한다"라는 증언하였고, 또한 "이 사건 계약서 상에 날인된 기노걸의 막도장은 기노걸이 건네주는 것을 이지학

이 계약서에 날인한 것으로 기억한다"라고 증언하였다.

그런데 이 중 위증죄의 유죄가 선고된 "계좌번호" 관련 증언은 이 사건 계약서의 진정성립에 관한 간접적인 사항으로 토지매매계약서에 기재된 계좌번호가 당시 이미 폐쇄된 계좌의 번호임이 밝혀져 그 증명력이 약하지만, 반면 증거불충분으로 위증죄의 무죄가 선고된 "도장 날인" 증언 부분은 이 사건 계약서의 진정성립에 직접적인 사항으로 증명력이 높으므로, A의 증언 중 위증죄의 유죄로 인정된 부분을 판결서에서 제외해 버리면 이 사건 계약서의 진정성립을 인정하기에 충분하므로 판결의 결론에는 영향이 없다는 것이다.

둘째, 재심소송 변론기일에서 한 C의 증언과 진술서에 비추어 보면, 그 이전에 C가 작성한 2008년 4월 4일자 진술서와 2008년 4월 18일자 진술조서에 기재된 내용은 믿을 수 없다는 것이다.

1차 재심 법원의 판단은 "눈 가리고 아웅하기"식 불편한 판결인 이유는 다음과 같다.

첫째, 재심판결의 이유는 사법절차의 염결성(廉潔性)을 아예 무시하였다.

A는 제1심 법정에 증인으로 출석하여 진실만을 말하겠다고 선서까지 한 증인이다. 이러한 A가 법정에서, "계좌번호"와 관련하여 10여 차례나 거짓 증언을 하였는데, 재심 법원을 이것을 아무것도 아닌 것으로 단정해 버렸다. A가 "계좌번호" 관련한 거짓 증언은 정말로 아무것도 아닌 것일까? A는 증인으로 두 차례나 법정에 출석하여 "기노걸이 불러주는 대로 이지학이 계좌번호를 적는 것을 틀림없이 보았다"라고 10여 차례나 강조한 진술은 제1, 2심 판결의 기초가 되었고, A는 그 뒤에도 계속해서 거짓이 아니라고 우기다가 약 3년 뒤에서야 명백한 거짓으로 드러나면서 위증죄로 처벌받았다. 이러한 사법 절차상의 거짓말이 아무것도 아닌 것으로 치부할 수 있는 것일까?

재심판단 이유에서의 논리대로라면, 소송당사자가 재판절차를 수행하는 가장 지혜로운 방법은 아마도 가짜 증인을 재판절차에 출석시켜 그 자리에서 곧바로 드러나지 않을 온갖 거짓 증언으로 재판부를 속여 일단 승소판결을 받아 내는 것이 될 것이다. 그렇게 속여서 일단 승소판결만 받아 두면 그 후 웬만한 거짓말이 탄로가 나더라도 대세에는 영향이 없기 때문이다. 진정 재심 법원은 재판절차를 이렇듯 온갖 거짓말과 마귀들의 아우성이 들끓는 복마전(伏魔殿)[13]으로 만들고 싶었던 것일까?

재판절차는 증거를 통하여 진실을 발견하여 법치주의 정신을 구현하는 핵심절차이다. 따라서 여타 어느 분야보다 엄격한 절차와 증거를 바탕으로 사실을 확정한 다음 그에 적합한 법리를 적용하여 판단하는 절차를 거쳐야 한다는 점에서, 사법절차에서의 염결성(廉潔性)은 여타 어느 분야보다도 강조될 수밖에 없다. 따라서 법원은 살아있는 판결을 통하여 적어도 법정에서 선서한 증인의 거짓말은 곧바로 패소로 이어지도록 하여야 한다. 그래야 법정이 제대로 서고 판결의 신뢰성을 유지할 수 있다. 그런데도 제1심 변론기일에 증인으로 출석하여 10여 차례나 강조한 A의 증언 내용이 모두 거짓으로 판명 났는데, 이를 아무것도 아니라고 치부할 수 있다는 말인가? 누가 이런 판결을 신뢰하려고 하겠는가?

둘째, 거짓 증언이 가지는 의미를 오해하였다.

재심 법원은 위증죄로 확인된 "계좌번호" 관련 증언은 (제1심) 당시 이미 폐쇄된 계좌의 번호임이 밝혀져 그 증명력이 약하다고 하였다. 그렇다면 제1심판결은 왜 증명력이 약한 A의 "계좌번호" 증언을 판결서에 기재하였다는 말인가? 이는 말이 되지 않는다. 제1심 법원은 계좌번호는 이미 1997년 9월에 폐쇄된 계좌번호임이 밝혀져 A의 증언을 쉽게 믿을 수 없는 상황이었음에도 불구하고, A가 재차 증인으로 출석하여 "틀림없이 계좌번호를 기재하는 것을 보았다"라고 강조함에 따라 오히려 A의 증언에 강한 증명력을 부여하는 판결이유를 직접 설시하기까지 하였다. 이는 제1심 판결서에서 기재된 "75세 고령의 기노걸이 착각하여 잘못 불러줄 가능성"까지 언급한 것이 바로 그것이다. 그런데 이와 같은 강한 증명력을 부여한 증거가 나중에서야 모두 거짓으로 밝혀졌다. 사정이 이러하다면 거짓 증언으로 밝혀진 A의 계좌번호 증언은 이 사건 계약서의 진정성립을 방해하는 매우 중차대한 요소로 작용할 수밖에 없다. 그런데 재심 법원은 이러한 상황을 "신빙성"이라는 관념적 용어를 사용하여 정반대의 법적 의미로 해석하면서 왜곡하고 있다. 이것은 분명한 왜곡이고 속임수이다.

셋째, 증거불충분으로 무죄로 선고된 A의 "도장 관련" 증언은 이 사건 계약서의 진정성립에 직접적인 사항으로서 증명력이 높다고 단정한 것도 완전히 논리가 왜곡되었다.

"도장 관련 증언이 계약서의 진정성립에 직접적인 사항"이라는 점과 "도장 관련 증언이 증명력이 높다는 것"은 엄연히 다른 영역이다. 즉 "도장 관련 증언"에 높은 증명력을 부여하려면 "도장 관련 증언"이 충분히 믿을 수 있을 정도의 신빙성이 있어야지, 단순히 "도장 관련 증언"이 계약서의 진정성립에 직접적인 사항이라는 이유만으로 곧바로 높은 증명력이 부여되지는 않는다. 아무리 도장 관련 증언이라고 하더라도 그것이 거짓이라는 의심을 떨쳐버릴 수 없으면 어떠한 증명력도 부여할 수 없기 때문이다. 그런데 재심 법원은 도장 관련 증언이 단지 계약서의 진정성립에 직접적인 사항이라는 이유만으로 곧바로 높은 증명력이 있다는 논리의 비약으로 치닫는 오류를 범하였다. 재심 법원의 판단은 단지 관념적 용어를 나열한 뒤 실체에 대해서는 아무런 내용도 검토하지 않은 상태에서 곧바로 미리 설정한 잘못된 결론에 이르는 방식으로 논리를 비약하였고, 사실을 왜곡하였다. 같은 절차에서 10여 차례나 "계좌번호 관련 증언"을 사실이라고 강조하였으나 모두 거짓으로 판명이 났는데, 어떻게 같은 증인의 동일한 절차에서의 "도장 관련 증언"을 증명력이 강하다고 할 수 있다는 말인가? 정말이지 미친(?) 논리의 비약일 뿐이다.

넷째, 재심법원은 재심 법정에서 한 C의 증언을 이유로 2008년 4월 4일자 C의 진술서와 2008년 4월 18일자 C의 진술조서에 기재된 진술을 믿을 수 없다고 판단한 것도 법리의 왜곡이다.

C는 2008년 4월 4일자 C의 진술서와 2008년 4월 18일자 C의 진술조서에서 이 사건 계약서는 이지학의 지시에 의하여 위조한 것이라고 일관되게 진술하였으며 다른 객관적인 증거와도 일치한다. 그런데 그 후 B는 C를 만나서 강요와 설득을 하였고, 그 뒤 C는 A의 위증죄 공판절차, 제1차 재심 재판 변론기일에 각 증인으

로 출석하였는데, 그 증언 내용을 보면 그 자체로 모순덩어리였다. 특히 C는 재심 법정에서 "2008년 7월 경 B를 처음 만났는데, 당시 B에게 기을호가 회유하고, 안천식 변호사가 협박하여 돈을 받기 위하여 어쩔 수 없이 도장 관련 허위 내용이 기재된 2008년 4월 4일자 진술서를 작성해 주었다고 모두 말해주었다"라고 하였다. 그러나 이후 증인으로 출석한 B는 C의 이러한 증언과는 정반대로 진술하였다. 이와 같이 C의 번복된 진술은 철저하게 H건설의 이익에 편향되어 있었을 뿐만 아니라 모순투성이였다.

언 듯 보면 C의 진술은 단순한 변덕에 따라 움직이는 모순덩어리인 것처럼 보이지만 한편으로는 명확한 목적의식을 갖고 진행됨을 알 수 있다. 바로 C 자신의 2008년 4월 4일자 진술서와 2008년 4월 18일자 진술조서의 내용을 부인하는 것이다. 이와 같이 편향적이고 모순투성이인 C의 증언은 어떠한 사실도 증명할 수 없고, 또한 증거로 사용 되어서는 안 된다. 이는 앞서 본 한 전 총리 사건에서, 한 사장이 검찰에서의 진술을 부인하고 법정에서 자금의 사용처에 대하여 진술을 번복하였지만, 한 사장의 법정 진술은 신빙성이 없다는 이유로 증거로 채택되지도 않았고, 검찰 진술을 배척하는 증거로도 사용되지 못하였던 것과 동일한 원리이다[14].

그런데 재심 법원은 이러한 C의 모순투성이의 법정 진술을 이유로 그동안 일관되었던 C의 2008년 4월 4일 자 진술서, 2008년 4월 18일자 진술조서의 증명력을 배척하는 증거로 활용하였다. 다시 말하면 전혀 믿지 못할 증거를 억지로 만들어서, 일관되고 믿을 만한 증거를 모두 배척하는 방법을 취한 것이다. 재심 법원의 이러한 태도는 증거법 체계를 혼란에 빠지게 하여, 사법절차를 철저히 기득권에 봉사하는 수단으로 전락시키게 될 것이다.

예컨대 이런 식의 증거법 체계라면, 돈 많은 H건설과 같은 대기업은 C와 같은 증인이 사전에 사실에 대하여 아무리 정확히 진술을 하였을지라도, 그 뒤 법원(공판 혹은 변론) 단계에서 C를 매수하여 그 자체로 모순된 엉터리 진술을 하도록 하기만 하면, 그 이전에 C가 하였던 진실에 부합하는 모든 진술들을 배척해 버리는 방식으로 사실 자체를 왜곡할 수 있기 때문이다. 법원은 진정 이와 같은 혼탁한 법정을 원하는 것일까?

[재심 재판이 미국식 배심재판으로 진행되었더라면…] _____

이에 대하여는 더 이상 살펴보지 않기로 한다. 미리 판결의 결론을 정해 둔 것 같은 재판절차와 내용을 두고 미국 배심원 평결을 운운하기에는 우리의 현실이 너무도 추하고 부끄러울 뿐이기 때문이다. 다만, 이** 판사가 왜 결국 재심판결서에 이름을 올리지 못한 채 재판에서 제외될 수밖에 없었는지에 대하여 생각하다 보면 왠지 마음이 애잔해진다. 재판에 대한 사실인정과 법리적용의 모든 권한을 오로지 법관에게만 부여하고 있는 현재의 우리나라 사법시스템은, 힘없는 일반 국민에게도 매우 위험할 일이지만, 더 나아가 법원을 구성하고 있는 대부분의 성실하고 정직한 판사들을 더 이상 법원에 머물지 못하도록 위협하는 흉기가 되고 있는 것은 아닌지도 되돌아보아야 할 것이다.

한편, 이** 판사를 제외한 이 책(고백 그리고 고발'포함)에 나오는 대부분의 법관들은 승승장구하는 듯했다. 지방법원 재판장을 하던 모 판사는 고등법원 부장판사로 승진하였고, 또 재심의 소에서 배석판사를 하던 판사도 고등법원 부장판사로 승진하였다.

또한 고등법원의 어떤 재판장은 대법관으로 승진하였고, 다른 고등법원 재판장들은 법원장으로 영전하기도 했다. 이들 대부분은 서열화된 우리나라 학벌 사회에서 이른바 최고의 대학을 졸업한 특급 엘리트 출신들이었다. 그들만의 견고한 성곽 속에서, 그들만의 언어로 대화를 나누고, 그들만의 생각과 눈짓을 공유하면서 일반 국민과는 전혀 다른 공간에서 생활하는 그들에게 공정한 재판이란 무엇을 의미하는 것일까? 지금과 같은 상황에서 보통의 평범한 일반 국민이 그들만의 틈바구니를 비집고 들어갈 틈이라는 것이 과연 존재하기는 하는 것일까? 만약 일반 국민이 배심원 또는 참심원이라는 이름으로 그들의 틈바구니로 들어가게 된다면 그들만의 세상에는 어떠한 영향을 미칠 것이며, 재판의 절차와 판결의 공정성에는 어떠한 변화의 바람이 불게 될까?

통 고 서

수신인   ○○건설 주식회사
　　　　 서울 종로구 ○○ 140-2
　　　　 대표이사 심 ○ 영

발신인   성 명   정 ○ 석 (430000-1200000)
　　　　 주 소   김포시 고촌면 향산리 000-14

- 내 용 -

1. 귀사가 통고인의 토지(김포시 고촌면 향산리　-14)에 관하여 한 부동산
   처분금지가처분(인천지방법원 2000카단18241)과 관련입니다.

2. 통고인은 귀사와 통고인의 토지에 대한 매매계약을 체결한 사실이 없고
   귀사가 통고인과의 사이에 작성하였다는 통고인의 토지에 대한 매매계약
   서에 대하여는 전혀 알지 못하며, 매매계약서에 날인된 인장도 통고인의
   인장도 아닐뿐더러 귀사가 매매계약에 따른 계약금을 입금하였다는 계좌
   는 통고인이 개설한 적이 없는 전혀 알지 못하는 계좌입니다.

3. 따라서 귀사가 위 가처분신청의 근거서류로 제출한 부동산매매계약서에
   관하여 아래와 같은 몇가지 의문점을 질의하오니 이에 대하여 회답하여
   주시기 바랍니다.

   가. 이 사건 매매계약서가 어떤 경위로 작성된 것인지.
   나. 이 사건 매매계약서를 실질적으로 작성한 귀사의 직원은 누구인지

2001.9.0 4

2001. 8. 31

이 우편물은 2001/08/31 제 199252
호에 의하여 내용증명우편물로
발송하였음을 증명함

김포우체국장

〈증거자료 11 : 정일석이 2001년 8월 31일 H건설에게 보낸 통고서〉

2001년 7월 향산리 주민 정일석 등 4명은 H건설이 자신들의 부동산에 처분금지가처분을 해 두었다는 사실을 알게 되
고, 이에 누군가가 자신들의 부동산매매계약서를 위조하였다고 하면서 H건설에 두 차례에 걸쳐서 통고서를 발송하였다.
왼쪽 하단에 H건설의 접수인이 날인되어 있음.

다. 매매계약서 매도인란의 매도인의 성명과 주소를 기재하고 인장을 날인
한 사람이 누구인지.

라. 매도인 명의의 인장의 출처

마. 이 사건 매매계약에 관하여 통고인의 의사를 확인한 사실이 있는지.
(있다면) 누구에게 어떤 방법으로 확인하였는지.

바. 귀하가 송금한 예금계좌에 대한 자료는 누구로부터 받은 것인지.

4. 위 3.항에 대한 답변을 2001. 9. 15.까지 주시기 바라며 위 기일까지
이에 대한 답변을 주지 않으면 통고인으로서는 이 사건 매매계약서의
작성명의자인 귀사의 대표이사가 통고인의 명의를 함부로 모용하여 이
사건 매매계약서를 위조한 것으로 볼 수 밖에 없어 귀사의 당시 대표이사
를 사문서 위조 및 동행사죄로 고소할 수 밖에 없음을 알려드리니 서로간
에 불미스러운 일이 발생하지 않도록 사실관계를 밝혀 주시기 바랍니다.

2001. 8. 31

통고인   정 ○ 석

〈증거자료 11 : 정일석이 2001년 8월 31일 H건설에게 보낸 통고서〉

정일석 외 4인은 H건설에게 위조된 부동산매매계약서에 매도인의 주소 등을 기재한 사람이 누구인지, 인장은 어디서 난
것인지를 밝혀달라고 촉구하고 있다.

감 정 사 진 제 3 호

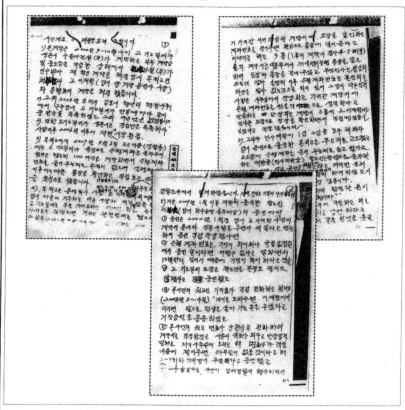

지증(知證)필적자료-을제42호증의70 탄원서(1,2,3)

〈증거자료 12 : 필적감정서 제3호〉

증인A는 자신의 위증형사사건에 자필탄원서를 제출하였는데, 그 자필탄원서의 필체는 정일석 등 4명의 위조된 부동산 매매계약서의 주소, 성명, 주민등록번호 등의 글씨와 동일한 필적임이 확인되었다.

감 정 사 진 제 4 호

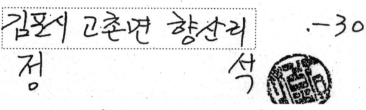

문증[을제44호증1 계약서 매도인 부분]필적

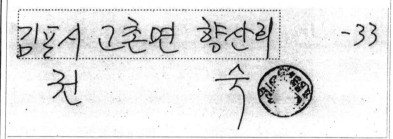

문증[을제44호증2 계약서 매도인 부분]필적

문증[각(各) 계약서 매도인 부분]필적

문증(問證)[각(各) 계약서 매도인 부
※ 「적색(赤色)점선은 유사(類似)하게 나

〈증거자료 12: 필적감정서 감정사진 제4호〉

증인A의 글씨로 작성된 정일석 등 4명의 부동산매매계약서에 기재된 인적사항이다.

제6장

대형로펌의 등장

(대법원 2010다32085호 제1차 재심 상고심 사건)

[위법한 재판에 대하여 손해배상을 청구할 수 있을까…?]

법관의 잘못된 재판으로 손해를 본 국민은 국가에 대하여 손해
배상을 청구할 수 있을까? 대법원은 이렇게 판시하고 있다.

법관의 재판에 법령의 규정을 따르지 아니한 잘못이 있다 하더라
도 이로써 바로 그 재판상 직무 행위가 국가배상법 제2조 제1항
에서 말하는 위법한 행위로 되어 국가의 손해배상책임이 발생하
는 것은 아니고, 그 국가배상책임이 인정되려면 당해 법관이 위법
또는 부당한 목적을 가지고 재판을 하였다거나 법이 법관의 직무

· · · · ·

수행상 준수할 것을 요구하고 있는 기준을 현저하게 위반하는 등 법관이 그에게 부여된 권한의 취지에 명백히 어긋나게 이를 행사하였다고 인정할 만한 특별한 사정이 있어야 한다고 해석함이 상당하다.

그런데 재판에 대하여 따로 불복절차 또는 시정절차가 마련되어 있는 경우에는 재판의 결과로 불이익 내지 손해를 입었다고 여기는 사람은 그 절차에 따라 자신의 권리 내지 이익을 회복하도록 함이 법이 예정하는 바이므로, 이 경우에는 불복에 의한 시정을 구할 수 없었던 것 자체가 법관이나 다른 공무원의 귀책사유로 인한 것이라거나 그와 같은 시정을 구할 수 없었던 부득이한 사정이 있었다는 등의 특별한 사정이 없는 한, 스스로 그와 같은 시정을 구하지 아니한 결과 권리 내지 이익을 회복하지 못한 사람은 원칙적으로 국가배상에 의한 권리구제를 받을 수 없다고 봄이 상당하다고 하겠으나, 재판에 대하여 불복절차 내지 시정절차 자체가 없는 경우에는 부당한 재판으로 인하여 불이익 내지 손해를 입은 사람은 국가배상 이외의 방법으로는 자신의 권리 내지 이익을 회복할 방법이 없으므로, 이와 같은 경우에는 위에서 본 배상책임의 요건이 충족되는 한 국가배상책임을 인정하지 않을 수 없다 할 것이다.

(대법원 2003. 7. 11. 선고 99다24218 판결)

간단하게 말하면, 법관의 위법 또는 부당한 재판으로 국민이 손해를 보았더라도 이는 불복절차에 따라 잘못된 판결을 시정하여 손해를 회복해야 하는 것이고, 다만 불복에 의하여 시정을 구할 수 없는 것 자체가 법관의 귀책사유에 의한 경우(또는 시정을 구할 수 없었다는 특별한 사정이 있는 경우)에만 국가에 대하여 손해배상을 청구할 수 있다는 것이다. 다시 말하면, 주권자인 국민은 법관의 위법한 재판으로 아무리 큰 손해를 입었다고 하더라도 국가가 그러한 손해를 배상해 주는 일은 거의 없다는 것이다. 법원은 잘못을 저지를 수도 없고, 설사 잘못을 저질러도 어떠한 책임도 지지 않는 괴물이 되어 버린 것이다. 조금 비꼬자면 법원의 잘못은 천재지변(天災地變)과도 같다는 것이다. 이른바 판결무오류(判決無誤謬) 사상이 주권자인 국민의 기본권을 짓밟고 있는 것이다. 법관은 주권자인 국민과 헌법 위에 존재하는 성역인 것이다. 적어도 재판에 있어서의 주인은 법관이고, 국민은 재판을 받아야 하는 대상으로서 법관에게 은혜와 자비를 구해야 하는 입장에 있을 뿐이다.

왜 재판에 있어서의 주인은 판사이어야 할까?
국민이 재판의 주인 자리를 되찾아야 하지 않을까?

2010년 5월 25일 기을호는 대법원에 약 60페이지나 되는 상고
이유서를 접수시켰다. 이제까지 기을호가 제출한 증거를 종합하
면 이 사건 계약서는 기노걸에 의하여 작성되지 않았음이 너무도
명백했다. 특히 이 사건 계약서가 기노걸에 의하여 작성되었다는
사실은 H건설에서 입증해야 하는데, H건설이 이와 관련하여 제
출한 증거로는 A의 증언 단 하나뿐이다. 그런데 A의 증언은 말만
있을 뿐 이를 뒷받침하는 객관적인 증거가 전혀 없었다.

더구나 이 사건 계약서에 계좌번호를 기재해 넣은 사람은 A의
증언과는 달리 이지학이 아니라 C라는 사실도 밝혀졌고, 또한 C
는 2000년 1월에 이지학의 지시에 의하여 이 사건 계약서를 작성
하였고 당시 이지학이 가지고 있던 기노걸의 도장을 날인하였다
고도 했다. 그렇다면 제1심 법정에 증인으로 출석하여 "이지학이
도장을 날인하는 것을 보았다"라고 한 A의 증언은 도저히 믿어서
는 안 되는 증거였다.

그런데도 재심법원은 A가 제1심 법원에서 계좌번호 기재와 관
련한 거짓 증언을 한 것은 아무것도 아니라고 하면서, 오히려 거
짓 증언으로 확정되지 아니한 A의 "도장 날인"은 증명력이 강하다

고 하면서 기노걸이 이 사건 계약서에 도장을 날인한 사실은 인정할 수 있다고 판시하였다.

이러한 재심 법원의 판결은 사문서의 진정성립에 관한 입증책임의 법리를 위반하였고, 증거불충분을 이유로 무죄를 선언한 형사 판단의 증명력이 미치는 범위와 증거의 신빙성에 대한 법리를 오해하였으며, 신빙성이 없는 C의 법정 증언으로 신빙성이 인정되는 C의 2008년 4월 4일자 진술서와 2008년 4월 18일 자 진술조서의 증명력을 배척해 버리는 어처구니가 없는 잘못을 저지른 것이었다. 재심 법원의 판결에 위법이 있다는 사실은 법리상 너무도 명백했다.

[대형로펌의 등장]

이 사건 소송은 2005년부터 시작되었고, 제1차 재심 사건이 종결되는 2010년까지 H건설의 소송대리인은 줄곧 서울 모 지방법원 부장판사 출신 변호사가 담당해 왔었다. 그 결과 H건설은 서울고등법원 2009재나372 재심청구 사건에서도 승소하였다. 상고심인 대법원은 법률심이고 통상 고등법원에서 승소한 사건의 소송대리인은 상고심에서 교체되는 경우는 드물다. 굳이 사실심에서 모두 승소한 사건을 그 내용도 제대로 파악하지 않은 다른 변호사에게 맡길 필요가 없기 때문이다. 변호사 수임료 등 소송비용을 감안하면 더욱 그러할 것이다.

그런데 H건설은 재심사건 상고심에서 국내에서 1~2위로 손꼽히는 대형로펌을 소송대리인으로 선임하였다. 더구나 담당 변호사는 불과 4개월 전에 대법원 재판연구원 판사로 재직하였던 변호사를 주축으로 구성하고 있었다. 소위 말하는 따끈따끈하고 잘 나가는 전관 변호사였다. H건설은 무슨 이유로 재심 상고심에서 대형로펌의 전관 변호사를 주축으로 하는 소송대리인단으로 구성하였을까. 물론 기을호를 대리하는 사법연수원 출신의 안천식 변호사를 두려워하였기 때문은 아니었을 것이다.

2010년 6월 15일에서야 H건설 소송대리인은 상고이유서에 대한 답변서를 제출하였고, 대법원 담당 재판부는 이를 기을호의 소송대리인(나)에게 보내주지도 않았다. 할 수 없이 나는 2010년 7월 7일에서야 직접 대법원을 방문하여 H건설의 답변서를 열람하였다. 그로부터 겨우 8일이 지난 2010년 7월 15일 기을호의 상고는 심리불속행 기각되었다.

무력감(無力感)이 썰물처럼 밀려왔다. 재판을 통하여 실체진실을 밝혀주는 법관이 적어도 단 한 명 정도는 있을 것이라고 생각했던 나의 바람은 또다시 물거품이 되어버렸다.

재판은 주인은 누구일까?

재판은 누구를 위하여 존재하는 것일까?

재판이란 정녕 미친 짓이란 말인가?

제7장

조직 논리

(서울고등법원 2012재나235호 제2차 재심청구 사건)

서울고등법원 2009재나372호 재판부는 당해 법정에서 모순투
성이의 증언을 한 C의 진술을 이유로, C의 2008년 4월 4일자 진
술서와 2008년 4월 18일 자 진술조서의 증명력을 배척하였다. 거
짓말이 가득한 법정 진술을 이유로 그 이전에 나름대로의 근거와
일관성이 있고 다른 증거와도 일치되고 있는 C의 진술을 믿지 못
하겠다는 것이다. 즉 C의 명백한 거짓 진술로 이전에 있었던 C의
진실된 진술을 덮어버린 것이었다. 그 결과 기을호는 45억 원이
넘는 부동산을 단 5억7,000만 원의 헐값으로 빼앗겼다. 대법원은

명백히 잘못된 서울고등법원 2009재나372호 재판에 대하여 살펴보지도 않고 심리불속행 기각하였다. 아마도 4개월 전에 옷을 벗은 대법원 재판연구관을 지닌 판사 출신 변호사가 한 몫 영향을 미쳤을 것이다. 도장값 3,000원의 관행조차도 몰라서 대법관 출신 변호사의 도장을 받을 능력이 없었던 기을호 자신을 탓해야 할지도 모르겠다.

이제 기을호는 어쩔 수 없이 C를 위증혐의로 고소하여야 했다. 법원이 충분히 알 수 있는 C의 거짓 증언을 고소절차를 통하여 다시 밝혀내야 하는 입장에 처한 것이다. 소송의 이득은 대기업 H건설이 모두 챙기고, 이제 힘없는 기을호와 C사이에 서로 물어뜯고 할퀴는 형사고소 절차를 시작해야 하는 처지에 놓인 것이다.

C의 위증사실은 너무도 명백했다. 그러나 위증죄의 범죄 사실을 글로서 특정하는 것은 결코 쉬운 일이 아니다. C에 대한 1차 조사는 인천계양경찰서에서 하였고, 이어서 인천지방검찰청에서도 2차 조사가 이어졌고, 이어서 위증죄로 기소가 이루어졌다.

재판은 인천지방법원 단독 판사의 주재로 진행되었다. C는 1년 전 같은 인천지방법원에서 단독 판사로 근무하다가 옷을 벗은 전관 출신 변호사를 담당 변호인으로 선임하였다. 아마도 돈 많은

H건설이 거짓말을 한 C를 위해서 비싼 전관 변호사를 선임하여 주었을 것이다. 인천지방법원(제1, 2심)은 C에게 위증죄의 유죄를 선고하면서 징역 6개월에 집행유예 2년 사회봉사명령 120시간의 형을 선고하였다(인천지방법원 2011고단3402호 등). 그나마 A의 위증 죄 보다는 무겁게 처벌되었지만 여전히 솜방망이 형량이었다.

위증죄의 유죄로 확정된 C의 위증 범죄사실은 다음과 같다.

ᅳ. 서울중앙지방법원 2008고단3739호(A의 위증) 공판기일에서의 진술

①. 안천식 변호사에게 준 2008년 4월 4일자 진술서에 이지학이 도 장을 날인한 것을 보았다는 내용이 기재되어 있다는 사실은 2008 년 6월 경 B와 전화 통화를 하고서야 알게 되었다(①번 거짓증언).

ᅳ. 서울고등법원 2009재나372호(1차 재심) 변론기일에서의 진술

②. 안천식 변호사를 마지막으로 방문한 것은 2008년 9월 경 안 천식 변호사에게 돈을 차용해 달라는 이야기를 하지 않았다(②번 거짓증언).

③. A에 대한 서울중앙지방법원 2008고단3739호 위증 사건에서 '이재학이 주민동의서 작성을 위하여 향산리 주민들의 막도장을 가지고 있었던 것은 맞다'라고 진술한 것은 잘못된 기억이다(③번

거짓증언).

그런데 C에 대한 위증 형사사건이 진행되던 중 나는 C에 대한 공소사실을 확인하기 위하여 소송기록을 열람해 보고 깜짝 놀랐다. 왜냐하면, C는 서울고등법원 2009재나372호 변론기일에서의 증언 중 인천계양경찰서 및 인천지방검찰청에서 조사를 받으면서 아래 ④, ⑤에 관한 자신의 진술은 위증이었다고 무려 6~7차례나 자백하였음에도 불구하고 위증죄 공소사실에서 제외되었다는 사실을 발견하였기 때문이었다. 즉 담당 검사는 C를 조사하는 과정에서 명백하게 위증 범죄사실을 자백하고 있는 중요한 부분을 기소범위에서 제외시켜 버린 것이다. 이렇게 되면 법원으로서는 기소범위에 포함되지 않는 C가 자백한 위증 사실에 대하여 별도의 유무죄를 판단할 수가 없게 된다. 이렇듯 검찰은 매번 결정적인 순간마다 기을호의 발목을 잡는 일을 반복하고 있었다.

-. C가 수사 및 재판과정에서 위증으로 자백한 진술 중 기소범위에서 제외된 부분은 다음과 같다.

④. 2008년 4월 4일 자 진술서에 기재된 기노걸 인장 부분에 대한 진술은 처음부터 허위인 점을 알고 있었지만, 기을호의 회유와 안천식 변호사의 협박에 의하여 오로지 돈을 받을 목적으로 허위

내용의 진술서를 작성해 준 것이다(④번 거짓 증언).

⑤. 안천식 변호사를 최종적으로 만난 것은 2008년 6월경으로서 H건설 직원 B를 만나기 전이다(⑤번 거짓증언).

[재심사유가 있는지 여부를 판단하는 방법에 대하여…] _____

2012년 2월 21일 기을호는 서울고등법원에 두 번째 재심소장을 접수시켰다(서울고등법원 2012재나235호). C에 대한 위증죄의 유죄가 확정되었기 때문이다.

즉, C는 서울고등법원 2009재나372호 변론기일에 증인으로 출석하여 그야말로 "횡설수설(橫說竪說)"하였다. 이와 같이 아무런 의미도 없고 모순투성이인 C의 증언은 어떠한 증거로도 사용되어서는 안 된다. 이런 증언은 증거의 세계에서 완전히 제거되어야 한다. 그런데 서울고등법원 2009재나372호 재판부는 C의 횡설수설하는 법정 증언을 증거로 사용하였고, 더 나아가 횡설수설한 증거로서 C가 그 이전에 이 사건 계약서는 이지학의 지시에 의하여 위조되었다는 내용의 2008년 4월 4일 자 진술서와, 같은 내용의 2008년 4월 18일자 방배경찰서 참고인 진술조서를 증거에서 배척해 버렸다.

이에 기을호는 C의 법정 증언에 대하여 위증죄로 고소하였고, 인천지방법원은 C가 앞서 본 바와 같이 거짓 증언을 한 사실이 인정된다고 하면서 위증죄 유죄판결을 선고하였다. 다시 말하면 C의 서울고등법원 2009재나372호 법정에서의 증언은 그야말로 횡설수설한 증언이라는 사실이 위증죄의 형사판결로서 확인된 것이다. 이에 기을호는 위증죄의 유죄로 확정된 C의 법정 증언을 증거로 채택한 서울고등법원 2009재나372호 판결에는 하자(흠결)가 있으므로, 하자가 있는 1차 재심판결(서울고등법원 2009재나372호 판결)을 취소하고, 또한 C의 법정 증언을 제거한 상태에서 새로운 증거 등을 토대로 다시 재판을 하여 H건설이 제기한 소송 자체를 기각해 달라는 취지로 재심의 소를 제기한 것이다.

C의 법정 증언이 증거의 세계에서 완전히 제거되면, 다시 말하면 서울고등법원 2009재나372호 판결에서 C의 법정 증언을 제거해 버리면, C의 법정 증언 때문에 배제(배척)되었던 C의 2008년 4월 4일자 진술서와 2008년 4월 18일 자 진술조서(이 사건 계약서는 2000년 1월 경 이지학의 지시에 의하여 위조되었다는 취지임)는 증거로서 다시 살아나게 된다. 다만, C의 진술서 및 진술조서가 증거로 다시 살아났다고 해서 그 내용에 곧바로 증명력이 발생하는 것은 아니며, 이에 대하여는 C의 진술내용과 기을호가 2차 재심소송 이전에 이미 제출하였던 증거자료 및 2차 재심의 소를 제기하면서

추가로 제출한 증거자료들까지 종합 검토하여 증거로서의 가치 (증명력)를 판단하여야 하고, 이에 의하여 최종적으로 재심사유가 인정되는지를 결정하여야 한다. 대법원은 수십 년 동안, 재심 사건은 이러한 방식으로 심리하여 문제되는 재심사유가 판결에 영향을 미쳤는지 여부를 판단해야 한다고 했다(대법원 1997. 12. 26. 선고 97다42922 판결 등).

[재심사유의 존재를 증명하기 위하여 추가로 제출한 증거자료]

기을호는 C의 위증죄 판결이 확정되었다는 증거와 함께 다시 추가 증거자료를 제출하였는데, 몇 가지만 살펴보면 다음과 같다.

첫째, 2000년 8~10월 사이에 H건설에 관한 각종 신문기사를 스크랩하여 증거로 제출하였다. 왜냐하면 A는 제1심 변론기일에서 "2000년 9~10월 경에 이지학과 기노걸이 이 사건 계약서를 작성하는 현장에 입회하였다"라고 하였는데, 2000년 9~10월 즈음은 재정위기로 부도가 임박할 정도로 위급한 시기로서, 당시 H건설에게 현금을 요구하였다고 하는 기노걸과의 이 사건 계약을 체결할 상황은 아니었기 때문이다.

즉, H건설의 창업주는 정** 회장인데, 정** 회장은 해방 후

1947년 H토건사의 설립을 시작으로, 6.25 한국전쟁을 거치면서 전후 복구 그리고 그 후 경부고속도 등 국토개발에 참여하면서 성장하였고, 또한 1975년 이후에는 동남아와 중동개발 등 해외 진출을 토대로 비약적으로 발전하면서, 자동차와 중공업, 선박 등 광범위한 분야로 진출하여 H그룹이라는 대한민국 최대의 재벌기업 집단으로 성장하였다. 그런데 H건설은 1975년 이후 중동으로 진출하면서 특히 이라크에서 많은 공사를 수주하였는데, 때마침 1990년경에 중동에서 걸프 전쟁이 발발하여 이라크에 대한 경제 제재가 가해지는 상황이 발생하면서, H건설은 약 1조 원 이상의 공사대금을 지급받지 못하는 상황에 처하게 된다. H건설은 이를 숨겨오다가 2000년 3~4월 즈음에서야 약 2조9천억 원의 당기순손실이 드러나게 된다.

때마침 2000년 4월경에는 정** 그룹 회장의 후계자 지정과 관련하여 이른바 "H그룹 왕자의 난"이라는 혼란까지 겹치며 결국 H건설은 H그룹에서 분리되는 아픔까지 겪는 등 H건설의 주가는 폭락을 거듭하였고, 몇 차례의 자구노력까지 모두 실패로 돌아가면서 결국 2000년 10월 30일. 약 40억 원의 현금이 부족하여 부도를 맞게 되는 시기였다.

이 즈음 H건설에 대한 신문기사 제목을 보면,

"자기 재건 급한 부실탑 H건설(시사저널)",

"H건설 돈 꿔 달라 백방 호소(경향신문)",

"정부, 채권단에 H건설 계약사株 전량매각 요구(동아일보)",

"이(李)금감위장 H건설 지배구조개선 미흡(동아닷컴)",

"H건설 어쩌다...(국민일보)",

" H건설 전체 임원 사표제출(머니투데이)" 등 당시 H건설의 재
정 상황이 얼마나 심각한 위기에 처하였는지를 충분히 짐작할 수
있다.

2000년 9~10월경은 H건설이 이와 같은 심각한 재정위기에 처
한 시기였고, 2000년 6월 이후로는 김포 향산리 주택신축공사 자
체가 중단된 상태로서, 당시 가용할 수 있는 모든 현금을 동원하
여 은행 부채와 이자를 갚아야 했던 시기였다. 그런데 A는 2006
년 7월 25일 제1심 변론기일에서, H건설은 이와 같은 긴급한 시
기에 이지학을 통하여 기노걸에게 현금 9억8,300만 원을 주겠다
고 하면서 이 사건 계약서를 작성하였다는 것이다. 상식적으로 A
의 이러한 진술은 도저히 사실일 수 없다. 며칠만 있으면 현금 40
억 원이 없어 부도가 날 기업이, 그 시기에 현금 9억8,300만 원을
동원하여 이미 공사가 중단된 사업지의 토지에 대한 매매계약을
체결하였다는 말을 누가 믿겠는가?

둘째, 2000년 6~10월 사이의 금융감독원 H건설 관련 공시자료를 모두 제출하였다.

기을호는 위 신문기사의 내용을 구체적으로 살펴볼 수 있는 자료로서 온라인 금융감독원 전자공시시스템(dart.fss.or.kr)을 방문하여 2000년 6~10월 사이의 H건설 관련 공시자료를 증거로 제출하였다. 당시 H건설은 H그룹에서 분리되면서 H그룹 계열사(H상선, H증권, K자동차, H강판, H종합상사, H엘리베이터, H에너지, H석유화학, H아산, H중공업 등)의 주식을 모두 매각하는 모습들이 공시자료에 그대로 드러나 있었다.

셋째, D건설 관련 H건설과 지주들이 체결한 23건의 부동산매매계약서를 어렵게 입수하여 제출하였다.

이즈음 나는 각 방향으로 당시의 증거수집에 열을 올리고 있었고, 마침내 Y종합건설 전직 직원들의 도움으로 H건설이 D건설로부터 승계 받은 부동산매매계약서 23건과 기타 각종 첨부서류들을 모두 입수하였고, 이를 정리하여 증거로 제출하였다. 여기에는 H건설과 향산리 지주들 사이에 체결한 23건의 부동산매매계약서뿐만 아니라, 매매계약을 체결하면서 주고받은 매매대금 영수증, 토지사용승낙서, 지주들의 인감증명서 등의 계약 관련 모든 서류들이 첨부되어 있었다.

위 23건의 부동산매매계약서 등 서류에는 기노걸의 이 사건 계약서와 위조된 것으로 확인된 허창 명의의 부동산매매계약서도 함께 있었다. 그런데 다른 21건의 부동산매매계약서에는 매매계약을 체결하면서 주고 받은 매매대금 영수증, 토지사용승낙서, 인감증명서 등 적어도 1건 이상의 첨부서류가 편철되어 있었는데, 유독 기노걸과 허창 명의의 부동산매매계약서에는 이러한 첨부서류가 전혀 없었고 오로지 부동산매매계약서만 존재할 뿐이었다. 이는 곧 누군가가 기노걸과 허창의 허락 없이 두 사람의 부동산매매계약서를 작성하고 막도장을 날인해 두었다는 사실을 추정할 수 있는 대목이었다. 만일 당시 H건설이 두 사람과도 매매계약을 체결하였다면 적어도 이를 증명하는 증거가 1건 이상은 첨부되어 있었을 것이기 때문이다.

넷째, 검찰의 C에 대한 공소권 없음 결정서

한편, 앞서 본 바와 같이 C는 서울고등법원 2009재나372호 변론기일에서, "④2008년 4월 4일 자 진술서의 기노걸 인장 부분에 관한 진술은 처음부터 허위인 점을 알고 있었지만, 기을호의 회유와 안천식 변호사의 협박에 의하여 오로지 돈을 받을 목적으로 허위 내용의 진술서를 작성해 준 것이다(④번 거짓증언)", "⑤안천식 변호사를 최종적으로 만난 것은 2008년 6월경으로서 H건설 직원 B를 만나기 전이다(⑤번 거짓 증언)"라고 진술하였는데, 그 후 경찰과 검찰 조사과정에서 위 진술은 모두 거짓 증언이라고 여러 차례 자백을 하였고, 공판기일에서도 마찬가지였다.

그런데도 검찰은 이 부분을 공소사실에서 제외한 채 기소를 하였고, 기을호는 뒤늦게서야 이러한 사실을 알게 되었다. 이에 기을호는 C가 명백하게 자백한 위 범죄사실에 대하여 다시 고소를 제기하였고, 검찰은 이에 대하여 범죄는 성립하지만 이미 공소를 제기한 상태이므로 기소를 할 수가 없다는 의미로 "공소권 없음" 처분을 내렸다. 기을호는 이러한 검찰의 공소권 처분서와 이유서를 증거로 제출하면서, 이는 민사소송법 제451조 제2항[15]에 의한 별도의 재심사유(증거 부족 외의 이유로 확정재판을 할 수 없을 때)에 해당하므로 이에 대하여도 판단해 줄 것을 요청하였던 것이다.

[판결의 선고] ─────────────────────────

2011년 월 일, 기을호의 소송대리인으로 법정에 출석한 나는 재심재판 첫 번째 변론기일에서 A, B, C에 대한 증인신문을 신청하였다.

왜냐하면 지금까지 이 사건 계약서가 기노걸에 의하여 작성되었다는 사실을 증명하는 객관적인 증거자료는 단 한 건도 없었고, 다만 "2000년 9~10월 경 이지학이 기노걸로부터 건네받은 막도장을 날인하는 것을 보았다"는 A의 증언, "2000년 가을경에 Y종합건설로부터 기노걸의 이 사건 계약서를 교부 받았다"는 H건설 직원 B의 증언, 그리고 "이 사건 계약서에 기재된 인적사항이나 계좌번호는 이지학의 지시에 의하여 직접 기재하였으나, 당시 이지학이 도장 날인을 하였는지는 잘 모르겠다"는 C의 증언만이 존재할 뿐이었다.

그런데 이들 세 사람의 증언은 중간에 몇 번이나 번복되었고, 특히 A와 C는 번복된 증언이 거짓 증언임이 밝혀져 위증죄의 유죄로 처벌까지 받았다. 그렇다면 세 사람을 증인으로 불러서, 이들의 증언 내용 중 어디까지가 사실인지를 확인할 필요가 있기 때문이었다.

그러나 담당 재판부는 이들에 대한 증인신문신청을 받아주지 않았다. 즉 이들은 이미 앞선 재판절차에서 증인으로 출석하여 진술한 사실이 있고, 또 시간이 오래되어서 이들이 증인으로 출석하여도 당시의 상황에 대하여 자세히 기억을 하지 못할 수도 있다고 하면서, 끝내 증인신문신청을 받아 주지 않았다.

그리곤 2012년 9월 7일 담당 재판부는 기을호의 재심청구를 기 각하는 판결을 선고하였다. 판결 이유는 다음과 같다.

(1) 민사소송법 제451조 제1항 제7호 소정의 재심사유인 "증인의 거짓진술이 판결의 증거가 된 때"라 함은 증인이 직접 재심의 대상이 된 소송 사건을 심리하는 법정에서 허위로 진술하고 그 허위 진술이 판결주문의 이유가 된 사실인정의 자료가 된 경우를 가리키는 것이고(대법원 1997. 3. 28. 선고 97다3729 판결 등 참조), 증인의 거짓 진술이 판결주문에 영향을 미치는 사실인정의 자료로 제공되어 만약 그 거짓 진술이 없었더라면 판결주문이 달라질 수 있는 개연성이 인정되는 경우를 말하는 것이므로, 그 거짓 진술이 사실인정에 제공된 바 없다거나 나머지 증거들에 의하여 쟁점 사실이 인정되어 판결주문에 아무런 영향을 미치지 않는 경우에는 비록 그 거짓 진술이 위증으로 유죄의 확정판결을 받았다 하더라도 재심사유에 해당하지 않는다(위 판결서 제13면).

(2) 앞서 본 서울중앙지방법원 2008고단3739호 A에 대한 위증 형사사건에서 증인 C의 증언 중 허위의 진술로 인정된 "① 안천식 변호사에게 준 2008년 4월 4일자 진술서에 이지학이 도장을 날인한 것을 보았다는 내용이 기재되어 있다는 사실을 2008년 6월 말경 증인 B와 전화 통화를 하고 알게 되었다(①번 거짓 증언)"고

진술한 부분은 서울고등법원 2009재나372호 사건(제2재심대상 사건) 법정에서의 허위의 진술이 아니어서 재심사유에 해당하지 않는다(판결서 제15면).

(3) 또한 서울고등법원 2009재나372호(제2재심대상판결) 사건에서 제1심 증인 A의 위증 부분이 서울고법 2007나5221호 판결(제1재심대상판결)의 사실인정과 판결주문에 아무런 영향을 미친 바 없다고 판단하기에 이른 경위와, 위에서 본 서울중앙지방법원 2008고단3739호 A에 대한 위증 형사사건 및 서울고등법원 2009재나372호 판결(제2재심대상판결) 재판과정에서의 증인 C의 각 증언 중 유죄가 인정된 허위진술 부분의 내용에 비추어 보면, 서울고등법원 2009재나372호 판결(제2재심대상판결) 재판과정에서 증인 C의 증언 중 허위의 진술로 인정된 "②안천식 변호사를 마지막으로 방문한 2008년 9월경 안천식 변호사에게 돈을 차용해 달라는 이야기를 하지 않았다(②번 거짓 증언)"고 진술한 부분과, "③서울중앙지방법원 2008고단3739호 A에 대한 위증 형사사건에서 '이지학이 주민동의서 작성을 위하여 향산리 주민들의 막도장을 가지고 있었던 것은 맞다'고 진술한 것은 잘못된 기억이다(③번 거짓 증언)"라는 진술 부분은 모두 이 사건 계약서의 진정성립에 관한 간접적인 사항이어서 그 증명력이 약하므로, 유죄가 인정된 증인 C의 허위진술 부분을 제외한 나머지 증언 및 변론 전체의 취지에

의하더라도 제1심 증인 A의 위증 부분이 서울고등 2007나5221호(제1재심대상판결) 재판의 사실인정과 판결주문에 아무런 영향을 미친 바 없다고 판단하고, 가정적·부가적으로 이 사건 계약서가 위조되었다는 피고(기을호)의 주장에 부합하는 2011년 4월 4일자 C의 진술서, 2009년 4월 18일자 C의 진술조서의 각 기재는 믿기 어렵고 달리 이를 인정할 만한 증거가 없다고 판단하기에 충분한 것이므로, 결국 증인 C의 위증 부분은 서울고등법원 2009재나372호(제2재심대상) 판결의 사실인정과 판결주문에 아무런 영향을 미친바 없다(판결서 제16면).

(4) 증인 C의 서울고등법원 2009재나372호(제2재심대상) 판결 재판 과정에서의 위 ④번[16]과 ⑤번[17] 거짓 증언에 대하여 2011년 4월 11일 자신의 위증 피의사건 검찰신문 당시 허위임을 자백하였다고 하더라도, 이 부분에 대하여 위증의 유죄확정 판결이 있었다는 점에 대한 주장, 증명이 없는 이상 민사소송법 제451조 제1항 제7호가 정한 재심사유가 있다고 할 수 없다(판결서 제16면).

(5) 결국, 제2재심대상 판결에 민사소송법 제451조 제1항 제7호가 정한 재심사유가 있음을 전제로 한 피고의 주위적 청구는 이유 없다(판결서 제17면).

　　　　　　　　　　　　－서울고등법원 2012재나235호 판결이유 중에서

서울고등법원 2012재나235 재심 청구사건에서 H건설을 대리한 소송대리인은 대형 로펌 소속의 변호사이기는 하지만 판검사 출신 변호사는 아니었다. 즉 H건설은 제1차 재심 상고심 사건부터 국내 1~2위를 다투는 대형 로펌을 소송대리인으로 선임하였고 당시까지만 해도 불과 3~4개월 전에 대법원 재판연구관으로 근무하던 판사 출신 변호사를 주축으로 하였다. 그러나 서울고등법원 2012재나235 재심 청구사건은 같은 대형로펌이 H건설을 대리하였지만, 담당 변호사는 판검사 출신의 변호사가 아닌 사법연수원 출신의 변호사였다. 그렇다면 서울고등법원 2012재나235 판결은 전관예우가 적용된 판결이라고 할 수 있을까? H건설을 대리한 로펌은 국내 1~2위의 대형 로펌이었고 그 로펌에는 많은 대법관 및 판사 출신 변호사가 여전히 영향력을 미치고 있을 것이니 여전히 전관예우가 적용된 판결이라고 하여야 할까?

보는 시각에 따라 달리 생각을 할 수도 있을 것이기에 각자의 판단에 맡기는 게 좋겠다. 다만 나는 서울고등법원 2012재나235 판결은 담당 재판부가 그동안 이 사건과 관련하여 법원이 범한 일련의 잘못된 판결을 의도적으로 숨기려는 강한 의지가 내비쳤을 뿐만 아니라, 이러한 의도가 판결 이유 곳곳에 표출시키는 방법으로 기을호(피고)를 차별한 위법한 판결이라고 보고 있다. 즉 서울고등법원 2012재나235 재판부는 처음부터 기을호가 제기한 재심의 소를 공정하게 처리할 생각이 없었던 것이었다. 그 이유는 이미 앞에서 보았지만 몇 가지만 다시 거론해 보자.

첫째, 서울고등법원 2012재나235 재판부는 서울고등법원 2009재나372호 판결과 똑같이 잘못된 증거법칙을 적용하여 의도적으로 진실을 은폐하였다.

기을호가 다시 재심소송을 제기한 이유는 서울고등법원 2009재나372호 판결(제2재심대상판결) 이유에 위법한 판단이 포함되어 있었기 때문이다. 바로 당해 법정에서 횡설수설하며 모순된 증언을 하였던 C의 법정 증언을 근거로, 종전에 C가 한 2008년 4월 4일자 진술서, 2008년 4월 18일 자 진술조서의 증명력을 배척해 버렸기 때문이었다. 법정에 증인으로 출석해서 횡설수설한 C의 법정 증언은 증거로서의 가치가 없기 때문에 이는 어떠한 증거로도 사용되어서도 안 된다. 즉 그 자체로 증거의 세계에서 완전히 제거되어야 하며, 이를 다른 증거를 보강하거나 배척하는 증거로도 사용해서는 안 된다. 이러한 증거 판단법칙은 앞서 한 전 총리 사건에서 대법원 전원합의체가 선언하고 확인한 증거 법칙이었다.

그럼에도 서울고등법원 2009재나372호 판결은 증거의 세계에서 완전히 제거되어야 할 C의 법정 증언을 가지고 진실성이 충분히 인정할 수 있는 C의 진술서와 진술조서를 제거하는데 사용하는 잘못된 방법을 택한 것이다.

이에 기을호는 C에 대한 위증판결을 통하여 C의 법정 진술은 증거의 세계에서 완전히 제거되어야 한다는 점을 다시금 확인시켰다. 그렇다면 이제 남아있는 C의 2008년 4월 4일자 진술서와 2008년 4월 18일 자 진술조서가 증거로서의 신빙성과 증명력이 있는지 여부를 보아야 하는데, 이를 위해서는 C의 위 진술 내용과 다른 객관적인 증거자료들을 대조하는 방법 등을 종합적으로 검토해야 한다. 앞서 본 한 전 총리의 재판에서 대법원 전원합의체도 이런 방식으로 증거의 증명력을 판단하였었다.

그런데 서울고등법원 2012재나235판결은 또다시 C의 법정 증언 중 위증죄의 유죄로 인정된 부분만을 선별하여 제거한 다음, 다시 C의 나머지 증언은 증거로 사용하였다. 그리고선 C의 법정 증거를 이유로 C의 2008년 4월 4일자 진술서와 2008년 4월 18일자 진술조서의 내용을 믿지 못하겠다고 하는 앞서 본 서울고등법원 2009재나372 판결과 똑같이 잘못된 방식으로 판단을 하였다.

참으로 어처구니가 없는 이 고집스런 판결들을 어떻게 보아야 할까?

서울고등법원 2012재나235호 판결과 서울고등법원 2009재나 372호 판결은 왜 한 전 총리의 재판에서 대법원 전원합의체가 보여준 증거판단 방법을 의도적으로 회피하는 것일까? 왜 평등하게 적용되어야 할 증거 법칙이 기을호에게만 차별적으로 적용하는 것일까?

서울고등법원 2012재나235호 판결은 돈 많은 대기업은 C와 같은 증인을 사후에 매수하여 법정에서 거짓말을 하도록 하는 방법으로 재판의 결과를 마음대로 요리할 수 있다는 강력한 암시를 주고 있는 것일까? 그게 아니라면, 그동안 법원이 잘못을 범한 재판 결과는 절대로 밖으로 드러낼 수 없다는 점을 강조하고 있는 것일까?

둘째, 서울고등법원 2012재나235호 판결은 법원이 잘못을 숨기려는 내면화된 조직원리에 충실한 판결이었다.

헌법 제103조는 "법관은 헌법과 법률에 의하여 그 양심에 따라 독립하여 심판한다"라고 규정하고 있다. 도대체 "법관의 양심"이란 무엇일까? 분명한 것은 법관의 양심이 헌법이나 법률, 증거 법칙 위에 있을 수는 없으며, 판사의 재판 재량 역시 "무제한 재량"

일 수는 없을 것이다.

　그런데 대한민국 사법 현실에서 "법관의 양심"이 "법원의 조직 논리"와 결합하게 되면 누구도 범접할 수 없는 신성(神聖) 영역의 절대 권력이 되고 만다. 조직논리(組織論理)란 조직은 그 구성원이 저지른 잘못을 들추게 되면 그 조직의 명예와 권위가 실추되기 때문에, 조직이 살아남기 위해서는 조직 내부의 잘못은 외부로 드러나지 않도록 철저하게 통제하고 봉쇄해야 한다는 논리를 말한다.

　법원의 "조직논리"가 "법관의 양심" 및 "재판독립"과 잘못된 결합을 통하여 생성된 것이 바로 법원의 판결에는 어떠한 흠결도 있을 수 없다는 이른바 판결무흠결주의(判決無欠缺主意)라는 망상일 것이다. 안타깝게도 이러한 망상은 우리 사법현실 내부에 깊숙이 침잠되어 있다가 시시때때로 고개를 밖으로 내밀고 있다. 이러한 현실 앞에서 국민의 기본권 보장이라는 헌법정신은 그야말로 바람 앞의 등불과 같은 운명일 수밖에 없다. 왜냐하면 조직논리 앞에서 국민의 기본권은 처참하게 희생될 수밖에 없기 때문이다.

　서울고등법원 2012재나235호 판결과 서울고등법원 2009재나372호 판결을 선고한 대부분의 판사들은 적어도 10년 이상의 법관 생활을 한 판사들로서, 그들의 의식 속에는 법원의 이러한 조직논리가 뿌리 깊게 내면화되어 있었던 것이다. 조직원리에 침잠된 그들의 눈에는 제1, 2심 판결과정에서의 위법성, 제1, 2차 재심판결 과정에서 불공정한 증거 법칙에 관한 판단 등 H건설 쪽으로 일방적으로 기울어진 편파적인 판결의 흠결은 전혀 들어오지 않았을 것이다. 앞선 재판부의 판단이 헌법과 법률과 양심에 합당한 것인지를 의심해 보기를 아예 포기하였고, 오히려 이전 재판부가 당연히 적법하고 합리적으로 판단하였을 것이라는 그들만의 내면화된 연대의식 속에서 다른 모습들은 일체 내색하기 싫었을 것이다.

이와 같은 내면화된 조직원리에 빠진 그들은 재심청구는 본질적으로 확정된 판결이 위법하다는 점을 전제로 한다는 사실마저도 외면한 상태에서, 다만 새롭게 제출된 증거들을 하나씩 낱낱이 쪼개어 그 각각의 증거가 충분한 재심사유에 해당하는지를 비교하는 흉내를 낼 뿐, 이러한 증거들을 모두 종합하였을 때 앞서 확정된 판결에 어떠한 흠결이 보이는지는 아예 살피려 하지 않았다. 그렇게 법원이 이전에 재판에서 범한 명백한 잘못을 외부로 새어 나가지 못하게 막음으로써, 법원 전체의 명예와 권위를 유지할 수 있다고 생각하였을 것이다. 참으로 안타까운 일이다.

셋째, 예컨대 조직논리가 적용된 예는 다음과 같은 것이다.

제1심에서 A의 "계좌번호" 관련 진술이 명백하게 거짓 증언임이 드러나 위증죄의 유죄로 확정되기까지 하였다. 그럼에도 서울고등법원 2009재나372호 판결과 서울고등법원 2012재나235판결은 제1심 변론기일에서 위증 사실마저도 아무것도 아닌 사소한 해프닝으로 취급하면서 증인 A의 다른 증언 즉 "인장 날인" 증언의 신빙성에는 조금도 이상이 없다는 태도를 취하고 있다. 즉 앞서 제1, 2, 3심 법원 판결의 위법성을 애써 감추려는 노골적인 태도였다. 이러한 법원의 태도는 조직논리가 아니면 도저히 설명할 수가 없다.

마찬가지로 제1심에서 A의 "도장 날인" 관련 진술은 그 자체로 아무런 구체성도 없었고, 진실성을 뒷받침하는 어떠한 증거도 없었으며, 오히려 무수한 객관적인 반대 증거들이 넘쳐났다. 그럼에도 제1, 2차 재심 재판부는 A의 "도장을 날인하는 것을 보았다"는 단 한 마디의 증언에 파격적인 증명력을 부여하면서 이 사건 계약서는 기노걸이 작성하였다고 판단했다. 이 또한 그들만의 조직논리가 아니면 도저히 설명이 되지 않는다.

법관이 조직논리에 빠져버리면 "법관의 재판독립"은 그야말로 허울에 불과할 뿐 어떠한 존재의의도 찾기 어렵다. 법관으로서 마땅히 품어야 할 양심은 이미 왜곡되었고, 법관의 판결은 국민의 기본권을 최종적으로 침해하는 흉기에 해당할 뿐이며, 정의와 공정의 가치란 찾아볼 수 없게 된다. 단지 그곳에는 이미 권력자가 되어버린 괴물들이 법복 속에 숨어서 이빨을 숨긴 채 국민을 위협하고 있을 뿐이다. 그들의 욕망 앞에서는 헌법이 보장하는 기을호의 기본권은 그저 하찮고 귀찮은 존재에 불과하였을 것이다[18].

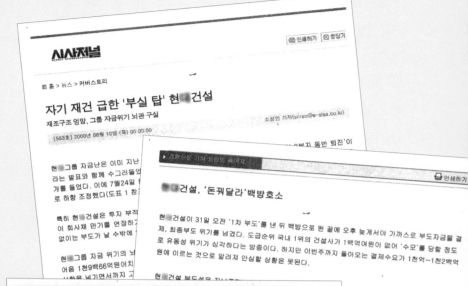

자기 재건 급한 '부실 탑' 현■건설

재조구조 엉망, 그룹 자금위기 뇌관 구실

소성인 기자(snnso@e-sisa.co.kr)

[563호] 2000년 08월 10일 (목) 00:00:00

현■그룹 자금난은 이미 지난
라는 발표와 함께 수그러들었다
개를 들었다. 이에 7월24일 ■
로 하향 조정했다(도표 1 참■

특히 현■건설은 투자 부적■
이 회사채 만기를 연장하
없이는 부도가 날 수밖에

현■그룹 자금 위기의 보■
어음 1천9백66억원어치
사옥을 넘기면서까지 고

■■건설, '돈꿔달라'백방호소

현■건설이 31일 오전 '1차 부도'를 낸 뒤 백방으로 뛴 끝에 오후 늦게서야 가까스로 부도자금을 결
제, 최종부도 위기를 넘겼다. 도급순위 국내 1위의 건설사가 1백억여원이 없어 '수모'를 당할 정도
로 유동성 위기가 심각하다는 방증이다. 하지만 이번주까지 돌아오는 결제수요가 1천억~1천2백억
원에 이르는 것으로 알려져 안심할 상황은 못된다.

현■건설 부도설이 자사■

뉴스

인쇄하기 취소

정부, 채권단에 현■건설 계열사株 전량매각 요구

■ 동아일보 기사입력 2000-08-04 18:27 최종수정 2000-08-04 18:27

정부는 현■건설이 보유하고 있는 현■중공업 현■자동차 현■상선 등 계열회사
주식을 채권금융기관에 모두 매각하여 5조7000억원에 달하는 부채를 4조원 이하로
떨어뜨리라고 채권은행단을 통해 요구했다.

또 현대가 정부의 요구를 받아들이지 않을 경우 현■건설 사주의 경영권을 박탈하
고 종전의 다른 기업 워크아웃 방식과는 다른 강력한 구조조정 과정을 거칠 것이라
고 밝혔다.

현■측은 정■헌(鄭■憲)현대아산 이사회 회장이 5일 귀국해 정부 채권단과 협의
를 거쳐 6일 자구안을 발표할 것이라고 밝혔다.

4일 채권은행단은 금융감독원과 협의를 거쳐 정부의 요구사항을 보다 구체화해 현
대그룹측에 전달하기로 했다.

금감원 고위관계자는 "현■건설이 유동성 위기에서 벗어나려면 회사가보유하고 있
는 현대중공업 주식과 자동차 전자 상선 강관 등 계열사 주식을 모두 처분해야 한
다"며 "채권은행측에서 현■건설이 보유한 보유주식을 사들이는 방법이 바람직하
다"고 말했다.

〈증거자료 13-1 2000년 9~10월 전후의 H건설에 관한 신문기사〉

2000년 7월 이후 H건설은 극심한 유동성위기에 직면하는 시기였고, 채권단은행으로부터 신규대출 지원을 전혀 받지 못
하는 가운데, 현금이 부족하여 돈을 꿔 달라고 백방으로 호소하고 있다는 내용의 신문기사이다.

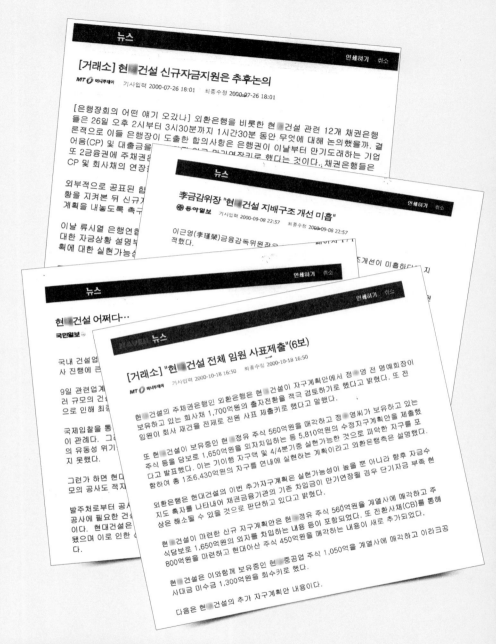

〈증거자료 13-2: 2000년 9~10월 전후의 H건설에 관한 신문기사〉

유동성위기로 H건설의 전체 임원들은 사표를 제출하는 등 강도 높은 구조조정을 실시하였으나, 결국 현금 40억원이 부족하여 2000년 10월 말경에 부도를 맞게 된다는 기사내용이다).

〈

제8장

불통의 장벽

(대법원 2012다86437호 제2차 재심청구 상고심 사건)

[상고이유서의 제출]

2010년 10월 26일 상고이유서를 접수하였다.

A의 제1심에서의 증언 중 일부는 위증죄의 유죄로 확정되었고,
C의 제1차 재심 변론기일 증언 중 일부도 위증죄의 유죄로 확정
되었다. A의 증언 중 위증죄로 확정된 부분은 "계좌번호" 관련 증
언으로서 계약서 작성 현장에 입회하였다는 A의 전체 증언의 신
빙성을 가늠할 수 있는 매우 중요한 것이었다. 이런 중요한 증언
이 거짓이었다면, "도장 날인" 증언을 비롯한 A의 모든 증언도 거

짓일 가능성이 농후할 수밖에 없다. 왜냐하면 A는 법정에서 선서까지 하였음에도 명백한 거짓말을 한 사실이 탄로가 났고, A의 "인장 날인" 등 다른 증언도 진실이라는 근거가 없기 때문이다. 따라서 A의 다른 증언을 막연하게 믿어서는 아니 되며, 달리 신빙성을 보강하지 않고서는 어떠한 증거로도 사용되어서는 안 된다.

또한 C의 증언 중 위증죄로 확정된 부분도 매우 중요한 부분이다. 무엇보다도 C는 제1차 재심 변론기일에서는 물론 A의 위증죄 사건(서울중앙지방법원 2008고단3739호) 공판기일에서도 거짓 증언하는 등 그야말로 횡설수설하였다. 누군가 의도를 가지고 C에게 거짓말을 시킨 것이다. 따라서 이러한 C의 법정증언 역시 신빙성이 없으므로 어떠한 증거로도 사용되어서는 안 된다.

따라서 서울고등법원 2012재나235판결의 핵심은 "이지학이 기노걸의 막도장을 날인하였는지"에 대한 C의 법정진술과 C의 진술서 및 진술조서 중 어떤 증거를 믿을 것인지의 문제가 아니었다. 또한 A의 증언 중 "A는 2000년 9~10월 경 기노걸의 자택에서 기노걸이 건네주는 막도장을 이지학이 계약서에 날인하는 것을 보았다"는 법정진술이 믿을 수 있는지 여부의 문제도 사건의 핵심이 아니었다. 왜냐하면 위증죄의 유죄판결을 받은 A와 C의 모든 법정진술은 애초부터 신빙성이 없으므로 구체적인 증거에 의하여 뒷받침되지 않는 한 증거의 세계에서 완전히 제거되어야 하기 때문이었다. A와 C의 법정 증언의 진실성을 뒷받침하는 증거는 단 하나도 존재하지 않았고, 당연히 이들의 법정증언은 증거로서의 가치가 없는 것이었다.

결국 이 사건의 핵심은 C의 2008년 4월 4일자 진술서와 2008년 4월 18일자 진술조사가 신빙성 있는 증거인지 여부, 그리고 그 외에 기노걸이 이 사건 계약서를 작성하였다는 믿을 만한 증거가 있는지 여부, 그리고 H건설은 이러한 사실을 입증하였는지 여부가 되어야 한다.

그런데도 서울고등법원 2012재나235판결은 위증죄 유죄판결을 받은 A의 제1심 법정 증언 중 "도장 날인" 증언에 강력한 증명력을 부여하였고, 또한 위증죄의 유죄판결을 받은 C의 법정 증언을 증거로 사용하여 C의 2008년 4월 4일 자 진술서, 2008년 4월 18일 자 진술조서의 증거가치를 배척하는 증거로 사용하였다. 즉 증거의 세계에서 완전히 제거되어야 할 신빙성 없는 증거를 이용하여, 증거가치와 증명력이 있는 증거를 배척하는 잘못된 판단을 한 것이다. 서울고등법원 2012재나235 판결이 취한 이러한 태도는 위법한 것이었다. 대법원 전원합의체 판결도 이렇게 증거판단을 해서는 안 된다고 했었다.

도저히 이해되지 않는 법원의 판결이 계속되었고 그 기간은 무려 10여 년째로 접어들고 있었다. 나는 계속되는 패소 판결을 받으면서 사법현실에 매우 실망하였다. 고심 끝에 그때까지의 소송 과정을 책으로 출간하기로 하였고, 2012년 12월 그동안의 소송 과정을 담은 〈18번째 소송〉을 발행하였다. 그리고 이를 담당 재판부에 참고자료로 제출하였다. 그 덕분인지 대법원 담당재판부는 40일의 심리불속행 기간이 지나도록 판결을 선고하지 않았다. 3번의 상고심 사건 중 처음으로 심리불속행기간을 통과하였던 것이다. 물론 H건설은 이번에도 대형 로펌을 소송대리인으로 선임하였다.

[대법원 판결의 선고] :

2014년 7월 10일 약 2년의 침묵을 깨고 드디어 대법원 2012다86437호 판결이 선고되었다. 그러나 이번에도 기을호의 상고는 기각되었다. 판결 이유를 요약하면 다음과 같다.

1. 상고이유 제1, 2점에 대하여

민사소송법 제451조 제1항 제7호 소정의 재심사유인 '증인의 거짓 진술이 판결의 증거가 된 때'라 함은, 그 거짓진술이 판결주문에 영향을 미치는 사실인정의 자료로 제공된 경우를 말하는 것으로서 만약 그 거짓 진술이 없었더라면 판결의 주문이 달라질 수도 있을 것이라는 개연성이 있는 경우가 이에 해당한다고 할 것이므로, 그 거짓 진술을 제외한 나머지 증거들 만에 의하여도 판결주문에 아무런 영향을 미치지 아니하는 경우에는 비록 거짓 진술이 위증으로 유죄의 확정판결을 받았다 하더라도 재심사유에 해당되지 아니한다고 할 것이다(대법원 2004다34783 판결 등 참조).

원심은 그 판시와 같은 이유로 서울고등법원 2009재나372호 판결 재판과정에서 증언한 증인 C의 증언 중 위증의 유죄확정판결이 선고된 부분이 서울고등법원 2009재나372호 판결의 사실인정과 판결주문에 아무런 영향을 미친 바 없다고 판단하여 위 증인 C의 증언 중 위증의 유죄판결이 확정된 부분을 이유로 한 피고(기을호)의 재심청구를 받아들이지 아니하였다.

앞서 본 법리와 기록에 비추어 보면, 원심의 위와 같은 판단은 정당한 것으로 수긍이 가고, 거기에 상고이유의 주장과 같이 재심사유 인정에 있어 법률에 없는 추가요건을 제시함으로써 재판청구권의 본질적 부분을 침해하였다거나 민사소송법 제451조 제1항 제7호 소정의 '증인의 거짓진술이 판결의 증거가 된 때'에 관한 법리를 오해한 위법이 없다.

2. 상고이유 제3점에 대하여

가. 당사자가 변론종결 후 주장, 증명을 제출하기 위하여 변론재개 신청을 한 경우 당사자의 변론재개신청을 받아들일지 여부는 원칙 적으로 법원의 재량에 속한다. 그러나 변론재개신청을 한 당사자 가 변론종결 전에 그에게 책임을 지우기 어려운 사정으로 주장, 증 명을 제출할 기회를 제대로 갖지 못하였고, 그 주장, 증명의 대상 이 판결의 결과를 좌우할 수 있는 관건적 요증사실에 해당하는 경 우 등과 같이 당사자에게 변론을 재개하여 그 주장, 증명을 제출할 기회를 주지 않은 채 패소의 판결을 하는 것이 민사소송법이 추구 하는 절차적 정의에 반하는 경우에는 법원은 변론을 재개하고 심 리를 속행할 의무가 있다(대법원2010다20532 판결 참조).

나. 기록에 의하면, 위 증인 C의 증언 중 '2008년 4월 4일자 진술 서의 기노걸 인장 부분에 관한 진술은 처음부터 허위인 점을 알고 있었지만 기을호의 회유와 안천식 변호사의 협박에 의하여 오로 지 돈을 받을 목적으로 허위내용의 진술서를 작성해 준 것이다(④ 번 거짓 증언)'는 부분 및 '안천식 변호사를 최종적으로 방문한 것 은 2008년 6월경으로서 B를 만나기 전이다(⑤번 거짓 증언)'라는 부분의 위증혐의에 관한 불기소결정이 원심 변론종결 후인 2012 년 8월 10일 있었던 사실, 그 불기소이유는 '위 각 증언과 이미 위 증의 유죄판결이 확정된 증언이 동일한 기일에 증인 C에 의하여

이루어진 증언으로서 포괄일죄를 구성하여 위 유죄판결의 기판력이 위 각 증언에도 미치므로, 공소권이 없다'는 취지인 사실, 이에 피고는 '위 증인 C의 증언 중 위증의 유죄판결이 확정된 부분을 이유로 한 재심사유가 인정되지 아니한다고 판단될 경우에는 변론을 재개하여 위 불기소결정이 민사소송법 제451조 제2항 소정의 증거부족 외의 이유로 유죄의 확정판결을 할 수 없는 때에 해당한다는 점에 관한 주장, 입증의 기회를 달라'는 내용이 기재된 참고서면을 원심법원에 제출할 사실은 인정된다.

그러나 제2재심대상판결(서울고등법원 2009재나372호)은, '증인 A의 위증의 유죄 확정판결을 받은 사실'을 인정하는 근거 중의 하나로서 위 증인 C의 증언을 들고 있을 뿐 달리 위 증인 C의 증언을 사실인정의 자료로 삼은 바 없고, 그 주된 판단, 즉 증인 A의 위증 부분이 제1재심대상판결(서울고등법원 2007나5221호)의 사실인정 및 판결주문에 영향을 미쳤는지 여부에 관한 판단에 있어서도 위 증인 C의 증언을 자료로 삼은 바도 없다.

다만 제2재심대상판결(서울고등법원 2009재나372호)은 그 재판과정에서 추가로 제출된 증거들을 배척하는 근거 중 하나로서 위 증인 C의 증언을 들고 있으나, 위와 같이 배척된 증거들은 모두 위 증인 C의 증언 전에 작성된 증인 C의 진술서 또는 증인 C에 대한 수사기관의 진술조서인데 각각 서로 반대 내지 모순되는 내용들이 기재되어 있어 그 자체로 신빙성을 부여하기 어려운 증거들이다. 따라서 증인 C의 위증 혐의에 관한 위 불기소결정은 원심의 판결을 좌우할 수 있는 관건적 요증사실에 해당한다고 보기 어렵고, 이는 위 불기소결정이 민사소송법 제451조 제2항의 요건을 충족시키는 것이라 하더라도 마찬가지이며, 달리 원심이 변론을 재개하여 피고에게 주장, 증명의 기회를 주지 않은 것이 절차적 정의에 반한다고 볼만한 사정도 보이지 않는다.

결국 원심판결에 민사소송법 제451조 제2항의 요건에 관한 법리오해나 변론재개 의무위반 및 심리미진의 위법이 있다는 취지의 이 부분상고이유 주장도 받아들일 수 없다.

— 대법원 2012다86437호 판결이유 중에서

[담을 쌓은 법원, 불통의 법관들] ────────────────────

이상한 일이다.

같은 시대를 살아가고, 같은 언어를 사용하고 있는데도, 법관들이 쓴 판결서는 전혀 다른 언어를 사용하고 있는 것만 같았다. 대화나 소통 자체가 단절되고 있었다. 그들은 성곽 높은 곳에 갇혀서 그들이 하고 싶은 말만 하고, 듣고 싶은 말만 골라서 들을 뿐, 결코 기을호의 상고이유서에서의 간곡한 소리에는 귀를 기울이지 않고 있었다. 아니 아예 귀를 닫고 있었다. 아마도 그들의 소통 방법의 요체는 의도적으로 소송당사자인 국민들의 소리를 무시하고, 또한 아무런 답변을 내놓지 않는 것인지도 모른다. 그래도 그들에게는 아무런 책임도 물을 수가 없다. 아마도 그들은 그것이 사법독립이고 법관의 재판상 독립이며, 법관의 신분보장이라고 굳게 믿고 있는지도 모르겠다. 독선적인 그들만의 리그가 참으로 안타까울 수밖에 없다.

[소통 자체가 불가능한 그들만의 언어 습관] _____

대법원은 또다시 "그 거짓 진술을 제외한 나머지 증거들 만에 의하여도 판결주문에 아무런 영향을 미치지 아니하는 경우에는 비록 거짓 진술이 위증으로 유죄의 확정판결을 받았다 하더라도 재심사유에 해당되지 아니한다"는 대법원 판결을 인용하고 있었다.

그러나 제외되어야 할 "그 거짓 진술의 범위"에 대하여는 침묵하였다. 즉 제외되어야 할 거짓 진술의 범위는 단순히 거짓으로 판명된 "몇 개의 단어"가 아니라, 그 거짓 진술로 인하여 신빙성에 영향을 받은 "같은 변론기일(또는 공판기일)에서의 같은 증인의 모든 진술"이라는 점에 대하여는 철저하게 침묵하고 있었다.

제1심판결이유에 A의 계좌번호 관련 진술이 기재되어 있고 판결의 근거가 되었는데 위증으로 판명되었다면, 위증으로 판명된 A의 거짓 진술은 당연히 A의 도장 관련 진술의 신빙성을 판단하는데 영향을 미칠 수밖에 없다. 법정에서 뻔한 거짓말을 하는 증인의 증언을 믿을 판사는 없을 것이기 때문이다. 따라서 위증죄 유죄판결을 받은 A의 같은 기일의 모든 증언은 "제외되어야 할 증언의 범위"에 포함되어야 한다. 서울고등법원 2009재나372 판결 재판과정에서 증인 C의 증언 역시 마찬가지이다.

기을호는 줄기차게 재판부에게 이런 취지로 변론을 하였었다. 그러나 모든 재판부는 철저하게 기을호의 호소에는 침묵하였다. 소통자체를 거부하고 있었다. 그리고 그들이 하고 싶은 말만 계속해서 반복할 뿐이었다. 하루빨리 기을호가 지쳐버린 나머지 모든 것을 포기하기만을 기다리고 있는 것만 같았다.

위증으로 판명된 허위의 진술이 판결 결과에 영향을 미쳤는지 여부를 판단하는 방법에 있어서도 마찬가지였다. 즉 대법원은 "그 거짓 진술을 제외한 나머지 증거들 만에 의하여도 판결주문에 아무런 영향을 미치지 아니하는 경우에는 비록 거짓 진술이 위증으로 유죄의 확정판결을 받았다 하더라도 재심사유에 해당 되지 아니한다"라는 대법원 판결을 소개하면서 위증으로 판명된 증언 구절만을 낱낱이 분리하여 판단하는 방법을 취하였고, 선서까지 한 증인 C가 무슨 이유로 거짓 진술을 하였는지에 대한 맥락 자체를 차단하였다.

그러나 이 부분에 대하여 대법원의 일관된 판결 즉, "확정판결의 결과에 영향이 없는지 여부를 판단하려면 재심 전 증거들과 함께 재심소송에서 조사된 각 증거들까지도 종합하여 그 판단의 자료로 삼아야 한다(대법원 97다42922 판결 등 참조)"는 대법원의 입장과 관련하여서는 꿀을 먹다가 입술이 붙어버린 것처럼 아무런 말도 하지 않고 있다.

대법원의 이러한 태도 역시 그들만의 조직논리가 발동하였을 것이다. 즉 법원 조직의 구성원인 판사의 판결 과정에서의 잘못은 절대로 외부로 드러내어서는 아니 되고, 만일 외부로 드러나게 되면 조직의 명예가 손상되고 권위가 떨어질 뿐만 아니라, 향후 그들에게 다가올 전관예우 등의 특혜를 향유하는데도 큰 지장이 있을 것이라는 염려까지 한몫을 하였을지도 모르겠다[19].

특히나 법원이 10년 이상이나 지속적으로 기을호의 판결에 대하여 위법을 저질렀다는 사실이 밖으로 드러날 경우, 그것도 근본도 없는 사법연수원 출신의 변호사의 끈질긴 추적으로 이러한 위법 사실이 밝혀질 경우 초엘리트 법관들의 자존심이 감내해야 할 상처는 어떠하겠는가?

제9장

답정너
-내면화된 조직논리
(서울고등법원 2019재나111호 제3차 재심청구 사건)

[기준일 2000년 7월 28일의 의미] _____

　2019년 3월 기을호는 세 번째로 서울고등법원 재심의 소를 청구했다.

　2014년 8월 2번째 재심의 소가 대법원에서 기각된 후 기을호의 소송대리인은 다시 관련 자료를 찾아 나섰고, 그 결과 이 사건 계약서는 기노걸이 작성하지 않았다는 또 다른 증거들을 발견하였기 때문이다. 돌이켜보면 기노걸이 이 사건 계약서를 작성하였다는 증거 및 정황은 처음부터 아예 존재하지도 않았다. 그동안 법원은 증인 A의, "2000년 9~10월경 이지학은 기노걸이 건네주는 막도장을 이 사건 계약서에 찍는 것을 보았다"는 신빙성 없는 증언 하나만으로 기노걸이 이 사건 계약서를 작성하였다는 사실이 증명되었다고 억지를 부렸다. 너무도 어처구니없는 엉터리 판결임을 이미 여러 차례 살펴보았다.

H건설은 용역업체 전무이사인 A의 증언을 통하여 전혀 존재하지 않은 사실을 억지로 진술하게 하였고, 법원 역시 A의 증언이 거짓이라는 사실을 너무도 잘 알고 있었을 것이다. 그러나 우리 사법 현실은 너무도 암울했었다. H건설은 법조계가 안고 있는 암울한 사법 현실을 이용하여 온갖 특권과 반칙을 앞세워 법원을 구슬렸고, 법원은 이를 알면서도 모른 채 A의 거짓 증언을 신빙성 있는 증거로 둔갑시켰다. 그러나 시간이 흘러도 진실의 흔적은 여전히 남아있기 마련이다.

기을호 소송대리인이 다시금 발견한 새로운 증거는 다음과 같다.

우선 기준일은 2000년 7월 28일이다.

2000년 7월 28일은 바로 Y종합건설이 기노걸(허창)에게 내용증명 통고서를 발송한 날이다. Y종합건설은 통고서에서, "귀하(기노걸 또는 허창)는 매매대금을 높여달라고 하면서 계속해서 계약체결에 반대하고 있으므로 향후 강제수용권을 발동하겠다"라고 했었다(증거자료 4, 8 참조). 이는 곧 2000년 7월 28일 이전에는 기노걸과 허창이 계약서의 작성에 동의하지 않고 있었다는 것을 말한다. 따라서 만일 2000년 7월 28일 이전에 이미 이 사건 계약서가 작성된 흔적이 발견되거나, 혹은 2000년 7월 28일 이전에 이 사건 계약서가 H건설에게 교부된 흔적이 발견된다면, 이는 곧 이 사건 계약서가 기노걸의 의사에 반하여 (위조)작성되었다는 결론이 된다. 제1심 소송에서 A와 B가 갑자기 이 사건 계약서가 작성된 시기는 "1999년 11월 24일이 아니라 2000년 9~10월 경"이라고 진술을 번복한 것도 이러한 이유 때문이었다. 그러니까 지금부터 살펴볼 증거들은 이 사건 계약서가 2000년 7월 28일 이전에 작성되어 H건설에게 교부되었다는 정황에 대한 것들인데, 다음과 같다.

(1) 재정신청[20] 심문조서에서의 B의 진술

기을호는 2017년 3월 즈음 H건설 직원인 B를 위증죄로 고소하였다. 그러나 경찰, 검찰은 형식적 조사만 하고 불기소처분을 하였다[21]. 이에 기을호는 서울고등법원 2017초재4460호로 재정신청을 접수하였다. 그 후 기을호는 재정신청 담당 재판부에 A와 C에 대한 증인신청 혹은 피의자 B와의 대질신문을 요청하는 서면을 접수하면서 재판부가 국민과 소통하는 자세를 보여 달라고 호

소하였다. 담당 재판부는 이를 받아들이면서, 주심 판사를 수명판사로 하여 2018년 2월 22일 14:00 서울고등법원 1별관 502호 조정실에서 심문기일이 열렸다[22].

수명판사는 B(피의자), 그리고 기을호(고소인)와 대리인(나)의 동의하에 별도의 증인신문기일은 열지 않고, 당해 심문기일에서 고소인(기을호)측이 제기하는 몇 가지 질문사항을 B가 해명(석명)을 하고, 이를 참여관이 심문조서로 남기기로 하였다.

나는 B에게 "B는 2009년 1월 21일 A의 위증사건(서울중앙지방법원 2008고단3739사건)에서 증인으로 출석하여 '기노걸로부터 직접 들었는지 정확히 기억나지 않지만 회의석상에서 진행 상황을 체크할 때마다 기노걸에게 돈을 주어야 한다는 말을 들었다'라고 하였는데 이는 사실인지"를 물었다. B는 사실이라고 확인해 주었다.

나는 다시 "그렇다면 '회의석상에서 진행 상황을 체크할 때'라 함은 2000년 3월 인지, 아니면 2000년 9~10월 인지"를 물었다[23]. 이에 B는 "그러한 회의는 2000년 3월에도 있었고, 2000년 9~10월에도 계속 있었다"고 하였다.

나는 다시 B에게, "2000년 3월에 기노걸에게 잔금으로 지불할 수표까지 인출하였다고 했는데, 기노걸의 계약서도 교부받지 않은 상태에서 잔금을 인출 할 수 있는가?"라고 질문했다. 이에 B는 "2000년 3월경 기노걸에게 잔금을 지급하려고 했을 때는 H건설은 이미 기노걸의 계약서를 비롯한 모든 계약서를 교부받아서 편철해 놓은 상태였다. 다만 기노걸의 계약서에 도장이 날인되었는지는 알 수 없다"라고 대답하였다.

여기서 B는 이제까지 줄곧 부인했던 사실을 인정했다. 즉 B는 "H건설은 2000년 3월 이전에 이미 기노걸의 계약서를 교부받은 상태였다"는 사실을 인정한 것이다. 물론 도장이 안 찍혔을 수도 있다는 단서를 붙였지만, 여하튼 H건설은 2000년 3월 이전에 기노걸의 이 사건 계약서를 교부받은 상태임을 처음으로 인정한 것이다. B는 이전에는 주석24 ②번에서 보는 바와 같이 "H건설에게 계약서가 온 것은 2000년 9월 경"이라고 하면서 "만일 2000년 1~2월 경에 계약서가 작성되었다면 누군가 8개월 동안 계약서를 가지고 있었다는 것"이라고 하였었다. 다시 말하면 2000년 9월 이전에는 이 사건 계약서(도장 날인 여부를 불문하고)를 교부받은 사실 자체가 없었다는 취지의 증언을 유지해 왔었다.

한편, 다음과 같은 사항들을 살펴보면 B의 진술이 "2000년 3월 이전에는 도장이 안 찍힌 이 사건 계약서가 교부되었을 것"이라는 주장은 사실이 아니라는 점을 알 수 있을 것이다. 결국 B는 2000년 7월 28일 이전에 이 사건 계약서가 H건설로 교부되었다는 사실을 인정하였고, 그렇다면 이때 교부된 이 사건 계약서는 위조된 것이라는 결론에 이른다.

(2) 향산리부지매입 및 계약사항 검토서, 승계대금지급 확인서, 통장사본 등

D건설은 1997년경 향산리 24명의 지주와 토지매매계약을 체결하면서 계약금 및 중도금으로 합계 약 77억 원을 지불하였다. 그런데 1998년 D건설은 유동성 위기에 빠지면서 부도(워크아웃)가 났고 급히 현금이 필요하게 된다. 이러한 틈을 재빠르게 이용한 것이 바로 Y종합건설이었다. 즉 Y종합건설은 1999년 11월 현금에 목마른 D건설을 설득하여 약 77억 원이나 지불한 24건의 향산리 토지매매계약 건을 36억 원에 할인하여 인수한 다음, 이를 H건설에 77억 원 원가로 양도하는 계약을 체결하였다. 즉 Y종합건설로서는 2년 전에 D건설이 체결해 놓은 24건의 부동산매매계약 건을 H건설 명의로 전환시켜 주면서 약 41억 원의 승계차액을 챙기게 되는 것이다. 이때 Y종합건설은 H건설 명의로 매매계약서를 전환하는 작업을 W공영의 이지학을 통해서 정리하고 있었다.

나는 다시 재심의 소를 제기할 무렵, Y종합건설은 24건의 매매

계약 건 중 1건(계약금 및 중도금 합계 약 4억 원)을 제외한 23건을 H건설 명의로 부동산매매계약서를 작성하여 승계해 주었고, H건설은 이에 대하여 23건 부동산매매계약서에 대한 토지비 합계 약 73억 원(=36억 원+37억 원)을 Y종합건설에게 모두 지급하였다는 내용이 기록되어 있는 승계대금지급 확인서와 승계 대금이 지급된 Y종합건설의 통장사본, 그리고 승계대상부동산목록(향산리부지매입 및 계약사항 검토서)등을 모두 입수하였고, 이를 증거로 제출하였다[25]. 특히 승계대상부동산목록 하단에는 H건설이 24건에서 1건을 제외한 23건의 부동산매매계약을 모두 승계받았다는 기재와 함께 H건설 대표이사의 직인까지 날인되어 있었다. 물론 위 승계대상부동산목록에는 기노걸과 허창[26]의 부동산매매계약 목록도 포함되어 있었고, Y종합건설이 지급받은 승계대금지급 확인서에도 기노걸과 허창의 부동산매매계약 승계 대금이 포함되어 있었다.

이는 결국 H건설은 2000년 1월 24일 이전에 Y종합건설로부터 이 사건 계약서를 포함한 23건의 부동산매매계약서를 모두 교부받은 다음, Y종합건설에게 그에 대한 승계대금 약 73억 원을 모두 지급하였다는 것이고, 그렇다면 토지(승계) 대금까지 지급하면서 교부된 이 사건 계약서에는 당연히 기노걸의 막도장이 날인되어 있었을 것이므로, 당시 이 사건 계약서는 이미 누군가에 의하여 위조되었다는 결론에 도달하게 된다(2000년 7월 28일 이전).

(3) 사업양도양수계약서

1999년 11월 23일에 체결된 H건설과 Y종합건설 사이의 사업양도양수계약서에 의하면, "Y종합건설은 D건설 관련 24건의 부동산매매계약 건을 1999년 12월 31일까지 H건설 명의로 계약을 완료시켜야 하고, H건설은 Y종합건설이 계약을 완료 시에 토지소유자에게 매매대금을 지급하기로 한다"라고 약정되어 있었다. 그런데 이와 관련하여 B는 제1심 변론기일에서, "2000년 3월 기노걸은 토지매매계약체결이 합의되었다고 하면서 Y종합건설을 통하여 매매대금 9억8,300만 원을 청구해 왔고, 당시 H건설은 이를 지급하려고 수표까지 인출하였다"라고 하였었다.

이는 곧 2000년 3월 이전에 기노걸과의 계약이 완료되어 잔금까지 지급하려고 하였다는 것이고, 그렇다면 이때 H건설은 도장이 날인된 기노걸의 계약서를 이미 교부받았다는 것이므로, 결국 이 사건 계약서는 위조되었다는 결론에 이른다(2000년 7월 28일 이전).

(4) Y종합건설의 2000년도 회계장부(거래처원장, 사원별명부)

나는 Y종합건설의 2000년도 거래처원장 등 회계장부도 입수하여 증거로 제출하였다. 그런데 이에 의하면 Y종합건설은 2000년 1월 7일자로 H건설에게 기노걸의 부동산매매대금 단기대여금 채권 명목으로 983,000,000원이 기록되어 있었다. 이는 곧 Y종합건설은 2000년 1월 7일 이전에 기노걸의 이 사건 계약서와 관련하여 H건설에 대하여 983,000,000만 원의 채권이 발생하였다는 것인데, 결국 Y종합건설은 이 즈음 H건설에게 기노걸의 이 사건 계약서를 교부해 주었다는 의미이므로, 이 사건 계약서는 위조되었다는 결론에 이르게 된다(2000년 7월 28일 이전).

(5) A의 글씨로 작성된 "계약자현황"

2019년 2월경 나는 한 가지 중요한 증거를 확보하였다. 바로 "계약자현황"이라는 표제로 작성된 한 장의 서류였다. 여기에는 누군가의 손글씨로 2000년경 H건설과 향산리 지주 15명과의 매매계약 체결현황(토지 지번, 면적, 계약금 등 수수현황, 계약체결 일자, 잔금지급 일자)을 빼곡히 기재해 두었는데, 그 중에는 기노걸의 매매계약 체결현황도 기록되어 있었다. 그런데 필적감정 결과 "계약자현황" 표에 기재된 손글씨는 A의 필체라는 사실이 확인되었고, 또한 그 내용(계약체결 일자 등)을 분석한 결과 위 서류는 2000년 2월 1일 이후에 작성되었다는 사실도 확인되었다. 다시 말하면 A는 2000년 2월 1일 이후에 그동안 H건설과 향산리 주민들 사이에 체결된 계약현황을 "계약자현황"이라는 표제의 서류에 정리해 두었던 것이었다.

여기에서 중요한 사항은, "계약자현황" 서류에는 기노걸이 1999년 12월 10일에 H건설과 매매계약을 체결한 것으로 기록되어 있고, 잔금 지급일자는 2000년 5월 10일로 되어 있다는 사실이다. 이에 의하더라도 이 사건 계약서는 2000년 7월 28일 이전에 작성된 허위의 계약서라는 결론에 이르게 된다. 뿐만 아니었다. 새로 발견된 "계약자현황"서류가 더더욱 중요한 이유는 따로 있다. 즉 "계약자현황"은 A의 손글씨로 2000년 2월경에 작성된 것인데, 그 내용에 의하면 A가 2006년 7월과 11월에 제1심 증인으로 출석하여 진술한 내용, 즉 "2000년 9~10월경에 이 사건 계약서를 작성하는 현장을 보았다"라는 진술이 거짓이라는 사실이 다시금 확인된 것이다. 다시 말하면 2000년 2월경에 A가 직접 작성한 서류(계약자현황)에 의하여 2006년 7월과 11월에 A가 말한 진술이 거짓이라는 사실이 확실하게 증명되었다는 점이었다[27].

지금까지 본 바에 의하면, H건설에게 이 사건 계약서가 교부된 일자는 모두 2000년 7월 28일 이전이고, 그렇다면 이 사건 계약서는 누군가에 의하여 위조된 상태로 교부되었다는 사실을 알 수 있다. 또한 A의 자필로 작성된 "계약자현황" 서류에 의하더라도 제1심 증인 A의 증언은 허위임이 다시금 확인되었다.

약 15년간 진행된 이 사건 소송과정에서, H건설은 기노걸이 이 사건 계약서를 작성하였다는 단 하나의 증거도 제출하지 못하였다. 그럼에도 법원은 위증죄의 유죄판결까지 받은 A의, "2000년

9~10월 경에 이 사건 계약서를 작성하는 현장을 보았다"라는 증언만을 근거로 기노걸이 이 사건 계약서를 작성하였다고 판단해 왔다. 이제 이 사건 계약서가 2000년 7월 28일 이전에 작성되어 H건설에게 교부되었다는 증거들과 A의 글씨로 된 "계약자현황" 표에 의하여 A의 제1심 증언은 거짓이라는 사실이 다시금 드러났다. 그렇다면 이제까지 H건설이 승소한 판결은 모두 취소되어야 하고, H건설은 거짓 증언을 토대로 한 판결을 앞세워 기을호에게서 빼앗아간 이 사건 부동산은 돌려주어야 한다.

[재심의 소의 제소기간]

가장 고심한 것은 재심청구 제소기간 이었다. 민사소송법 제456조 제3항에서 재심의 소는 판결이 확정된 후 5년 이내에 제기해야 한다고 규정하고 있다. 그런데 제2심판결은 2008년 1월 23일에 대법원 심리불속행 기각으로 확정되었고(제1재심대상판결), 1차 재심청구사건은 2010년 7월 19일 대법원 심리불속행 기각으로 확정되었으며(제2재심대상판결), 2차 재심청구 사건은 2014년 7월 10일에 대법원 기각판결로 확정되었다(제3재심대상판결). 따라서 우선 제2심판결, 그리고 제1차 재심청구 사건은 판결 확정 후 5년이 지났으므로 재심의 소를 제기할 수 없다.

이 사건 재심의 소를 제기할 당시인 2019년 3월 11일 기준으로

5년이 지나지 않은 확정판결은 서울고등법원 2012재나235판결(2차 재심청구, 제3재심대상판결) 뿐이었다. 그러나 2차 재심판결 당시 담당 재판부는 기을호가 신청한 A, B, C에 대한 증인신문신청을 모두 기각하여 이들에 대한 증인신문이 이루어지지 않았기 때문에 2차 재심사건 당시의 이들 증인의 위증을 이유로는 재심의 소를 제기할 수 없다.

한편 민사소송법 제456조 제4항은, 같은 법 제451조 제2항의 "증거부족 외의 이유로 확정판결을 할 수 없는 때"의 재심사유는 그 사유가 종료된 때, 즉 공소시효 등이 완성된 때로부터 진행되는 것으로 규정하고 있다. 그러나 이에 의하더라도 A와 B는 2006년 11월 28일 제1심에서 증언하였으므로, 이로부터 7년의 공소시효(위증죄)가 지난 2013년 7월 28일부터 기산하더라도 5년의 제소기간은 이미 도과되었으므로 재심의 소를 제기할 수 없었다.

어렵게 증거를 확보하고도 제소기간에 걸려서 재심의 소 자체가 불가능할 수 있다는 불안감과 안타까움이 몰려들었다. 만일 2차 재심청구 사건(서울고등법원 2012재나235호) 당시 담당 재판부가 A, B, C 증인 중 한 사람이라도 증인신청을 받아 주었더라면 무조건 재심의 소를 제기할 수 있는 상황이었다. 왜냐하면 A, B, C는 한결같이 H건설의 편에서 거짓 증언을 한 자들이므로, 제2차 재심의 소에서 증인으로 출석하여 종전과 같은 내용으로 증언할 경우 무조건 이들의 거짓 증언을 이유로 재심의 소를 제기할 수 있기 때문이다.

예컨대, A의 경우 종전처럼 "2000년 9~10월경 이지학이 기노걸로부터 건네받은 막도장을 계약서에 날인 하는 것을 보았다"라고 증언하거나, 혹은 B의 경우도 "2000년 가을경에 Y종합건설로부터 이 사건 계약서를 교부받았다"라고 증언하거나, 혹은 C의 경우도 "이지학이 가지고 있던 기노걸의 막도장을 이 사건 계약서에 날인한 것으로 기억한다고 한 2008년 4월 4일 진술서, 2008년 4월 18일자 진술조서의 내용은 사실이 아니다"라고 증언을 하였을 경우, 이러한 증언이 거짓이라는 사실을 입증할 새로운 증거는 얼마든지 찾아낼 수 있기 때문에 재심청구에 별다른 문제가 없다. 그런데 서울고등법원 2012재나235 재판부는 A, B, C에 대한 증인신청을 아예 받아 주지도 않으면서도 이들의 명백한 거짓 증언에 눈감아 주었고, 오히려 이들의 거짓 증언을 채용하여 진실성이 인정되는 다른 증거들을 배척하는 왜곡된 판단을 하였으며, 그 상고심도 원심의 위법한 절차와 판결 결과에 대하여 침묵하였다. 참으로 절망스러운 사법 현실이 아닐 수 없다[28].

결국 15년 동안 진행된 이 사건은 전관 변호사 및 대형로펌을 소송대리인으로 앞세운 H건설의 적극적인 거짓 주장과 이에 호응한 A, B, C의 계속된 거짓 번복 증언, 그리고 이들의 거짓말을 뻔히 알면서도 모른 척 숨겨준 법원 각 재판부의 위법한 재판절차가 일체로 담합하여 만들어 낸 왜곡된 결과였고, 그러한 결과는 더더욱 공고해지고 있었다.

대기업의 힘과 조직력, 이들이 선임한 전관 변호사와 대형 로펌의 영향력, 그리고 이들을 일방적으로 옹호해 주는 법원이 암묵적으로 담합 할 때, 일반 국민의 재산권과 자유는 그야말로 추풍낙엽의 위기에서 벗어나지 못하는 것이고, 그러한 현실은 바로 눈앞에서 펼쳐지고 있었다. 우리 사회가 당면한 법치주의의 현실이 참으로 안타까울 따름이다.

며칠 밤을 헤매던 중 2016년에 선고된 대법원 판례를 검토하면서 작은 희망을 찾아냈다. 2개의 대법원판결을 변경하여야 한다는 그야말로 실낱같은 희망이었다.

[A의 제1심 증언은 재심사유가 될 수 있을까?] _____

우선 아래에서 보는 대법원 2013다40070판결은, 재심의 소에서 확정된 종국판결에 대하여도 재심의 소를 제기할 수 있다고 하였다.

"재심의 소는 '확정된 종국판결'에 대하여 제기할 수 있고(민사소송법 제451조 제1항), 여기에서 '확정된 종국판결'에는 재심의 소에서 확정된 종국판결도 포함되며, 따라서 확정된 재심판결에 민사소송법 제451조 제1항 각 호에 정한 재심사유가 있을 때는 확정된 재심판결에 대하여도 재심의 소를 제기할 수 있다"(대법원 2016. 1. 14. 선고 2013다40070 판결).

그렇다면 2014년 7월 14일에 확정된 서울고등법원 2012재나235판결(2차 재심청구, 제3재심대상판결)도 재심의 소의 대상이 된다. 그런데 A가 제1심에 한 "인장 날인"에 대한 증언을 서울고등법원 2012재나235판결에 대한 재심의 소에서의 재심사유로 삼을 수 있을까? 앞서 본 대법원 판례는 다음과 같이 판시하고 있다.

"확정된 재심 판결에 대한 재심의 소에서 그 재심 판결에 재심사유가 있다고 인정하여 본안에 관하여 심리한다는 것은, 그 재심판결 이전의 상태로 돌아가 전 소송인 종전 재심청구에서 한 변론을 재개하여 속행하는 것을 말한다(대법원 2016. 1. 14. 선고 2013다40070 판결)."

이에 의하면 재심사유가 있다고 인정되기만 한다면 그 재심판결 이전의 상태, 그러니까 서울고등법원 2012재나235판결 이전인 서울고등법원 2009재나372 판결(1차 재청구, 제2재심대상판결) 혹은 서울고등법원 2007나5221판결(제2심 사건, 제1재심대상판결)의 변론을 재개하여 속행된 상태가 된다는 것이다. 그렇다면 재심사유는 어떤 방법으로 인정되는 것일까? 이에 대하여 대법원은 다음과 같이 판시하고 있다.

"민사소송법 제451조 제1항 제7호의 '증인의 허위진술이 판결의 증거로 된 때'라 함은 ①증인이 직접 재심의 대상이 된 소송사건을 심리하는 법정에서 허위로 진술하고 ②그 허위진술이 판결주문의 이유가 된 사실인정의 자료가 된 경우를 가리키는 것이지, ③증인이 재심 대상이 된 소송사건 이외의 다른 민·형사 관련 사건에서 증인으로서 허위진술을 하고 ④그 진술을 기재한 조서가 재심대상판결에서 서증으로 제출되어 이것이 채용된 경우는 위 제7호 소정의 재심사유에 포함될 수 없다."(대법원 1997. 3. 28. 선고 97다3729 판결)

위 대법원판결에 의하면 증인의 거짓 진술이 "①과 ②"의 경우에는 재심 대상이 되고, "③과 ④"에 해당할 때에는 재심 대상이 되지 않는 것으로 분류하고 있다.

그렇다면 A의 제1심에서의 증언은 "①과 ②"에 해당하는 것일까?

우선 ②에 해당하는지에 대하여 살펴보면, 서울고등법원 2012재나235 판결 이유에는 "제1심 증인 A의 도장 날인에 대한 진술"이 분명히 기재되어 있으므로, 이는 판결주문의 사실인정에 대한 자료로 사용되었음이 분명하다. 특히 위 판결서 예비적 판결 이유에는 A의 "도장 날인" 관련 진술은 이 사건 계약서의 진정성립을 인정하는 증명력이 있다는 사실을 분명하게 설시하고 있었다.

그렇다면 다음으로 A의 제1심에서의 증언이 "① 직접 재심 대상이 된 소송사건을 심리하는 법정에서의 허위진술"에 해당한다고 할 수 있을까? 일단 이에 대하여는 결론을 유보해 두고, 우선 소극적 사유인 "③과 ④"에 해당하는지부터 검토해 보자.

위 대법원판결 후문은 "③ 재심 대상이 된 소송사건 이외의 다른 민·형사 관련 사건에서 증인으로서 허위진술을 하고 ④ 그 진술을 기재한 조서가 재심대상판결에서 서증으로 제출되어 이것이 채용된 경우"에는 '증인의 거짓 진술이 재판의 증거가 된 때'에 해당하지 않는다고 판시하고 있다.

A의 제1심 증언을 기재한 증인신문조서가 "④"에 해당하지 않

음은 분명하다. 왜냐하면 A의 증언이 기재된 증인신문조서는 당해 사건의 변론 조서로서 서울고등법원 2012재나235판결에 서증으로 제출될 필요도 없이 당연히 재판의 증거가 되기 때문이다. 결국 A의 제1심에서의 증언이 기록된 변론조서는 대법원 판례가 언급한 "④"에 해당하지 않음은 분명하다. 여기까지 요약하면 A의 제1심 증언은 ②에는 해당하고, ④에는 해당하지 않는다는 것이다.

다음으로 'A의 제1심 증언'을 "③재심 대상이 된 소송 사건 이외의 다른 민사 관련 사건에서의 증인의 진술"이라고 볼 수 있는지를 보자. 과연 '제1심 사건'은 그 후의 재심사건인 '서울고등법원 2012재나235호 사건'과의 관계에서 『다른 민사 관련 사건』이라고 할 수 있을까? 두 사건은 동일한 당사자가 동일한 소송물을 대상으로 하는 순차적으로 진행한 사건으로서 증거와 주장 및 변론이 동일하다는 점에서 '다른 민사 관련 사건'이라고는 할 수 없다. 즉 두 사건은 형식적으로 다른 심급에 속하고 있을 뿐, 이는 '다른 민사 관련 사건'은 아니다.

마지막으로 A의 제1심 변론기일에서의 증언(진술)을 "①증인이 직접 재심의 대상이 된 소송 사건을 심리하는 법정에서의 진술"에 해당한다고 볼 수 있을까?

이는 결국 "재심대상이 된 소송사건"을 어떻게 볼 것인지에 따라서 다를 것이다. 즉 "재심대상이 된 소송사건"을 새롭게 제기한 "당해 재심 대상이 된 소송사건의 변론"으로 좁게 해석하면 재심사유에 해당하지 않을 것이고, "당해 재심대상이 된 소송사건에 영향을 미친 변론"까지 넓게 해석하면 재심사유에 포함될 것이다. 재심대상을 좁게 해석할지, 넓게 해석할지는 구체적인 사건이 발생한 경위와 그 시대상황, 그리고 법치주의의 현실 등을 종합적으로 고려하여 판단해야 할 법정책의 문제라고 할 것이다.

결론적으로 "A의 제1심에서의 허위진술"을 재심사유로 인정할 수 있는지 여부는 대법원판결에서 언급한 "재심의 대상이 소송사건"을 어떻게 해석할지의 문제로 귀착됨을 알 수 있는데, 이를 [표]로 도시하면 다음과 같다.

[표] 제1심 증인 A의 증언의 위치

구분	재심사유	비고
적극 요소	① 직접 재심 대상이 된 소송사건을 심리 법정에서 허위로 진술	유보
	② 허위진술이 판결주문의 이유가 된 사실인정의 자료가 된 경우	해당
소극 요소	③ 재심대상이 된 소송사건 이외의 다른 민·형사 관련사건에서 증인으로서 허위진술	해당 안됨
	④ 그 진술을 기재한 조서가 재심대상판결에서 서증으로 제출되어 채용	해당 안됨
쟁점	① "재심 대상이 된 소송사건"의 범위에 대한 해석문제	

그렇다면 앞서 본 대법원 판시의 "재심의 대상이 된 소송사건"은 어떻게 해석해야 할까? 주의할 점은 위 대법원 판시는 법률의 규정이 아니라 대법원이 지금까지의 시대상황을 고려하여 재심에 관한 법률의 규정을 보충하여 해석한 내용에 불과하다는 점이다. 따라서 현시점에서 국민의 기본권 보장을 위하여 재심 범위를 확대할 필요성이 있다면, 대법원은 법률 규정의 문언이 허용하는 범위에서 얼마든지 판례를 변경하여 그 범위를 확대할 수 있다고 할 것이다.

그렇다면 이와 관련한 법률의 규정과 시대적 요청을 살펴보자.

[법률의 규정]

민사소송법 제451조 제1항 제7호의 재심사유로서, "증인의 거짓 진술이 판결의 증거가 된 때"라는 추상적 문언으로 규정되어 있다. 따라서 법률의 문언상으로는, 증인 A의 거짓 진술이 판결의 증거가 되기만 하면 재심사유를 넓게 인정할 수 있다는 결론에 이른다. 이 사건에서 증인 A의 '도장 날인'에 대한 증언은 재심 대상인 서울고등법원 2012재나235판결의 증거가 되었다는 점은 분명하고, 이는 이미 앞서 살펴보았다.

[시대상황과 필요성]

A의 제1심 증언을 그 후 제기된 제2차 재심청구 사건(서울고등법

원 2012재나235호, 제3재심대상판결)의 재심사유로 인정할 필요성에 대한 시대적 요청은 어떠할까? 그동안 기을호가 처한 구체적인 사정과 이 사건 재심청구에 이른 일련의 재판 경과에 비추어 보면 A의 허위진술을 재심사유로 인정할 필요성은 매우 절실하다고 할 것이다.

첫째, 이 사건은 그동안 절차와 결과가 지나치게 왜곡되었다.

이 사건 계약서가 기노걸에 의하여 작성되었다는 객관적인 증거는 전혀 없었다. 단지 "2000년 9~10월 경 이지학은 기노걸로부터 막도장을 건네받아 이 사건 계약서에 날인하는 것을 보았다"는 A의 일방적인 증언이 있었을 뿐이다. A의 이런 증언에는 아무런 근거도 없었다. 더구나 A는 같은 변론기일에서 "계좌번호"관련 명백한 허위 증언까지 하여 위증죄의 유죄로 처벌받았다. A의 증언은 상식적으로 도저히 믿을 수가 없는 것이었다. 그런데도 법원은 A의 신빙성 없는 증언에 전폭적인 증명력을 부여했다. 약 15년간 진행된 사건의 재판절차와 결과가 지나치게 왜곡되었다. 정의와는 너무도 거리가 멀어서 도저히 법치주의 국가의 판결이라고 할 수가 없다. 이와 같이 절차 및 결론에 있어서 지나치게 심각할 정도로 정의를 왜곡하는 판결에 대하여는 가급적 재심사유를 넓게 인정해 주어야 한다.

둘째, 절차와 결과의 왜곡에 결정적인 역할을 한 주체는 다름 아닌 법원(또는 검찰)이었다는 점이다. 15년 동안 무려 8차례의 재판이 진행되었으나 법원은 한결같이 불공정한 절차로 결과를 왜곡하였다. 특히 제1심 재판부는 증인신문조서까지 조작하였고, 제2심 재판부는 핵심적인 증거인 필적감정서에 대한 판단을 누락하는 위법을 저질렀으며, 대법원은 판단 누락의 명백한 위법사항을 검토도 하지 않고 심리불속행기각 판결을 선고하였다. 제1차 재심판결 역시 위증죄 유죄판결 까지 받은 A의 '도장 날인' 증언에 전폭적인 증명력을 부여하였고, 나아가 법정에서 횡설수설하는 C의 증언을 근거로 오히려 신빙성 있는 C의 진술을 배척하였으며, 제2차 재심의 소 역시 제1차 재심의 소와 마찬가지의 판단을 자행했다. 15년간 진행된 이 사건은 이른바 전관예우라는 특권과 반칙과 차별이 재판 전 과정에 개입되었다는 의심을 지울 수 없을 정도로 왜곡되었다. 또한 A의 '도장 날인'에 대한 공소사실이 증거불충분을 이유로 무죄가 확정되는 과정에서 담당 검사의 불성실할 태도(항소 포기 등) 또한 재판의 결과에 결정적인 영향을 미치기도 하였다.

헌법은 공정한 판결로서 국민의 기본권을 보호해 주라는 명분으로, 유일하게 법관의 신분과 재판의 독립성까지 보장하면서 재판에 관한 모든 권한을 부여하였다. 그런데도 법관이 그 본문을 망각하고 헌법이 부여한 재판 권한을 남용하여 오히려 국민의 기본권을 침해하였다면, 이로 인한 피해는 그 시기를 제한하지 않고 구제해 주는 것이 국가의 당연한 의무이고 헌법정신이다.

셋째, 15년간 계속된 소송과정에서 기을호는 언제나 법이 정한 절차에 따라 재판에 임하였고 충분한 반대 증거를 제출하는 등 정직하고 성실하였다는 점이다. 즉 이 사건 계약서에 기재된 글씨, 계좌번호, 막도장 관련 허창의 계약서, C의 글씨체 등등 이 사건 계약서는 기노걸에 의하여 작성되지 않았다는 점을 객관적인 증거로서 너무도 명확하게 증명하였다. 기을호는 15년의 소송과정에서 단 한 차례도 법원 앞에서 피케팅 등 시위를 한 적도 없었고, 매번 새로운 증거를 찾아내어 오로지 법이 정한 적법한 절차에 따라 대응하였다. 이렇듯 정직하고 성실하게 법과 절차에 따라 대응한 기을호와 같은 국민이 결과적으로 억울함을 당할 수밖에 없는 현실이라면, 국가는 마땅히 이러한 현실에 대한 대책을 마련하고 이를 구제해 주어야 한다. 국가의 유일한 존재이유는 주권자인 국민의 기본권을 보장해 주는 것이기 때문이다. 국가가 앞장서서 재판을 가장하여 국민의 재산을 약탈하는 행위는 나라 잃은 국민에게도 일어나서는 안 되는 일이다.

결론적으로 A가 제1심에서 한 '도장 날인' 관련 증언의 위법성은 서울고등법원 2012재나235판결에도 그대로 승계 및 인용되어 증거로 사용되고 있다는 점, 만일 서울고등법원 2007나5221호 판결(제2심)을 재심대상판결로 재심의 소를 제기하였더라도 당연히 제1심(서울중앙지방법원 2005가합99041호) 변론기일에서의 A의 증언은 재심대상사건(서울고등법원 2007나5221호)의 법정에서의 진술에 포함된다는 점을 감안한다면, 본 건 재심의 소가 서울고등법원 2012재나235사건을 재심대상판결로 하고 있더라도 그 이전에 동일한 소송물, 동일한 소송절차에서 증거가 된 제1심 증인 A의 허위 증언은 재심대상으로서의 재심사유에 당연히 포함된다고 보아야 한다.

또한 서울고등법원 2012재나235사건을 재심대상으로 재심의 소의 심리가 개시되면 그 판결 이전의 상태, 즉 서울고등법원 2009재나372호 판결의 변론기일 및 서울고등법원 2007나5221 판결(2심) 변론기일로 순차적으로 연결되어 변론이 재개되어 그동안의 모든 확정판결은 재심 대상으로 되어 그동안의 일련의 재판과정에서의 위법사항을 일소하고 정의를 실현하도록 허용하는 것이야말로 우리 헌법이 지향하는 기본권 보장 및 법치주의의 이념이라는 점도 기억하자.

결국 기을호가 서울고등법원 2012재나235 확정판결을 재심대상으로 5년 이내에 재심의 소를 제기한 이상, 제1심 변론기일에서 한 A의 증언은 당연히 재심대상인 서울고등법원 2012재나235 사건의 증거에 포함되므로 본 건 재심의 소는 민사소송법 제456조 제3항의 재심요건을 갖추었다고 할 것이다.

[증거부족 외의 이유로 유죄의 확정판결을 받을 수 없는 때]

다음으로 문제가 되는 것은, 민사소송법 제451조 제2항의 '증거부족 외의 이유로 유죄의 확정판결을 할 수 없는 때'라는 재심사유이다. 이와 관련하여 '이미 선행 무죄확정판결의 기판력으로 인하여 유죄의 확정판결을 할 수 없는 때'에도 이를 '증거부족 외의 이유로 유죄의 확정판결을 할 수 없는 때'에 해당할 수 있을지가 문제 된다.

법률 규정의 문언을 그대로 해석하면, 유죄의 확정판결을 받을 수 없는 이유가 "증거 부족 외의 이유"이기만 하면 그 사유가 무엇이든지 민사소송법 제451조 제2항의 재심사유가 된다고 해야 할 것이다. 따라서 논리적으로는 A의 "도장 날인"증언에 대하여 서울중앙지방법원 2008고단3739판결이 증거불충분을 이유로 무죄를 선고하고, 그 후 검사가 항소를 포기하여 무죄로 확정되었지만, 그

후 앞서 살펴본 다른 증거에 의하여 A의 "도장 날인"의 증언은 위
증이라는 사실이 확인되었다면, 이 부분에 대한 무죄판결의 기판
력으로 인하여 위증죄의 유죄 확정판결을 할 수 없는 때에도 민사
소송법 제451조 제2항의 재심사유에 해당한다고 보아야 한다.

더구나 재심의 소는 그 본질이 이미 확정된 판결의 기판력을 후
퇴시켜 구체적 타당성과 정의를 도모하는 동시에 국민의 기본권
을 충실히 보장하고자 함에 있다는 점을 감안하면, 판결에 대한
명백한 흠이 발생한 경우에는 재심사유를 넓게 인정하여 국민의
기본권을 충실히 보장해 주는 것은 반드시 필요하다고 할 것이다.

그런데 이에 대한 대법원 판결은 다소 애매하다.

즉 지금까지 대법원은 이 부분에 대하여, "증거부족 외의 이유
로 유죄의 확정판결을 할 수 없는 때라 함은 증거흠결 외의 사유
즉 범인의 사망, 사면, 공소시효의 완성, 심실상실의 경우 등이
없었더라면 유죄판결을 받을 수 있는 경우를 의미하는 것(대법원
2006. 11. 23. 선고 2006다24155판결)"이라고 판시해 왔다. 즉 아직까
지 대법원은 "선행 무죄 확정판결의 기판력으로 유죄의 확정판결
을 할 수 없는 때"가 민사소송법 제451조 제2항의 "증거부족 외의
이유로 유죄의 학정판결을 할 수 없는 때"에 해당하는지에 대하여
명확한 판단을 하지 않았고, 앞서 본 바와 같이 "범인의 사망, 사

면, 공소시효의 완성, 심실상실 등"의 경우에만 명확하게 "증거부족 외의 이유로 유죄의 확정판결을 할 수 없는 때"에 해당한다고 하였을 뿐이다. 다만, 대법원은 위 판시에서 "~심실상실 등"이라고 판시함으로서 기타 필요한 경우에는 재심사유를 확대할 수 있다는 가능성을 남겨두고 있는 것으로 보인다.

생각건대, 재심의 소는 그 본질이 확정판결의 기판력을 후퇴시켜 구체적 타당성과 정의를 실현하려는 것이라는 점, 법률이 재심사유를 매우 제한적으로 규정하고 있다는 점에서 볼 때, 민사소송법이 규정하는 법률의 문언의 의미가 도달할 수 있는 범위 내에서 최대한 넓게 해석하여 국민의 구체적인 기본권을 실현시켜 주는 방향으로 가야 할 것으로 본다. 국가가 판결로서 국민의 기본권을 침해한 상황에 대하여 재심사유를 좁게 해석하는 방향은 주권자인 국민에 대한 예의가 아니기 때문이다.

특히 우리나라 사법제도는 일반 국민의 사법절차 참여를 전면적으로 배제하면서, 오로지 전문 법관에게 재판에 대한 모든 권한을 맡기고 있는 구조이고, 이러한 구조에서 재심사유와 관련한 법률의 문언까지 좁게 해석하게 될 경우 지나치게 권위주의적 사법시스템으로 흐를 수밖에 없다는 점을 생각한다면, 재심사유에 관한 법률 문언을 최대한 확대하여야 할 필요성은 더욱 절실하다고 할 것이다.

한편, 법 정책적으로 단순히 '선행 무죄 확정판결'이 있다는 이유만으로 민사소송법 제451조 제2항의 재심사유를 부정해 버리면, 국민의 기본권 보호에 막대한 차질이 생길 수 있다. 앞서 본 바와 같이 A의 '인장 날인' 증언이 무죄로 확정된 것은 검찰의 부실한 공소유지와 법원의 이해할 수 없는 판결(예컨대 전관예우가 의심될 정도), 그리고 검찰의 의도적 항소 포기가 인위적으로 결합하여 생겨난 것이다. 즉 피해자인 기을호의 의지와 무관하게 공권력의 남용이 결합하여 기을호의 기본권을 침해한 경우이고, 이러한 경우 기본권 구제의 필요성은 더욱 요구되는 사안이다. 그런데 공권력 남용이 결합하여 A의 "도장 날인" 증언의 조기에 무죄로 확정되었다는 외관에만 집착하여 재심사유를 인정하지 않게 된다면, 이는 공권력 남용을 더욱 부추기면서 시간이 지나기만을 기다리는 형태로 작동하게 될 것이고, 결국 국가의 기본권 보호 의무는 유명무실하게 될 것이기 때문이다. 이는 국민의 기본권 보호와 관련한 헌법의 기본정신은 물론 실질적 법치주의의 헌법정신에도 반하는 것임을 더 말할 필요도 없을 것이다.

　　H건설은 기노걸이 이 사건 계약서를 작성하였다는 사실을 증명하기 위하여 제1심에서 A를 증인으로 세웠고, A는 이 일로 위증죄와 무고죄의 유죄판결로 처벌을 받는 전과자가 되었다. 그럼에도 법원은 계약현장에 입회하였다는 A의 증언은 믿을 수 있다고 하였다. A는 이 사건 계약서의 계좌번호는 이지학이 직접 기재해 넣는 것을 보았다고 하였으나 계좌번호의 글씨는 C의 글씨였고, 이로 인하여 A는 위증죄로 처벌받은 것이다. 그런데 그 과정에서 H건설 직원 B는 C를 찾아가 '이지학이 기노걸의 막도장을 날인하는 것을 보았다'는 진술을 번복하도록 강요하여 증인으로 출석시킨다. C는 증인으로 출석하여 이지학이 가지고 있던 도장을 날인하였다는 종전 진술을 번복하였고 그 과정에서 수많은 거짓 증언을 하여 위증죄의 유죄로 처벌을 받는 전과자가 된다. 그럼에도 법원은 이지학이 도장을 날인하지 않았다는 C의 증언은 믿을 수 있다고 한다.

　　이렇듯 H건설은 기노걸이 이 사건 계약서를 작성하였다는 증거를 단 하나도 제출하지 못하였지만, 계속하여 A와 B와 C에게 기존의 진술을 번복하고 거짓말을 하도록 하였고, 법원은 이들의 거짓말을 지극히 가상히 여겨 이 사건 계약서는 기노걸이 작성한 것으로 판단해 주었다. 법원이 선량한 국민에게 거짓말을 하여 전과자가 되도록 암암리에 권장하고 있는 것이다. 참으로 서글픈 사법현실이 아닐 수 없다.

2019년 9월 27일 첫 번째 변론기일이 열렸다.

H건설은 또다시 대형 로펌을 소송대리인으로 선임하였다. 기을호는 15년간 계속된 이 사건 전체기록을 보아도, 기노걸이 이 사건 계약서를 작성하였다는 증거는 단 한 건도 없다고 주장하였다. 이에 대하여 H건설은 20년 전에 작성된 이 사건 계약서의 진정성립을 어떻게 입증하느냐고 하면서, 지금까지의 일관된 판결과 이 사건 계약서 작성 이후의 주변 상황의 변화가 바로 이 사건 계약서의 진정성립을 입증하는 증거라고 반박하였다.

첫 변론기일에서 나는 구두로 B와 C를 증인으로 신청했다. B를 증인으로 신청한 것은 재정신청 사건 심문기일에서 "도장이 날인되지 않을 수는 있지만, 2000년 3월 이전에 이사건 계약서를 교부받은 상태였다"라는 B의 진술이 있었기 때문이다. C를 증인으로 신청한 것은, C는 이 사건 계약서를 작성한 자로서 그동안 제출된 새로운 증거들을 토대로 C의 증언을 다시 들어 볼 필요가 있었기 때문이었다.

다만, A에 대하여는 증인신청을 하지 않았다.

왜냐하면 H건설은 준비서면에서 A가 이미 사망하였다고 했기 때문이다. A의 글씨로 된 "계약자현황"표가 새롭게 발견된 만큼 만일 A가 생존하고 있었다면 당연히 A를 증인으로 신청하였을 것이지만 어쩔 수 없는 일이었다. 다만 H건설에게 이용만 당하다가 결국 고인이 된 A의 명복을 빌 뿐이다.

기을호의 증인신청에 재판부는 잠시 당황하는 듯하였다. 그러더니 곧바로 배석 판사들과 상의 끝에 B와 C에 대한 증인신청을 받아들이지 않겠다고 하였다. B와 C는 이미 여러 차례 진술을 한 바가 있고, 또한 본 소송에서는 재심사유가 인정되는지를 주로 심리할 것이라고 하면서 곧바로 변론을 종결하려 하였다. 이에 나는 증인신청을 기각한 재판부에 추가로 해야 할 변론이 있고, 또한 추가로 제출할 증거도 있다고 하면서 추가 변론기일을 요청하였다.

2019년 10월 18일 재심 2번째 변론기일을 끝으로 변론은 종결되었고, 2019년 11월 15일 판결이 선고되었다. 주요 부분을 요약하면 다음과 같다.

1) 생 략

2) A의 위증 관련 재심사유의 경우

① 검찰의 불기소처분서에 의하면, 기을호(피고)가 2019년 2월 11일 경 제1심 증인 A의 '도장 날인'부분 위증에 대하여 서울중앙지방검찰청 2019년 형제13409호 사건으로 A를 고소하였으나, 서울중앙지방검찰청 검사는 2019. 3. 15. '공소시효 도과되어 더 이상 수사 실익이 없어 각하한다.'는 의견으로 C에 대하여 불기소처분을 한 사실이 인정된다.

그러나 위에서 인정한 바와 같이 제1심 증인 A의 '도장 날인' 부분 증언에 대하여는 이미 피고(기을호)가 A를 위증혐의로 고소하였으나, 해당 부분에 관한 무죄의 형사판결이 확정된 바 있고, 기을호가 이 법원에 제출한 '향산리부지매입 및 계약사항 검토서, 승계대금 지급 확인서, 통장사본(2000년 1월 24일까지 승계대금 74억원을 지급받고 23건 매매계약서를 교부하였다는 증거자료)'과 'B의 재정신청 심문조서', 'Y종합건설 2000년 거래처원장'의 각 기재를 살펴보더라도, 이들이 A의 '도장 날인' 부분 증언과 직접적 관련이 있다고 보기 어려운 데다, 그에 의하여 인정되는 몇몇 간접적 사정들을 감안해 보더라도 위와 같이 무죄판결이 확정된 A의 '도장 날인' 부분 증언이 거짓 진술이라고 단정하기 어렵다. 따라서 기을호가 들고 있는 여러 사정들과 이 법원에서 추가로 제출한 증거들만으로는 A가 공소시효 완성 등이 없었더라면 위증의 유죄판결을 받을 수 있었을 것이 명백한 경우에 해당한다고 볼 수 없고, 달리 이를 인정할 만한 뚜렷한 증거도 없다.

특히 기을호는 이 사건 재정신청 2018. 3. 22.자 심문기일에서 B의 진술에 의하여 A의 '도장 날인' 부분 증언이 거짓 진술이라는 것이 밝혀졌다는 취지로 주장하나, 위 심문기일에서의 B의 진술 내용을 살펴보면 B의 진술에 의하여 A의 '도장 날인' 부분 증언이 거짓이라고 단정할 만한 부분을 찾을 수 없다(아래에서 자세히 살피는 바와 같이 이 사건 재정신청 심문기일에 B는 '2000. 3. 전이 이미 이 사건 계약서가 작성되어 H건설에게 교부되었다'고 진술한 것으로 보이지도 않는다).

② 기을호는 민사소송법 제451조 제2항 후단의 '증거 부족 외의 이유로 유죄의 확정판결을 할 수 없을 때'에는 '부실한 형사공판절차에서 증거부족을 이유로 무죄판결이 선고되고, 검사의 항소 포기로 무죄가 확정된 경우'도 포함되어야 한다는 취지로 다툰다. 그러나 앞서 본 바와 같이 민사소송법 제451조 제2항 후단에서 말하는 '증거부족 외의 이유로 유죄의 확정판결을 할 수 없을 때'라 함은 증거흠결 이외의 사유, 즉 범인의 사망, 사면, 공소시효의 완성, 심신상실의 경우 등이 없엇더라면 유죄판결을 받을 수

있었을 것이 명백한 경우를 의미하는 것이지, 기을호의 주장과 같이 이미 무죄판결이 확정되어 더는 유죄판결을 받을 수 있는 가능성이 아예 사라진 경우라도, 그 무죄판결이 부실한 형사공판절차에서 증거부족을 이유로 한 것이고 검사의 항소 포기로 무죄판결이 확정된 경우라면 위 규정의 '증거부족 외의 이유로 유죄의 확정판결을 할 수 없는 때'에 포함된다고 해석할 수는 없다. 따라서 기을호의 위 주장은 받아들일 수 없다.

③ 재심기간의 도과 여부

이 사건에서 기을호의 항소를 기각한 제1 재심대상판결이 2007. 10. 11. 선고되어 2008. 1. 23. 확정된 사실은 앞서 본 바와 같고, 이 사건 재심의 소는 제1 재심대상판결이 확정된 2008. 1. 23.로부터 5년의 기간이 도과한 2019. 3. 11.에 이르러서야 제기된 사실은 기록상 명백하다. 결국 이 사건 재심의 소 중 제1 재심대상판결에 대한 부분은 그 판결이 확정된 뒤 5년이 지난 것으로서 재심제기의 기간을 도과한 것이기도 하여 부적법함을 면할 수 없다.

2. 제2 재심대상판결에 대한 검토

나아가 기을호는, B가 이 사건 재정신청 사건에서 2018. 3. 22. 심문기일에 '2000. 3. 전에 이미 이 사건 계약서가 작성되어 H건설에게 교부되었다'고 진술하였다는 취지로 주장하고 있은, 관련 재정신청 심문조서의 기재에 의하면 위 심문기일에서 B는 "2000. 3.에 돈을 인출했다고 했는데, 계약서가 들어온 것을 보고 인출했나요? 아니면 계약서를 받지 않고 돈을 인출했나요?"라는 피고(기을호) 대리인의 질문에 대하여, "도장이 안 찍힌 계약서가 있을 수는 있지만 계약서는 요건이므로 첨부되었을 것이다"라고 답변한 사실이 인정될 뿐이어서, 이를 두고 피고(기을호)의 주장과 같이 B가 "2000. 3.전에 이미 이 사건 계약서가 작성되어 H건설에게 교부되었다"는 내용으로 진술한 것이라고 단정하기는 어렵다는 점을 밝혀둔다.

~ 이 하 생 략~

3. 제3 재심대상판결에 대한 검토

1) 민사소송법 제451조 제2항 요건의 구비 여부

A와 B의 위증혐의에 대한 불기소처분이나 법원의 재정신청 기각결정만으로는 이 사건 재심의 소 중 제3 재심대상판결에 대한 부분이 민사소송법 제451조 제2항 후단의 요건을 갖추었다고 볼 수 없는 이상, 이 부분 재심의 소 역시 부적법하다.

2) 민사소송법 제451조 제1항 제7호의 해당여부

민사소송법 제451조 제1항 제7호의 '증인의 거짓 진술이 판결의 증거로 된 때'라 함은 증인이 직접 그 재심의 대상이 된 소송사건

을 심리하는 법정에서 거짓으로 진술하고 그 거짓 진술이 판결주
문의 이유가 된 사실인정의 자료가 된 경우를 가리키는 것이지,
그 증인이 재심대상이 된 소송사건 외의 다른 민·형사 관련 사건
에서 증인으로 거짓 진술을 하고 그 진술을 기재한 조서가 재심대
상 판결에서 서증으로 제출되어 이것이 채용된 경우는 위 제7호
소정의 재심사유에 포함될 수 없다(대법원 1997. 3. 28. 선고 97다
3729 판결 등 참조).

그런데 기을호의 주장 자체에 의하더라도, A와 B의 각 증언은 이
사건의 제1심 또는 제2 재심대상사건 법정에서 거짓 진술을 하였
다는 것이고, 재심의 대상이 된 제3 재심대상사건 법정에서의 거
짓 진술하였다는 것이 아닌 만큼, 기을호는 민사소송법 제451조
제1항 제7호를 제3 재심대상판결의 재심사유로 주장할 수 없는
것이다.

3. 결론

그렇다면 기을호의 제1~3 재심대상판결에 대한 이 사건 각 재심
의 소는 부적법하므로 이들을 모두 각하한다.

　　　　　　　　　　　　－서울고등법원 2019재나111호 판결 이유 중에서

담당 재판부는 기을호가 재심의 소를 제기한 취지와 논리구조를 전혀 이해하지 못하고 있었다. 즉 기을호가 재심의 소의 대상으로 삼은 것은 2019년 3월 11일 당시까지 5년의 제소 기간이 도과되지 않은 2차 재심청구(제3재심대상판결, 서울고등법원 2012재나235판결)이었다. 왜냐하면 제2심(제1재심대상판결)과 1차 재심청구(제2재심대상판결)는 판결 확정 후 5년이 지났으므로 곧바로 이를 재심대상판결로 삼을 수 없었기 때문이었다.

이에 기을호는 우선 서울고등법원 2012재나235판결(제3재심대상판결, 2차 재심청구)을 타깃으로 재심의 소를 제기하였고, 또한 A의 제1심 증언은 별도의 증거제출 절차 없이도 재심 대상인 서울고등법원 2012재나235판결의 판단의 토대가 된 증거자료로 사용되었음이 분명하여 "재심대상이 된 소송사건에서의 진술"로 보아야 하므로 재심사유에 포함되어야 한다는 것이었다.

또한 이렇게 재심사유가 인정되어 본안이 제기된다면, 그 재심판결 이전의 상태로 돌아가 전 소송인 재심의 소(서울고등법원 2012재나235)에서 한 변론이 재개되므로 자연스레 서울고등법원 2009재나372사건(제2재심대상사건, 1차 재심청구)의 변론이 재개되고, 이어서 순차적으로 서울고등법원 2007나5221사건(제1재심대상사건, 제2심)의 변론이 재개되므로, 결론적으로 그동안의 모든 사건이 순차적으로 연결되어 재심의 소가 재개된다고 주장한 것이었다.

그런데 서울고등법원 2019재나111호 판결은 그동안의 모든 판결을 각개로 분해하여, 즉 서울고등법원 2007나5221호(제1재심대상)판결, 서울고등법원 2009재나372(제2 재심대상)판결, 그리고 서울고등법원 2012재나235(제3 재심대상)판결로 개별적으로 나눈 다음, 각 사건을 순서대로 재심사유가 존재하는지 여부를 판단하고 있었다. 기을호가 청구한 재심대상판결에 대한 심리 순서와는 정반대로 판단하고 있을 뿐만 아니라, A의 증언이 왜 재심사유에 해당하는지에 대한 기을호의 논리를 전혀 이해하지 못하고 있었으며, 또한 A의 제1심 허위 증언이 왜 재심사유가 되어야 하는지에 대한 기을호의 주장에 대하여는 아무런 판단조차도 하지 않았다. 기을호가 청구한 재심취지를 전혀 무시한 상태에서 오로지 담당 재판부가 하고 싶은 말만을 순서대로 하고 있을 뿐이었다. 한 마디로 답정너(답은 정해져 있으니, 너는 대답만 해! 조용히 있던가!) 판결이었다.

[사실인정 부분]

(1) 재심 법원은 기을호가 이 법원에 제출한 '향산리부지매입 및

계약사항 검토서, 승계대금지급 확인서, 통장사본(2000년 1월 24일까지 승계대금인 토지비 약 73억 원을 지급받고 23건 매매계약서를 교부하였다는 증거자료)'과 'B의 재정신청 심문조서', 'Y종합건설 2000년 거래처원장', '계약자현황' 등 증거에 의하더라도 A의 '도장 날인' 부분 증언이 거짓 진술이라고 단정하기 어렵다고 하였다.

재심 법원은 또다시 A의 '도장 날인' 증언에 대하여 절대적인 증명력을 인정하면서 다른 증거들을 형식적으로 설시하고 있을 뿐 아예 그 내용은 보지도 않은 것으로 보였다. 기을호가 아무리 이 사건 계약서는 2000년 7월 28일 이전에 작성되거나 혹은 H건설에 교부되었다는 증거들을 제출하더라도, 혹은 A의 '도장 날인'진술 2000년 2월경에 A의 글씨로 된 서류(계약자현황)의 내용에도 반한다는 점이 확인되더라도, 이미 법원이 한번 판단한 A의 도장날인 증언의 증명력은 깨뜨릴 수 없다고 옹고집을 부리면서 실제 증거의 내용은 읽어보지도 않는 것이다. 참으로 안타까운 '답정녀'였다.

(2) B의 진술에 대하여도 마찬가지였다.

담당 재판부는 B가 2018. 3. 22. 재정신청 사건 심문조서에서, 기을호 소송대리인의 "2000. 3.에 돈을 인출했다고 했는데, 계약서가 들어온 것을 보고 인출했나요? 아니면 계약서를 받지 않고 돈을 인출했나요?"라는 질문에 대하여, B는 "도장이 안 찍힌 계약서가 있을 수는 있지만 계약서는 요건이므로 첨부되었을 것이다"
라고 답변한 사실은 인정되지만, 이를 두고 '2000. 3. 전에 이미
이 사건 계약서가 작성되어 H건설에게 교부되었다'고 진술하였다
고 단정하기 어렵다고 하였다.

다시 말하면, 담당 재판부는 단순히 재정신청 심문조서에 기재
되어 B의 진술 내용의 문언을 있는 그대로, "2000년 3월 이전에
이 사건 계약서가 H건설에게 교부되었다는 사실은 인정되지만,
이때의 계약서에는 기노걸의 도장이 날인되지 않은 상태"일 가능
성이 있다고 하면서, 새로이 제출된 다른 증거들 예컨대 H건설은
Y종합건설에게 2000년 1월 24일 기노걸의 토지비 9억8,300만
원을 모두 지급한 다음 기노걸의 이 사건 계약서를 승계받았다는
내용이 담긴 증거들, 그리고 A의 글씨로 된 "계약자현황"의 내용
은 거론조차 하지 않고 있었다. 그야말로 H건설에 유리한 내용만
을 골라서 설시할 뿐이며, 아울러 이제까지의 법원의 판결이 옳았
다고 반복하고 있을 뿐이었다.

돌이켜 보면 그동안 모든 재판부가 그렇게 판단했었다.
H건설이 제출한 지극히 주관적인 증언(예컨대, A의 증언)에는 절
대적인 증명력을 부여하고 옹호해 주기에 급급하였고, 기을호가
제출하는 각종 객관적인 증거에 대하여도 "뭐~ 그런 게 있네~"

하면서 아예 그 내용을 볼 생각조차도 하지 않았던 세월이 15년간 이나 계속되었던 것이다.

B와 C에 대한 증인신청도 받아 주지 않은 것도 더 이상 기을호에게 재심소송의 빌미를 주지 않으려는 의도가 아니었을까? 판결 이유에서 막연히 B는 재정신청 심문조서 진술만으로 제1심에서의 B의 진술이 허위라고 단정하기 어렵다고 무책임하게 판단할 것이 아니라, 적어도 B의 진술이 허위인지를 가리려는 기을호의 증인신청이라도 받아 주었어야 할 것이다. 제대로 된 절차보장도 없이 서둘러 재판을 끝내려는 의도 자체가 이미 한쪽으로 기울어졌다는 오해를 사기에 충분하다.

한편, 담당 재판부가 민사소송법 제451조 제2항 후단에서 말하는 '증거부족 외의 이유로 유죄의 확정판결을 할 수 없을 때'라 함은 범인의 사망, 사면, 공소시효의 완성, 심신상실의 경우 등이 없었더라면 유죄판결을 받을 수 있었을 것이 명백한 경우를 의미하는 것이라고 하면서, '부실한 형사공판절차에서 증거 부족을 이유로 무죄판결이 선고되고, 검사의 항소 포기로 무죄가 확정된 경우'는 포함되지 않는다고 판단한 것은, 아쉬운 면이 없지는 않으나 종전 대법원 판결을 그대로 따랐다는 점에서 나름 수긍할 측면은 있다. 그러나 이러한 대법원 판결은 국민의 기본권을 최대한 보장하여야 한다는 측면에서 하루빨리 변경되어야 할 것이다.

결국 이번 재심 재판부는 기을호가 재심철구를 통하여 달성하고자 하는 바를 전혀 이해하지 못한 상태에서 엉뚱한 판단만을 하였다. 국민의 재판청구권이 이렇게도 허무맹랑하게 무시되고 있었다.

[본건 재심의 소는 인용 받을 수 있을까?] ────────────

기을호는 서울고등법원 2012재나235판결을 대상으로 재심의 소를 제기하였고, 재심의 소를 인용받기 위하여는 앞서 본 바와 같이 2가지 쉽지 않은 관문을 통과해야 한다.

첫 번째 관문은, ①A의 제1심 증언이"재심대상이 된 소송사건에서의 진술"로 볼 수 있다는 대법원 판례 변경이 있어야 하고, 두 번째 관문은, ②민사소송법 제451조 제2항 후단에서 말하는 '증거부족 외의 이유로 유죄의 확정판결을 할 수 없을 때'의 범위에는 '부실한 형사공판절차에서 증거 부족을 이유로 무죄판결이 선고되고, 검사의 항소 포기로 무죄가 확정되어 그 기판력 때문에 유죄의 확정판결을 할 수 없는 경우'도 포함된다는 판례의 변경이 있어야 한다. 국민의 기본권 보장 측면에서나, 법원 판결에 대한 신뢰성의 확보 차원에서나, 그리고 법률의 문언에 대한 해석 측면에서나 2개의 대법원 판례가 전향적으로 변경되어야 한다는 점은 이미 살펴보았다.

이렇게 2가지의 어려운 관문을 통과하게 되면, 재심 대상인 서울고등법원 2012재나235 사건은 확정판결 이전의 변론 재개 상태 즉, 서울고등법원 2009재나372호 사건, 다시 서울고등법원 2007나5221호 사건 변론으로 순차적으로 연결되어 전체 사건에 대한 재심 변론이 재개된 상태로 될 것이고, 이런 상태에서 이제까지 제출된 증거들을 종합하여 A의 '도장 날인' 증언이 허위 인지를 심리하게 될 것이다.

한편, 기을호로서는 이러한 상황 자체가 너무도 억울하다.
왜냐하면 그동안 소송과정을 돌이켜 볼 때, 기을호는 이제까지의 모든 소송절차에서 적시에 증거를 제출하여 승소판결을 받을 수 있었음에도 줄곧 법원의 오판(혹은 위법한 판결)으로 패소하였고, 그렇게 시간이 경과하면서 결국은 2가지의 어려운 관문을 통과해야 하는 처지로 몰렸기 때문이다. 즉 기을호의 현재와 같은 상태가 모두 국가 사법기관인 법원의 오판 때문이었다는 것이다. 그런데 이제 와서 법원은 기을호에게 엄격한 재심 절차를 지킬 것을 요구하고 있으니, 기을호로서는 이 상황이 억울할 수밖에 없다는 것이다.

미국 민사배심재판에서 배심원이 가지는 권한은 막대하다. 미국은 왜 12명의 평범한 시민에게 이와 같이 중대한 결정을 할 권한을 부여하였을까?

근본적으로 미국은 활기찬 당사자주의 소송구조를 신뢰하였다고 한다. 그런데 이러한 구조에서는 첨예하게 대립하는 당사자들이 제출하는 증거자료들을 기초로 판단을 내릴 가장 중립적이고 수동적인 의사결정기구가 필요하였고, 이에 부응하는 기관이 바로 평범한 이웃으로 구성된 배심원단이라고 여겼기 때문이라고 한다. 즉 판사들은 수많은 재판경험을 통하여 특정 유형의 사건이나 변호사 또는 당사자에 대한 선입견을 가질 우려가 있지만, 평범한 시민들 중에 선발된 12명의 배심원들은 가장 중립적이고 수동적인 의사결정기구라고 생각한 것이다[29].

배심원의 막강한 권한에도 불구하고 항소심은 물론 제1심 법원도 배심원의 평결에 대한 사후심사절차[30]를 통하여 배심원 평결을 일부 조정할 수 있다. 예컨대, 제1심 판사는 자신이 배심원에 대한 지시 또는 증거법 적용 등에서 심각한 오류를 범하였다고 판단하는 경우, 또는 배심원이 법원에 제출하지 아니한 증거를 고려한 경우 등 심각한 잘못을 저지른 경우는 물론, 평결이 증거가치의 명백성(the clear of the evidence)에 반하는 경우에도, 1심 판사는 직권으로 새로운 재판절차의 개시를 명할 수 있고, 이 경우 보통 새로운 배심원으로 하여금 당해 사건을 다시 심리하도록 한다. 또한 1심 판사는 그 결론 말고는 다른 대안을 선택할 수 없다고 합리적으로 판단하는 경우에는 배심원의 평결에도 불구하고 패소한 당사자를 승소시키는 이른바 '평결에 불구한 판결(judgment notwith-standing verdict)'을 선고할 수도 있다[31].

한편, 미국 형사배심재판의 경우, 증거에 의하여 합리적인 의심을 할 여지가 없을 정도로 유죄가 입증된 경우에도 배심원은 실정법을 무시하고 무죄 평결을 내릴 수 있는 권한을 인정하고 있는데, 이를 '배심원의 실정법 초월의 판단(jury nullificatoon)'이라고 한다. 예컨대, 식민지시대 이래 미국의 배심원은 유죄의 평결이 곧 사형으로 이어지는 사건에서 증거나 법령에 반하여 무죄 평결을 내려 관용을 베풀기도 하였으며(Woodson v. North carolina, 428 U.S 280, 293), 남북전쟁 이전에는 노예제도에 반대한 배심원들은 주인이 도망간 노예를 다시 잡아 오는 것을 돕기 위하여 시행된 도주노예법(Fugitive Slave Law)의 적용을 거부하고 반역죄로 기소된 피고인에게 무죄평결을 내리기도 하였다고 한다[32].

이처럼 미국 배심제도는 중립적인 배심원에게 막강한 권한을 부여하고 있지만, 동시에 사후심절차를 통하여 한쪽으로 치우친 평결을 수정하는 절차도 아울러 마련하고 있고, 또한 형사절차에서 배심원들은 법관의 부당한 법률적용을 거부하는 권한을 부여하기도 함으로써, 미국 시민사회에서 사법절차를 통하여 실체진실에 접근하려는 의지가 얼마나 투철하고 강력한지를 짐작할 수 있을 것이다.

그렇다면 다시 제기된 기을호의 재심사건이 미국 배심제도로 진행되었다면 어떻게 되었을까? 배심원과 판사가 서로 견제하면서 분업화된 재판 권한을 행사하는 가운데 실체진실을 발견하려는 미국식 사법시스템이었다면, 이 사건 재심 재판의 진행과 결과는 어떻게 되었을까?

완숙한 경력을 지닌 3명의 전문 직업 법관이 내린 판결이 평범한 12명의 시민으로 구성된 배심원의 평결보다 사건의 이해도, 심리의 깊이, 평결(판결)의 절차나 공정성 및 결론에 있어서 더 우수하였다고 말할 수 있을까? 우리는 왜 우리의 자유와 재산과 신체와 생명에 대한 재판절차 상의 모든 처분권을 직업 법관에게 맡겨 버리고 마치 새끼를 잃은 짐승처럼 황량한 벌판에서 아우성을 치고 있는 것일까?

향산리 부지매입 및 계약사항 검토(1999. 11. 현재)

〈증거자료 14-1: 향산리 부지매입 및 계약사항 검토(1999. 11. 현재)〉

1999년 11월 경 Y종합건설이 D건설로부터 24건의 토지매매계약을 인수하면서 작성한 부동산매매계약 매매계약목록이다.

향산리 부지매입 및 계약사항 검토(1999. 11월 현재)

〈증거자료 14-2 : 향산리 부지매입 및 계약사항 검토(H건설의 승계확인)〉

H건설이 Y종합건설로부터 24건의 토지매매계약 중 1건을 제외한 23건의 토지매매계약을 승계받으면서 기 지급대금(토지비)을 Y종합건설에게 모두 지급하였다는 사실을 확인하고 있는 승계매매계약 목록이다. 오른쪽 하단에 H건설 대표이사의 날인이 있다.

확 인 서

위치: 김포시 고촌면 향산리 57-1외 59필지
면적 : 60,893㎡'(18,420평)

■■■■ ■■■와 토지 소유주들과 부동산 매매계약을 맺은 위 토지를 매입하는데에 금7,355,904,500원을 다음과 같이 지급하였음을 확인한다.

— 다 음 —

1. 은행명 : 한국외환은행

2. 지급내역

지 급 일 자	지 급 금 액	수 표 번 호	매 수
1999년 11월 24일	3,600,000,000		
2000년 11월 27일	92,550,000		
1999년 12월 15일	1,500,000,000	29147493-29147500	1억원 8매
		29147701-29147707	1억원 7매
2000년 01월 07일	1,000,000,000	29146472-29146480	1억원 9매
		29146481-29146490	1천만원 10매
2000년 01월 19일	500,000,000	29144060-29144064	1억원 5매
2000년 01월 24일	663,354,500	29144406	1매
합 계	7,355,904,500		

2003 년 1 월 22 일

확인인 : 서울시 종로구 계동 140 - 2
■■■건 설 주 식 회 사
대표이사 ■ ■ ■

■■종합건설주식회사 귀하

〈증거자료 15 : 확인서(H건설의 토지비 지급 사실 확인)〉

2003년 1월 22일 H건설의 직원 B가 Y종합건설 총무에게 작성해 준 확인서로서, H건설은 2000년 1월 24일까지 승계 매매계약 23건의 토지비 합계 7,355,904,500원을 Y종합건설에게 모두 지급하였다는 내용이다. 이때 H건설이 Y종합건설에게 지급한 7,355,904,500원은 24건의 토지비 중 1건의 토지비를 제외한 금액과 정확히 일치하고, 여기에는 기노걸의 토지비 9억8,300만 원도 포함되어 있었다.

계약자	지번	평수	계약금	중도금	잔금	계약일자	비고
거ㅇㅇ	63-1 (도)	105"	99.7.19. 16,260,000	99.7.10 36,000,000	200.4.25 62,500,000	12/24	
	16-14		99.12.24	00.4.17	00.10.17	"	
	16-17	312"	82,600,000	172,500,000	275,000,000		
기ㅇㅇ	47-1 (답)	380"	99.2.25 124,200,000	00.3.25 208,925,000	00.5.25 263,225,000	12/24	
	18-1		00.1.19	00.4.18	00.11.23	"	
거ㅇㅇ (부)	-11	78.5"	128,825,000	412,325,000	588,250,000		
	19-2		00.1.19	00.4.18	00.18.23	"	
	-17	145"	21,760,000	50,750,000	72,600,000		
기ㅇㅇ	16-3 4(도)	126"	00.12.2 13,110,000	00.5.2 30,690,000	00.11.2 43,200,000	12/2	
거ㅇㅇ	83-10 111-15	1,545"	00.2.1 335,285,000	00.5.1 283,265,000	00.8.1 1,118,950,000	2/1	
기ㅇㅇ	83-2 109-4	6,434	00.2.1 1,060,000,000	00.5.1 2,166,000,000	00.8.1 3,800,000,000	"	
거ㅇㅇ	83-3 -22	2,340	00.2.1 2,086,110,000	00.5.1 2,433,295,000	00.8.1 2,433,285,000	"	
기ㅇㅇ	산 26 기-1	1,870	99.3.26 286,110,000	99.7.10 662,400,000	00.5.10 953,700,000	12/10	
기ㅇㅇ	83-12 109-14	1,583	00.2.1 273,160,000	00.5.1 632,760,000	00.8.1 810,800,000	2/1	
기ㅇㅇ	83-11	252	00.2.1 37,800,000	00.5.1 87,300,000	00.8.1 126,000,000	"	
기노걸	66-2 67-1	893 4	99.7.1 284,900,000	99.7.6 632,100,000	00.5.10 953,000,000	12/10	
기ㅇㅇ	18-2 3	445	99.12.24 100,125,000	00.2.23 233,625,000	00.6.23 232,250,000	12/24	
기ㅇㅇ	83-13	166	99.5.12 24,800,000	99.11.12 95,600,000	00.1.25 107,900,000	12/10	
기ㅇㅇ	64-1	17	99. 1,200,000	00.1.14 8,300,000	00.5.10 7,000,000	"	
?	13-2 109-3	2,228	00.3.1 334,225,000	00.5.1 980,050,000	00.5.1 1,114,400,000	"	
오ㅇㅇ	16-2	62.8	00.1.24 15,000,000	00.2.25 135,000,000		1/24	

〈증거자료 16 : 계약자현황〉

가장 최근에 발견한 증거서류로서, 필적감정 결과 제1심 증인 A의 글씨로 확인되었고, 계약 일자가 가장 늦은 2000년 2월 1일 ('2/1')이후에 작성된 것으로 추정된다. 중요한 점은 기노걸은 1999년 12월 10일에 계약을 체결한 것으로 기재되어 있는데, 이는 곧 제1심 증인 A의 "2000년 9~10월에 이지학과 기노걸이 계약을 체결하는 것을 입회하여 보았다"는 증언이 거짓이었다는 것을 의미한다.

감정번호	G - 18 - 278
의뢰인	안천식 변호사 님

鑑 定 書
(필 적 감 정)

※ 감정내용 중에 개인정보 부분이 포함되어 있으므로
관련내용이 유출되지 않도록 주의하시기 바랍니다.

國際法科學鑑定院
문서감정연구소

 우 06644 서울 서초구 반포대로 30길 86, 202호서초동 교대빌딩 국제법과학감정원
Tel : 02)3789-4186, Fax : 02)6455-4186, E-mail : lhi4186@naver.com

〈증거자료 16-2: 필적감정서 1면〉

'계약자현황'의 글씨가 제1심 증인A의 글씨라는 필적감정서이다. 결국 A가 2000년 2월 경에 작성해 두었던 "계약자현황"의 문언내용에 의하여, A가 2006년 7월 25일(11월 28일) 제1심 법정에서 한 증언이 거짓임이 드러난 것이다.

나. 의뢰된 감정자료는 사본(寫本)으로 복사(複寫)과정에서 세부 특징이 마멸(磨滅)되거나 변형(變形)되었을 가능성과 원본(原本)필적에서 나타나는 필압(筆壓)이나 자획의 떨림 등과 같은 세부 특징의 확인이 불가능한 점 등을 고려하여 사본(寫本)필적의 허용성(許容性) 범위 내에서 형태적 특징을 중심으로 비교 감정하였으며, 사본(寫本)의 상태에 따라서는 원본(原本)의 감정결과와 배치(背馳)될 수도 있으므로 보다 명확한 감정결과를 도출하기 위해서는 반드시 감정자료의 원본(原本)확인이 요망됨.

5. 감정결과

필적은 필기자의 손목과 팔, 어깨의 동작으로 써지기 때문에 동일한 사람의 필적이라도 인쇄문자와 같이 똑같을 수 없으며, 기재 시 여러 조건에 따른 필적의 변화가능성을 내포하고 있는 점 등을 고려하고 감정한 결과,

[계약자 현황]필적과 [2009.3.6.자 진술서]필적은 전체적인 배자형태와 필세 및 조형미 등이 비슷하고, 자획구성과 필순, 방향, 간격, 각도, 획의 직선성과 곡선성의 특징, 기필부와 종필부의 처리방법 등에서도 유사점(類似點)이 현출되며, 특히 동일글자의 세부 자획에서 상사(相似)하게 나타나는 특징은 다음과 같음.

가. "기"자의 전체적인 운필방법 등.

나. "노"자의 전체적인 운필방법 등.

다. "걸"자의 전체적인 운필방법 등.

라. "송, 소"자에서 초성자음 'ㅅ'과 모음 'ㅗ'의 운필방법 등.

마. "송, 용, 봉, 봉, 중, 총, 승, 창, 행"자 등에서 종성자음 'ㅇ'의 운필방법 등.

바. "환, 호, 화"자 등에서 초성자음 'ㅎ'과 모음 'ㅘ, ㅗ'의 운필방법 등.

사. "득, 드, 두, 도"자 등에서 초성자음 'ㄷ'의 운필방법 등.

- 2 -

아. "우, 용"자 등에서 초성자음 'ㅇ'의 운필방법 등.

자. "우, 부, 붕, 중, 무"자 등에서 모음 'ㅜ'의 운필방법 등.

차. "부, 붕, 봉, 본"자 등에서 초성자음 'ㅂ'의 운필방법 등.

카. "세"자의 전체적인 운필방법 등.

타. "원, 월"자에서 초성자음 'ㅇ'과 중성모음 'ㅝ'의 운필방법 등.

파. "양, 향"자에서 중성모음 'ㅑ'와 종성자음 'ㅇ'의 운필방법 등.

하. "승, 소"자 등에서 초성자음 'ㅅ'의 운필방법 등.

갸. "고"자의 전체적인 운필방법 등.

냐. "현"자의 전체적인 운필방법 등.

댜. "창, 참"자 등에서 초성자음 'ㅊ'과 중성모음 'ㅏ'의 운필방법 등.

랴. 아라비아 숫자 " 0, 1, 2, 3, 5, 6, 7, 8, 9"자 등의 운필방법 등.

먀. "?, """의 운필방법 등.

※ 다만 아라비아 숫자 "4"자의 운필방법에서는 차이점(差異點)도 관찰됨.

(별지 감정사진 제1~12호 참조)

6. 감정소견

의뢰된 감정자료 범위 내에서 이상의 감정결과를 종합 검토한 결과,
[계약자 현황]필적과 [2009.3.6.자 진술서]필적은 동일인(同一人)의 필적으로
추정됨.

7. 비   고

가. 본 건의 감정 설명을 위해 감정사진 12매와 감정자료 사진을 첨부함.

나. 감정자료는 감정서와 함께 송부함.

- - - 이 하 여 백 - - -

〈증거자료 16-2: 필적감정서3면〉

감정자료 나

※ 실선 부분은 감정대상 부분을 표시한 것임.

2009.3.6.자 진술서

감정자료 가

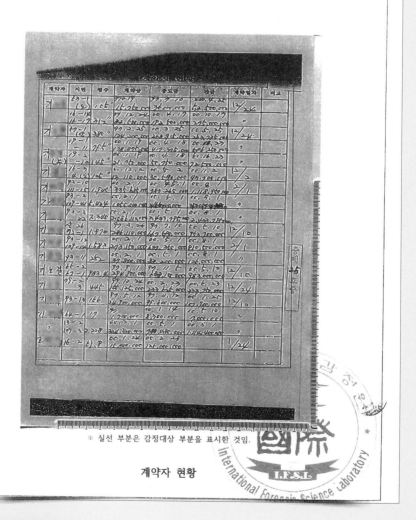

※ 실선 부분은 감정대상 부분을 표시한 것임.

계약자 현황

제10장

진정한 배심제, 참심제가
속히 도입되기를 바라며

대한민국 헌법 제103조는 '법관은 헌법과 법률에 의하여 그 양심에 따라 독립하여 심판한다'라고 규정하고 있다. 그런데 "법관의 양심"이란 도대체 무엇일까? '법관의 양심'이라는 규범적 실체는 무엇일까? 양심과 비양심의 경계는 무엇일까? 누가 그것을 규명하거나 판단할 수 있을까?

대한민국 헌법 제106조 제1항은 '법관은 탄핵 또는 금고 이상의 형의 선고에 의하지 아니하고는 파면되지 아니하며, 징계처분에 의하지 아니하고는 정직·감봉 기타 불리한 처분을 받지 아니한다'라고 규정하고 있다. 바로 법관의 신분보장에 관한 규정이다.

그렇다면 법관이 헌법과 법률의 이름을 빌려 비양심적인 판결을 하면 어떻게 될까? 그러한 일이 있더라도 비양심이 밖으로 드러나지만 않으면 아무런 책임도 지지 않는다는 말인가? 또 밖으로 드러나더라도 탄핵 또는 형사절차를 통하여 금고 이상의 형만 선고받지 않으면 된다는 말인가? 그런데 법관의 비양심은 어떻게 밖으로 드러나며, 그것을 어떻게 알 수 있을까? 법관끼리 비양심을 서로 숨겨주지는 않을까?

대한민국 헌법 제109조는 "재판의 심리와 판결은 공개한다"라고 규정하고 있다. 그러나 대부분 재판의 심리와 판결은 공개되지 않고 있다. 즉 사건에 구체적인 관심이 있는 당사자 혹은 소송대리인(변호사)에게만 심리가 공개될 뿐이고, 판결의 내용은 대부분 일반에 공개되지 않고 있다. 판결의 절차와 결과 자체가 꽁꽁 숨겨져 있는 상태이다. 오로지 법관만이 재판에 관한 모든 권한(사실인정, 법리적용)을 행사하는 현실에서 재판의 심리와 내용마저 꽁꽁 숨겨진 상태로 판사가 내리는 판결을 감내해야 한다는 것이다. 이러한 현실에서 법관의 비양심이 어떻게 밖으로 드러날 수가 있겠는가?

이런저런 생각을 하다 보면, 결국 대한민국 국민은 법관의 양심을 믿어야 한다는 결론에 이른다. 즉 헌법은 주권자인 국민에게 법관의 양심을 믿으라고 강요하고 있는 것이다. 다시 말하면 우리나라 사법절차의 주축은 법관의 양심에 있는 것이고, 적어도 재판절차에서는 법관이 주권자인 국민 위에 존재하거나 군림하고 있다.

그런데 왜 우리는 법관의 양심을 믿어야 할까?

정말로 법관의 양심이 공정한 재판을 담보할 수 있을까?

국민들은 법관의 양심을 믿고 있기는 하는 것일까? 모두들 겉으로는 그렇게 말하면서 속으로는 다른 생각을 하고 있는 것은 아닐까? 이른바 법조계의 전관예우, 연고주의의 근원은 무엇이고, 얼마나 심각한 것이며, 어떻게 하면 이런 불편한 질곡에서 벗어날 수 있을까?

고위직 판검사로 퇴임하여 변호사를 개업하면 매년 수십억 원의 수입을 올린다는 소문이 파다한데 이는 사실일까? 사실이라면 당연한 것으로 받아들여야 하는 것일까? 대기업이나 유명 정치인 등이 연루된 대형사건에는 늘 고위 판검사 출신 변호사가 선임되는 것도 당연한 현상인가? 사법연수원, 혹은 로스쿨 출신 변호사는 아무리 노력해도 판검사 출신 변호사와는 다른 법률시장에서 살아가야 하는데, 이 정도의 차별은 당연히 감내해야 하는 걸까?

"개인적으로 전관예우라는 건 없다고 생각하는데 국민들이 그 것을 믿어주지 않으니까 참 답답한 일입니다"

2016년 6월 30일 고영한 법원행정처장은 국회의원들의 질의에 이렇게 대답하였다. 이른바 '정운호 게이트'로 판검사 출신 변호사 가 구속 피고인의 보석 등을 미끼로 약 100억 원 가까운 수임료를 챙긴 사실이 드러나 온 나라가 법조계의 전관예우로 떠들썩하고 있는 상황에서, 민의의 전당이라는 국회에서 '전관예우는 없다'고 당당히 말하는 법원행정처장을 향하여 국회의원들의 질타가 쏟아 진 것은 당연한 일이었다. 국민 대부분이 인식하고 있는 '전관예 우 잘못된 관행'에 대하여 대법원 최고위 법원행정처장이 이렇듯 당당하게 말할 수 있는 이유는 무엇일까?

당시까지 전관예우에 대한 법원의 공식 입장은, "이른바 전관예 우란 의뢰인의 절박한 사정을 이용하여 금전적 이익을 취득하고 자 하는 법조브로커의 기망적 행위이며, 전관 변호사를 통해 통상 의 경우보다 유리한 판결을 받을 수 있을 것이라는 국민들의 잘못 된 인식"이라고 하였다. 즉 전관예우란 실체가 없을 뿐만 아니라, 그 개념 자체가 국민의 잘못된 인식 탓이라는 것이었다. '법관의 양심'이 재판의 주축이 된 우리 사법제도 하에서 '전관예우'란 정말로 아무런 실체도 없는 유령에 불과한 것일까?

2018년 1월 31일 김명수 대법원장은 이른바 전관예우 등 사법제도 개선 총괄기구로서 '국민과 함께하는 사법발전위원회(이하 '사법발전위원회'라 함)를 설치하는 대법원 규칙을 공포하였다.

사법발전위원회는 사법제도 개선을 위한 4대 과제, 즉 "①적정하고 충실한 심리를 위한 재판제도 개선, ②재판 중심의 사법행정 구현을 위한 제도 개선, ③좋은 재판을 위한 법관인사제도 개편, ④전관예우 우려 근절 및 법관 윤리와 책임성 강화를 통한 사법신뢰 회복방안 마련"등 개선과제를 확정하고 그 개선 방안에 관한 연구 및 심의 기능을 수행하기 위하여 대법원 직속기구로 한시적으로 설치된 기구였다. 주요 임원으로 위원장에는 이홍훈 전 대법관이, 그리고 간사 1명과 위원 10명이 선임되었으며, 2개의 전문위원 연구반을 구성하여 총 4개의 연구과제를 각기 2개씩을 나누어 수행하기로 한다.

여기서는 제1연구반이 주축이 되어 외부용역기관(고려대학교 산학협력단)을 통하여 조사한 "전관예우 실태조사 및 근절방안 마련을 위한 연구[33]"라는 용역보고서에 대하여 간략히 살펴보자.

보고서는 개념상 법조계의 전관예우와 연고주의를 구별하였다. 우선 전관예우란 '사법절차(경찰, 검찰, 법원, 헌법재판소 포함)에서 판사·검사·헌법재판관·경찰관 등의 공직에서 퇴직하여 개업한 지 얼마 되지 않는 변호사(이하 '전관 변호사'라 함)가 선임된 경우, 그렇지 않은 변호사가 선임된 경우보다 수사나 재판의 절차 및 결과에 있어서 부당한 특혜를 받는 현상'으로 정의하였다. 그리고 연고주의란 '전관 변호사는 아니지만 담당 판사나 검사 등과 친분이나 연고관계가 있는 변호사(이하 '연고가 있는 변호사'라 함)가 선임된 경우, 그렇지 않은 변호사가 선임된 경우보다 수사나 재판의 절차 및 결과에 있어서 부당한 특혜를 받는 현상'으로 정의한 다음, 법조 직역 종사자와 일반인들을 상대로 무작위 설문조사를 진행하였다. 그 중 법조 직역 종사자들의 설문조사 결과를 보면 다음과 같다.

먼저 법조직역 종사자 중 '전관예우가 실제로 존재한다'라는 응답한 비율은 55.1%로 높게 나타났다. 특히 현직 판사의 경우에도 23.2%가 전관예우는 실제 존재한다는 사실을 인정하였는데, 그나마 이는 조사대상 6개 종사 직역 중 가장 낮은 수치였다. 설문조사 내용을 표를 통하여 살펴보면 다음과 같다.

[표] 법조직역종사자: 전관예우 존재에 대한 동의(단위 %)

구분		사례수 (명)	전관예우 현상이 실제로 존재한다.	전관예우 현상이 실제 존재하는지 잘 모르겠다.	전관예우 현상은 존재하지 않는다.
종사 직역	법원-판사	271	23.2	22.5	54.2
	법원-일반직원	292	37.7	31.2	31.2
	검찰-검사	63	42.9	22.2	34.9
	검찰-일반직원	170	66.5	25.9	7.6
	변호사	438	75.8	9.4	14.8
	변호사사무원	153	79.1	11.1	9.8
	기타	4	0.0	75.0	25.0

다음으로, 전관예우와 구별되는 개념으로서 연고주의의 존재 여부에 대하여는, 법조직역 종사자 중 '연고주의가 실제로 존재한다'라는 응답률은 58.4%로 높게 나타났고, 현직 판사의 경우에도 33.6%가 연고주의가 실제로 존재한다고 응답하였는데, 표를 통하여 살펴보면 다음과 같다.

[표] 법조직역종사자: 연고주의 존재에 대한 동의(단위 %)

구분		사례수 (명)	연고주의 현상이 실제로 존재한다.	연고주의 현상이 실제 존재하는지 잘 모르겠다	연고주의 현상은 존재하지 않는다
전체		1391	58.4	21.4	20.1
종사 직역	법원-판사	271	33.6	26.6	39.9
	법원-일반직원	292	42.5	33.9	23.6
	검찰-검사	63	42.9	23.8	33.3
	검찰-일반직원	170	64.1	27.6	8.2
	변호사	438	78.5	9.1	12.3
	변호사사무원	153	77.1	15.0	7.8
	기타	4	0.0	50.0	50.0

한편, 전관예우가 존재한다는 응답자를 대상으로 그 심각성에 대하여 조사한바, 판사와 검사의 경우에는 '보통'이라는 응답률이 각각 34.9%, 44. 4.%로 높게 나타났으나, 변호사와 변호사 사무원의 경우에는 '심각하다' 또는 '매우 심각하다'는 응답률이 80%에 육박하는 등 뚜렷한 인식의 차이를 보였다.

[표] 법조직역 종사자: 전관예우 심각성 정도(단위 %)

구 분		사례수 (명)	전혀 심각 하지 않다	심각 하지 않다	보통	심각 하다	매우 심각하 다	"심각 하지 않음"	"심각 함"
종사 직역	판사	63	1.6	27.0	34.9	23.8	12.7	28.6	36.5
	법원직원	110	0.9	8.2	31.8	33.6	25.5	9.1	59.1
	검사	27	0.0	25.9	44.4	14.8	14.8	25.9	29.6
	검찰직원	113	0.0	4.4	31.0	32.7	31.9	4.4	64.6
	변호사	332	0.3	3.6	15.1	40.1	41.0	3.9	81.0
	변호사 사 무원	121	0.0	2.5	18.2	28.9	50.4	2.5	79.3
	기타	0	0.0	0.0	0.0	0.0	0.0	0.0	0.0

다른 한편, 민·형사소송에서 전관 변호사들의 영향력을 묻는 조사에서는, 판사의 경우 재판 결론을 바꾸어 낼 수 있다는 항목에 매우 낮은 응답률(민사 4.4%, 형사 13.3%)을 보인 반면, 검찰직원, 변호사, 변호사 사무원의 경우에는 매우 높은 응답률(민사 각각 50.6%, 51.8%, 57.5%, 형사 각각 48.2%, 69.4%, 75.2%)을 보였다는 점에서 상호 대조적인 모습을 보였다[34].

[표] 민사재판에서 전관 변호사들의 영향력(단위 %)

구분		사례수 (명)	재판의 결론을 바꾸어 낼 수 있다	절차 이외에 결론을 바꾸는 영향은 없다	절차상이든 결론이든 아무런 영향력이 없다
종사 직역	법원-판사	271	4.4	52.0	43.5
	법원-일반직원	292	16.1	60.6	23.3
	검찰-검사	63	31.7	61.9	6.3
	검찰-일반직원	170	50.6	34.1	15.3
	변호사	438	51.8	42.9	5.3
	변호사사무원	153	57.5	35.9	6.5
	기타	4	0.0	25.0	75.0

[표] 형사재판에서 전관변호사들의 영향력(단위 %)

구분		사례수 (명)	재판의 결론을 바꾸어 낼 수 있다	절차 이외에 결론을 바꾸는 영향은 없다	절차상이든 결론이든 아무런 영향력이 없다
종사 직역	법원-판사	271	13.3	45.0	41.7
	법원-일반직원	292	40.4	42.5	17.1
	검찰-검사	63	33.3	55.6	11.1
	검찰-일반직원	170	48.2	41.2	10.6
	변호사	438	69.4	25.1	5.5
	변호사사무원	153	75.2	19.0	5.9
	기타	4	0.0	25.0	75.0

사법발전위원회가 외주용역을 통하여 조사한 내용에 의하더라도, 그동안 공식적으로 '이른바 전관예우란 존재하지 않는다'라고 하였던 대법원의 입장을 무색케 하기에 충분하였다. 법원행정처가 주도하고 중립적인 기구를 통하여 조사한 내용에 의하면, 그

동안 대법원이 공식적으로 부인하던 내용과는 너무도 판이하였기 때문이다. 일반 국민들은 물론 대부분의 법조계 종사자, 특히 상당수의 현직 판사들까지도 인식하고 있는 전관예우의 반칙은 왜 사라지지 않고 끊임없이 반복되는 것일까?

OECD 한 눈에 보는 정부 2015 보고서

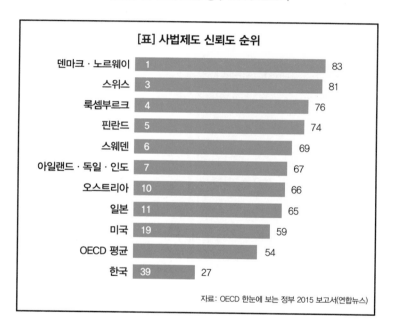

[표] 사법제도 신뢰도 순위

국가	순위	점수
덴마크 · 노르웨이	1	83
스위스	3	81
룩셈부르크	4	76
핀란드	5	74
스웨덴	6	69
아일랜드 · 독일 · 인도	7	67
오스트리아	10	66
일본	11	65
미국	19	59
OECD 평균		54
한국	39	27

자료: OECD 한눈에 보는 정부 2015 보고서(연합뉴스)

2015년 경제협력기구(OECD) 조사보고서에 의하면 우리나라 사법신뢰도는 약 27%로서 조사대상국 41개국 중 39위였다고 한다. 또한 2016년도에는 34개 조사대상국 중 33위, 그리고 2019

년도에는 37개 조사대상국 중 37위로서 꼴찌를 차지하였다고 한다[35]. 국내의 통계조사에 의하더라도, 2015년 하반기 한국형사정책연구원이 조사한 통계자료에 따르면 우리나라 국민들의 법원에 대한 신뢰도는 24.2%에 불과한 것으로 나타났고, 2015년 12월 한국행정학연구원이 발표한 '2015 사회통합실태조사 주요결과에 대한 분석'에 의하면 법원에 대한 신뢰도는 35% 수준으로 경찰 (40.1%), 군대(47.7%), 지방자치단체(42.0%), 시민단체(44%), 방송사(44.7%) 신문사(42.5%), 의료계952.4%), 교육계(48.8%), 종교계(44.8%), 금융기관(51.4%)보다도 낮은 수치를 기록하였다고 한다. 2019년 10월 비영리 민간단체인 경남청렴클러스터가 진주 축제 기간에 남녀 215명을 상대로 한 설문조사에 의하더라도, 조사대상자들은 부패가 가장 심각한 직역 1위는 검찰과 사법 영역이라고 인식하고 있는 것으로 나타났다[36].

도대체 이른바 전관예우의 실체가 무엇이기에 뚜렷한 모습조차도 드러내지 않은 상태에서, 우리 사회는 이 모진 질곡으로부터 벗어나지 못하고 있는 것일까?

배심제도라 함은, 직업법관 등 법률전문가가 아닌 일반시민(배심원)들이 재판 또는 기소에 참여하여 사실확정의 문제를 결정하는 제도를 말한다. 즉 배심제도는 시민과 직업 법관에 의한 분업재판의 한 형태로서, 대체로 재판과정에서의 사실 확정의 문제는 일반 시민으로 구성된 배심원들에게 맡기고, 소송의 지휘ㆍ증거의 취사선택ㆍ법률의 해석 및 적용은 직업 법관에게 맡기는 제도라고 할 수 있다. 배심원에 의한 재판을 받을 권리는 1215년 영국의 대헌장(Magma Carta) 제39조에 규정되면서 귀족뿐만 아니라 일반 평민을 포함한 모든 시민의 권리로 인정되기 시작했고, 이후 권리청원(1628년), 권리장전(1689년), 미국독립선언(1776년), 미국헌법(1787년), 미국 권리장전(1791년)에 시민의 권리로 빠짐없이 명문화되었으며, 미국 연방대법원도 배심원에 의하여 사실판단을 받을 권리를 시민의 기본권으로 선언하고 있다[37].

미국은 식민지 초기부터 영국으로부터 배심제도를 도입하였으나, 이후 독자적인 발전과정을 거치게 된다. 즉 미국인들은 식민지 시대 존 피터 쟁어 사건(John Petter Zenger)[38]을 통하여 "공권력에 의한 억압에 대한 보루로서의 배심재판을 받을 권리의 중요성"을 깊이 인식하게 되었고, 이후 영국은 식민지에서의 배심재판의 적용을 배제하려는 조치들은 미국의 독립운동을 촉발시키는 중요한 계기가 되었다고 한다.

이와 같이 미국 배심제도의 발달은 일찍이 영국의 식민지를 경험한 미국인들이 사법부에 대하여 가지는 강한 불신, 그리고 이에 따른 공개재판에 의한 자유로운 토론에 대한 열망에 기인한다고 할 수 있다. 예컨대, 앞서 살펴본 Duncan v. Louisana 판결에서의 미국 연방대법원은 미국 배심재판은 "법관에 의한 재판"으로는 보호할 수 없는 시민의 자유와 권리의 영역을 분명히 하면서, 배심원의 상식적 판단이 시민들의 자유와 권리를 보장하는데 얼마나 중요한 역할을 하고 있는지를 잘 말해주고 있다고 할 것이다. 이 대목을 다시 한번 인용한다.

"... 피고인에게 자신의 동료인 배심원으로부터 재판받을 권리를 부여하는 것은 부패하거나 공명심이 지나친 검사, 그리고 권력에 순응하거나 편견이나 괴벽에 빠진 법관에게 대항하는 더없이 소중한 안전장치이다. 만약 피고인이 더 많은 교육을 받았지만 피고인에게 덜 동정적인 법관 1인의 판단보다는 배심원의 상식적 판단을 선호한다면, 피고인은 배심재판을 받을 수 있어야 한다."

18세기 삼권분립과 법치주의의 완성자라고 할 수 있는 몽테스키외는 법치주의에서의 두 가지 타락을 조심해야 한다고 경고하였다. 첫 번째는 국민들이 법을 지키지 않는 것이고, 두 번째는 법의 해석 때문에 국민들이 타락하는 것이라고 했다. 몽테스키외는 그 자신이 프랑스 세습 법복 귀족 출신임에도 불구하고, 당시 프랑스 고등법원을 장악하고 있던 법복 귀족들이 '법령 공포권한'을 방패삼아 각종 개혁법안을 저지하고 끝까지 기득권을 고집하는 타락한 모습을 보면서, 그는 '법의 정신'에서는 법관의 권한을 단순히 '법률을 말하는 입'으로 제한하면서 법관의 자의적인 법령해석을 금지시키고자 하였다.

즉 그는 재판권은 반드시 분리하여 독립시켜야 하고, 이렇게 독립된 재판권은 '법률을 말하는 입'으로서 그 자체로서는 아무런 힘도 없는 '종이 호랑이'에 불과하다고 하였다. 한편 그는 만일 재판권이 다른 권력과 결합하면 국민의 자유를 침해하는 무서운 괴물이 될 수밖에 없다는 점을 경고하면서, 재판권의 권력화를 방지하기 위하여서 재판관은 특정한 신분이나 직업에 결합되지 않도록 하여야 하고, 일정시기마다 법률이 정하는 절차에 따라서 시민단체로부터 선출한 사람으로 하여금 재판권을 담당하게 하는 한시

적인 법정을 구성하는 것이 좋겠다고 하였는데, 이는 당시 영국의
배심제도에 깊은 감명을 받았기 때문이라고 한다.

오늘날 지구상에서 유일하게 시민들의 자력으로 독립을 쟁취하
여 세계 최강의 국가로 우뚝 성장한 미국의 사법제도는 몽테스키
외의 삼권분립(三權分立) 이론을 제도적으로 가장 잘 구현시킨 것
으로 평가할 수 있다[39].

[대한민국 사법제도의 현실]

시민의 자력으로 독립을 쟁취하여 국민 개개의 자유와 권리를
보장하기 위한 배심제도를 사법제도의 중추로 채택하고 있는 미
국과는 달리, 한반도에서의 근대 사법제도의 기원은 일제 제국주
의 시대 통감부 산하의 통감부 재판소를 설치하게 되면서 본격적
으로 시작되었다고 할 수 있다[40]. 즉 지금의 우리 사법제도는 스
스로 독립을 쟁취한 시민들이 국가 권력으로부터 국민 개개인의
재산과 자유와 권리의 침해를 최대한 방어하고 보장받기 위해서
만들어진 것이 아니라, 일제 제국주의 치하에서 어떻게 하면 식민
통치지배를 효율적으로 수행할 수 있을까 하는 식민 지배자의 고
민에서 비롯되었다고 할 수 있다.

다시 말하면, 재판과정에서 국민의 재판참여권을 철저히 배제하고, 오로지 법관에게 재판에 대한 모든 권한을 부여하면서 법관에 대한 믿음을 강요하는 지금의 사법제도의 기틀은 통치자의 의사를 가장 쉽게 관철할 수 있는 일제 제국주의 법체계와 맥을 같이하고 있다고 할 수 있다. 즉 통치자는 사법부만을 장악하면 일반 개개 국민을 상대할 필요도 없이 사법부 구성원인 법관을 통하여 쉽게 지배자의 의사를 관철 시킬 수 있는 구조였다. 이렇게 형성된 사법제도는 해방이후 정치적 혼란기를 관통하여 지금까지 계속 이어오고 있으며, 1980년대 권위주의 군사정부 시대에서는 이른바 '조정관'이라는 이름의 군인들이 수시로 법원을 드나들기까지 한 것이 엄연한 역사적 사실이었다.

그 후 민주화의 물결에 따라 법원 내에서 '조정관'이라는 군인들의 간섭은 사라졌다. 그러나 재판의 자리에 법관만이 남으면서 사법부는 더 이상 거칠 것이 없는 이른바 사법 권력자로서 본격적으로 군림하기 시작하였고, 아울러 '법관의 양심'을 주축으로 하는 우리나라 사법제도의 타락한 모습이 수면 위로 드러나기 시작하였다.

'1997년 의정부법조비리사건', '1999년 대전법조비리사건', '2005년 윤상림게이트', '2006년 김홍수게이트', '2015년 사채업

자 청탁사건', '2016년 정운호게이트', '2018년 부산법조비리와 이른바 사법농단사건',

　인터넷에 '법조비리'라는 단어로 검색하면 쉽게 찾을 수 있는 사건들이 1990년 즈음부터 회자되기 시작한 것도 시대 변화에 따라 권력화하기 시작한 사법부의 위상과 무관치 않을 것이다. 물론 드러난 비리는 '빙산의 일각'에 불과할 것이며, '법관의 양심'을 주축으로 법관에게 재판에 관한 모든 권한(사실확정과 법리적용 및 재판진행)의 맡기고 있는 우리 사법제도 하에서 법관의 재판권 남용에 따른 타락은 충분히 예견된 결과였을 것이다.

　그동안 사법발전위원회를 비롯하여, 형사정책연구원, 대한변호사협회 등 많은 기관들이 이른바 전관예우의 실태조사에 착수하였으나, 대부분이 국민의 인식조사에 머무를 뿐, 실증적인 조사에 착수하지 못하는 이유는 무엇일까? '법관의 양심'이란 감히 드려다 볼 수 없는 성역(聖域) 혹은 역린(逆鱗)으로 여기는 두려움 때문이었을 것이다. 즉 현실적으로 견제 불가능한 사법 권력이 우리 시대를 짓누르고 있기 때문일 것이다.

　2018년 1월 31일 대법원 법원행정처 소속으로 설립된 '국민과 함께하는 사법발전위원회'는 해당 인터넷에 각종 회의록과 연구자료를 공개하는 한편 사법발전을 위한 국민 제안을 받는 창구도 개설하였다. 그야말로 명실상부한 '국민과 함께하는'사법발전위원회를 표방한 것이다. 2018년 4월 23일 나는 사법발전위원회 인터넷 국민참여란에 전관예우의 실태조사와 관련하여, 사법발전위원회가 '전관예우에 대한 국민의 추상적인 인식조사'에만 그칠 것이 아니라 '구체적인 사례를 수집하는 실증적인 조사'를 통하여 그 실체를 명확히 밝혀 줄 것을 건의하였다. 이른바 전관예우가 명백히 반칙이고 비리이고 범죄라는 구체적인 실체를 규명하지 못하고, 단지 통계자료를 통한 추상적인 인식조사에 그치게 되면 사법불신에 따른 국민들의 두려움만 가중될 뿐이고, 이는 곧 전관 변호사 선호 현상만을 더욱 부추길 것이 너무도 뻔했기 때문이었다.

공교롭게도 이홍훈 사법발전위원장은 기을호의 첫 번째 대법원 사건(대법원 2007다47607 심리불속행 기각판결)의 주심 대법관이었다. 나는 이러한 사실까지 적시한 편지와 함께 전작 〈고백 그리고 고발〉 책 2권을 사법발전위원회 앞으로 보내면서 이른바 전관예우의 구체적인 실증사례를 조사해 줄 것을 건의하였다. 그러나 사법발전위원회의 조사보고서는 '이른바 전관예우는 존재하지 않는데, 국민들이 믿어주지 않으니 참 답답하다'는 대법원의 종전 태도를 일거에 무너뜨릴 만한 국민들의 인식조사의 결과를 내놓았을 뿐, 이른바 전관예우에 대한 구체적인 실증조사에까지는 착수하지는 않았다.

2019년 한국형사정책연구원이 발표한 '2019년 전관비리 실태조사 주요결과 보고'에 따르면, 2019년 현재 대한변호사협회에 등록된 변호사 중 판검사 출신 변호사는 약 3,000명으로 전체 변호사의 약 15% 정도라고 한다. 그런데 이들이 수임하는 사건은 전체 변호사가 수임하는 사건의 50.1%에 달한다고 하며, 수임료 역시 사법연수원 출신 변호사 보다 2~3배 정도 높았다고 한다. 즉 이른바 전관변호사들은 일반 변호사에 비해서 3배 이상의 많은 사건을 수임하면서도 각 사건 당 수임료도 2~3배 정도 많이 받고 있다는 것이다. 이러한 결과를 합산하면 결국 판검사 출신 변호사들은 일반 변호사들보다 약 7~10배의 수임료를 챙기고 있다는 결론에 이른다. 물론 샘플조사에 불과하지만, 변호사 업계에서 일어나고 있는 이와 같은 현실이 현직 판검사(예비 전관변호사)에게 어떠한 메시지를 주게 될까?

헌법 제103조는 '법관의 양심'이라고 규정하고 있다. 그러나 헌법이 규정하는 '법관의 양심'은 어디까지나 규범화된 양심을 말한다. 국가 최고 규범에 규범화되지 않은 법관 개인의 양심을 규정해 놓을 이유는 전혀 없다. 그렇다면 헌법 제103조의 '법관의 양심'이란 같은 조문 전단의 '헌법과 법률'의 다른 이름에 불과할 뿐이다. 즉 동의이음(同意異音)의 반복으로서, 법관의 양심은 헌법과 법률을 위반해서는 안 된다는 점을 강조하고 있다고 해석해야 한다. 따라서 '법관의 양심'은 '헌법과 법률'로서 명확하게 들여다보고 단죄할 수 있는 영역이어야 한다. 다시 말하면 '법관의 양심'은 법관의 재판권 남용의 도피처가 되어서는 아니 된다.

[직업 법관의 재판권한을 견제하는 방법-국민의 재판절차 참여절차의 확대]

국가기능을 유지하기 위하여서 반드시 공권력은 필요하다. 그러나 권력은 그 속성상 남용되기 마련이다. 따라서 모든 국가의 공권력에는 늘 견제와 감시가 함께 하여야 한다. 법관의 재판권 역시 국민의 재산과 자유를 최종적으로 처분(침해)할 수 있는 매우 강력하고 중요한 공권력이다. 따라서 견제장치가 없는 재판 권력은 그 속성상 남용될 위험성이 매우 높을 수밖에 없다.

미국 사법제도는 미국인들의 특수한 경험에 따라, 애초부터 재판 권력으로부터 국민을 보호하기 위한 장치로서 평범한 시민들로 구성된 배심재판을 받을 권리를 헌법적 기본권으로 수용하고 있다는 점은 이미 살펴보았다.

한편 OECD국가 중 사법신뢰도가 높은 대부분의 국가들, 특히 덴마크, 스웨덴 등 대부분의 북유럽 국가들(네덜란드 제외)의 사법 시스템은, 일반 국민 중에서 선출된 참심원(참심법관)이 직업 법관과 함께 재판과정에 참여하여 본질적으로 동등한 재판권한을 행사하는 참심제로 운영하거나[41], 혹은 참심제와 배심제를 병용하는 형태를 취하고 있다[42]. 즉 이들 국가들은 대체로 1910~1920년대부터 재판과정에 국민들의 참여권을 보장하기 시작하면서 각기 독특한 형태의 사법제도로 정착하고 있는데, 일반 국민의 재판참여권의 확대는 직업 법관의 재판권 남용을 사전에 차단하여 재판에 대한 국민의 신뢰를 크게 향상시켰을 뿐만 아니라, 직업법관에 대한 국민의 선호도를 향상시키는 데도 크게 기여하였다고 평가되고 있다[43].

반면 우리나라의 근대 사법제도는 일본 제국주의 지배의 35년의 공백기를 거치면서 일반 국민의 재판참여권은 철저히 배제하고, 오로지 법관에게 모든 재판권을 부여하는 권위적인 제도로 일관하였고, 이러한 전 근대적인 사법제도는 해방 이후 정치적 혼란기와 군사정권 등 권위주의 시대를 그대로 관통하면서 지금까지 이어지고 있는 것이 현실이다. 이러한 현실이 곧 우리나라가 OECD 국가 중 사법신뢰도 최하위의 국가로 자리매김하고 있는 가장 근본적인 원인이 된 것은 아닐까?

다시 강조하거니와, 모든 재판 권력을 법관에게 맡기면서 오로지 '법관의 양심'을 믿어야 한다고 강요하는 지금의 사법제도는 시대에 뒤떨어진 전근대적이고 권위적이며 비민주적이다. 이러한 제도하에서 법관이 재판권을 남용되지 않는다는 것은 오히려 이상한 일이다. 즉 법관의 재판권 역시 권력의 속성상 견제 받지 않는 상태에서는 남용될 수밖에 없고, 재판권 자체가 국민의 자유를 침해하는 괴물이 될 수도 있다.

따라서 재판권은 다른 권력(행정권, 입법권)으로부터 형식적으로 분리하고 독립시켜 놓는 것만으로는 부족하며, 재판권의 행사 중심에는 반드시 국민을 위치시켜야만 그 적정성을 담보할 수 있다.

최근 우리 사회는 이른바 사법 농단이라는 전무후무한 경험을 하였다. 즉 형식적으로 분리되고 독립된 사법 권력이 암암리에 다른 권력(예컨대, 행정권, 입법권 또는 자본 권력)과 결합하여 그들만의 이익을 위해서 국민의 자유와 권리를 희생시킨 쓰라린 경험이었다. 대법원 수뇌부가 청와대와 연결되어 재판 결과를 상의하거나, 법원행정처가 중심이 되어 국회의원들에게 입법 로비를 시도하거나, 국회의원이 법원행정처를 통하여 재판 청탁을 시도하거나, 법원의 권력화를 위하여 각종 재판 정보가 법원행정처로 흘러 들어가는 것을 보았다. 이른바 양승태 대법원의 사법 농단 사태는 엘리트로만 뭉쳐진 법관 사회의 타락상을 여실히 보여주었다[44].

성실하고 열정적인 인재들이 서열화된 학벌 사회의 치열한 경쟁을 뚫고 입성한 높은 성곽의 법관 사회, '국민'이 배제된 그들만의 성곽 속에서 그들은 '법관의 양심'을 앞세워 도대체 무슨 짓을 하였던가? 그들만의 성곽 속에서 법관의 재판독립은 어떻게 이용되었으며, 이른바 전관예우 현상은 이들과 어떠한 관계 속에 잉태된 것일까?

배심원과 참심원 등 일반 국민의 성실성과 정직성이 엘리트 법관보다 더 우수하다고 할 수는 없을 것이다. 배심원의 평결이 엘리트 직업 법관이 사실확정 판단보다 더 정확하다고도 반드시 장담할 수도 없을 것이다. 그럼에도 불구하고 재판절차의 중심에 일반 국민이 있어야 하는 이유는 분명하다. 그것은 곧 직업 법관만으로 구성된 법원은 그들만의 철옹성을 쌓으려는 유혹을 참지 못하고, 마침내 일반 국민의 삶과 쉽게 유리될 수 있기 때문이다. 지극히 평범하고 때로는 이기적이며 불성실한 일반 국민으로 이루어진 배심원 또는 참심원들이 엘리트 직업 법관들 사이에서의 이루어내는 성과와 역할을 과소평가해서는 안 된다. 이들로 인하여 딱딱하기만 하던 법관 사회는 때로는 생각할 여유를 찾게 되고, 때로는 스스로 독단을 경계하기도 하고, 때로는 디테일과 치열함을 배울 수 있으며, 또 때로는 이들로 인하여 더욱 신뢰받고 존경받는 법관 사회로 자리매김하면서 국민과 함께 호흡하고 생활하는 공동체를 이룰 수 있기 때문이다.

15년간 기을호의 사건을 수행하는 동안 제1심 증인 A는 얼마 전에 사망하였다고 한다. 제1심 증인 B 역시 H건설로부터 고소를 당하여 구속되는 처지에 놓였었다는 소식도 들었다. 위증죄로 전과자가 된 C의 삶은 어떠하였을까. H건설은 이들의 삶을 재물삼아 기을호의 재산을 헐값으로 빼앗았고, 그곳에 튼튼한 아파트를 짓고 있다고 한다. 아마도 앞으로 100년은 견디는 튼튼한 아파트로 지탱할 것이다. 분양도 100% 성공적으로 이루어졌다고도 한다. 대기업 H건설은 공적자금을 투여하여 회생한 기업이다. H건설은 시민의 삶을 재물 삼아 앞으로도 튼튼한 기업으로 승승장구할지도 모르겠다.

2010년 가을, 나는 사건을 다시 시작하면서 기을호에게 이렇게 약속하였다.

"법원과 판사를 믿으세요. 법원에는 훌륭한 판사들이 아주 많이 있습니다. 이렇게 비정상적인 엉터리 판결을 판사들이 절대로 그냥 두지 않을 것입니다. 만일 끝내 이런 비정상적인 판결이 바뀌지 않는다면, 그때는 제가 변호사를 그만두겠습니다."

15년 세월 동안 단 한 순간도 머릿속에서 이 사건을 놓친 시간이 없었다. 변호사로서 할 수 있는 최선을 다하였지만, 약속의 시간은 다가오고 있다. 세월이 흐른 뒤에서야 불공정한 사법현실을 깨달았다. 지금이라도 불공정한 사법현실을 숨기지 않고 있는 그대로의 사실을 거리낌 없이 이야기하는 것은 보다 좋은 세상으로 나아가기 위함이다. 우리가 문명사회를 살고 있다면 명백한 시행착오를 문자로 기록함으로써 후일 반복적인 과오를 방지할 수 있을 것이기 때문이다. 우리 사법 현실에서 기을호 재판과 같은 일이 또다시 일어나서는 안 된다. 한 개인에게 15년의 시간은 너무 가혹하다. 15년에 걸친 기을호의 눈물과 한숨, 소송대리인의 의지와 노력이 암흑에 드리워진 사법의 흑역사는 과거로 흘려보내고, 다시는 이런 일이 발붙이지 못하도록 다지는 초석이 되기를 진심으로 바라면서 글을 마친다.

1   당사자가 계약을 할 때 자신의 의사를 표현하는 계약서나 약관과 같은 문서
(daum 국어사전 참조)

2   박승옥 "시민 배심원제 그리고 양형기준"(한울 2018. 3. 30.) 636면 이하
닐 비드마르(역자 김상준, 김형두, 이동근) '세계의 배심제도'(나남 2007. 06.
01) 579면 이하

3   닐 비드마르 앞의 책 586면

4   H건설은 기노걸의 부동산에도 이 사건 계약서를 근거로 2000년 12월 20일경
부동산처분금지가처분을 하였다. 즉 H건설은 비슷한 시기에 허창과 기노걸의
부동산에 처분금지가처분을 한 것이다.

5   비드마르 앞의 책 615쪽 이하

6   참고로 수원지방법원은 2019년 일과 삶의 균형을 도모하는 방편으로 전국
최초로 법관들의 적정선고 건수제를 도입하였는데, 당시 법관들에 대한 설
문 등을 통하여 산정한 월별 적정처리 권고 건수를 보면, 민사합의(3인)는 월
19.2~26.4건, 민사항소(3인)는 월 30.4~41.8건, 형사항소(3인)는 월 64~88
건, 행정합의(3인)는 월19.2~26.4건, 민사단독(1인)은 월 16~22건, 형사단독
(1인)은 월 40.8~56.1건, 형사고정은 월 32~44건으로 정하였다고 한다.

7   "대법관 출신 7명이 상고심 275건 수임... 2명은 일주일에 1건 꼴", 2019. 4.
23. 동아일보 기사

8   닐 비드마르 앞의 책 155면.

9   닐 비드마르 앞의 책, 170면,
박승옥 앞의 책 36면 이하

10   한 전 총리는 오랫동안 시민운동에 종사하였던 분으로서, 2003년 참여정부 시
절 환경부 장관 및 국무총리를 역임하셨다.

11 참고로, 기노걸은 2000년 11월 중순경 갑자기 뇌졸중으로 쓰러져 경희대학교 한방병원에 한동안 입원하였었고, 장남 기을호는 군 장교로 근무하면서 고향집을 떠나 있었던 관계로 당시 기노걸 부부로서는 H건설이 이 사건 부동산에 처분금지가처분을 하였다는 사실을 제대로 파악하기는 어려웠으며, 설사 알았다고 하더라도 이에 대하여 이의신청 등 적절한 대응을 할 수 있는 상태도 아니었다. 이와 관련한 기노걸의 진단서, 병원입원기록 등은 모두 증거로 제출되었다.

12 재판부를 구성하는 법관이 교체된 경우, 새로 교체된 구성원이 종전 변론절차를 승계하는 절차를 말한다.

13 마귀가 숨어 있는 전각이라는 뜻으로, 나쁜 일이나 음모가 끊임없이 행해지고 있는 악의 근거지라는 의미.

14 대법원 92도2884 판결도 동일한 취지로 판단하였다. 즉, "사람이 경험한 사실에 대한 기억은 시일이 경과함에 따라 흐려질 수 있을 지언정 처음보다 명료해진다는 것은 이례(異例)에 속하는 것이고, 경찰에서 처음 진술할 시 내용을 모른다고 진술한 사람이 후에 검찰 및 법정에서 그 진술을 번복함에는 그에 관한 충분한 설명이 있어야 하고, 그 진술을 번복하는 이유에 관한 납득할 만한 설명이 없다면 그 진술은 믿기 어려운 것이다"

15 민사소송법 제451조(재심사유)
① 다음 각호 가운데 어느 하나에 해당하면 확정된 종국 판결에 대하여 재심의 소를 제기할 수 있다.
7. 증인·감정인·통역인의 거짓 진술 또는 당사자신문에 따른 당사자나 법정대리인의 거짓 진술이 판결의 증거가 된 때
② 제1항 제4호 내지 제7호의 경우에는 처벌받을 행위에 대하여 유죄의 판결이나 과태료 부과의 재판이 확정된 때 또는 증거 부족 외의 이유로 유죄의 확정판결이나 과태료 부과의 확정재판을 할 수 없을 때에만 재심의 소를 제기할 수 있다.

16 "2008년 4월 4일 자 진술서의 기노걸 인장 부분에 관한 진술은 처음부터 허위인 점을 알고 있었지만, 기을호의 회유와 안천식 변호사의 협박에 의하여 오로지 돈을 받을 목적으로 허위 내용의 진술서를 작성해 준 것이다."

17 "안천식 변호사를 최종적으로 만난 것은 2008년 6월 경으로서 H건설 직원 B를

만나기 전이다."

18 증인 C의 ④번 ⑤번 거짓 증언에 대한 검찰의 공소권 없음 결정을 이유로 한 재심사유에 대하여 서울고등법원 2012재나235판결이 변론 재개도 하지 않고 또 판결 이유에서 아무런 판단도 하지 않은 위법에 대하여는 이곳에서 생략한다. 졸저 〈고백 그리고 고발〉 320면 이하 참조.

19 위 대법원 판결에 대한 자세한 비판은, 〈고백 그리고 고발〉 351면 이하 참조

20 고소나 고발사건에 대해 검사가 불기소 결정을 내렸을 때, 고소인이나 고발인이 그 결정에 불복하여 피의자를 공판에 회부해 줄 것을 관할 고등법원에 청구하는 신청사건(형사소송법 제260조 이하 참조).

21 고소사건에 대한 경찰 및 검찰의 무성의하고 형식적인 태도에 대하여는 향후 다른 책에서 살펴볼 예정이다.

22 처음에는 재정신청 사건은 서울고등법원 형사 23부로 배당되었는데 담당 주심판사는 서울고등법원 2012재나235판결(2차 재심사건) 주심 판사와 동일인이었다. 이에 기을호는 서울고등법원에 주심 판사에 대한 기피신청서를 접수하였는데, 그럼에도 불구하고 담당 주심 판사는 2018년 1월 4일 기을호의 재정신청을 기각하는 결정을 내리는 일이 있었다. 이는 명백히 법률을 위반한 재판이었다. 나는 인터넷으로 이러한 사실을 발견하였고 곧바로 담당 재판부 직원에게 전화를 하였다. 담당 직원은 재판부에 알아보고 연락해 주겠다고 하였다. 약 2시간이 지난 뒤 담당 직원으로부터 연락이 왔는데, 담당 재판부가 재정신청 기각 결정을 보류하기로 하였다는 것이었다. 너무도 어처구니가 없었다. 즉 기피신청을 당한 법관이 해당 재정신청 기각 결정을 내리는 것도 법률위반 사항이지만, 이에 대하여 항의를 하자 이미 내린 결정을 보류하기로 하였다는 것도 이해할 수가 없었기 때문이다. 또한 기피신청이 되었음에도 불구하고 기각 결정을 내렸다는 것은 곧 담당 재판부가 재정신청기록도 검토하지 않은 상태에서 법정 처리기한(3개월)에 맞추어 기계적으로 기각 결정을 하였다는 의심도 거둘 수가 없었다.
이는 곧 검찰의 불기소처분에 대한 사법 통제의 수단으로 도입된 재정신청제도가 유명무실하게 운영되고 있다고 의심하기에 족한 것이었다. 그 후 재판부가 교체되었고, 교체된 재판부는 기을호의 심문기일신청을 받아 준 것이었다.

23 이와 관련하여 증인 B가 진술서 및 증인으로 출석하여 진술한 내용은 다음과 같다.

---

① 2005년 10월 18일 자 B의 진술서

기을호 및 기노걸이 H건설에게 매매잔금을 요청한 것은 2000년 3월 경 Y종건설이 H건설에게 2000년 3월 8일 16회차 지급대상분 자금청구시에 소유권이전이 협의되었다고 자금 983,000,000원을 청구하였다.

② 2009년 1월 21일 A의 위증 공판기일(서울중앙지법 2008고단3739)에서의 증언

증인 B : 기노걸은 2000년 3월 경 계약대행사인 Y종합건설을 통해 이 사건 토지에 대해 H건설과 승계계약을 체결하였으니 토지잔금 983,000,000원을 지급해 달라고 H건설에 요청한 사실이 있다. 당시 H건설은 승계계약 및 이전등기와 동시에 잔금을 지불하려고 내부적으로 그 지불승인 및 수표인출까지 하였으나 지상물 철거 등 잔금지불 전 이행사항이 완료되지 못하여 지불하지 못하였다.

재판장 : 기노걸이 도장을 찍어줬는데 돈을 주지 않느냐고 직접 말했나요.

증인 B : 기노걸로부터 직접 들었는지 정확히 기억나지 않지만 회의석상에서 진행상황을 체크할 때마다 Y종합건설 측 담당자들이 기노걸은 돈을 줘야 한다는 말을 했습니다.

③ 1차 재심 변론기일(서울고등법원 2009재나372호)에서 B의 증언

기을호 대리인(저자) : 증인은 2008고단3739호 위증 사건에서, "기노걸은 2000년 3월 경 계약대행사인 Y종합건설을 통해 이 사건 토지에 대해 H건설과 승계계약이 체결하였으니 잔금 983,000,000원을 지급해 달라고 H건설에게 요청해 온 사실이 있다"는 취지로 진술하였는데 사실인가요.

증인 B : 예, 당시 유진건설에서 자금청구를 한 내역을 보면 '잔금협의완료'라고 해서 983,000,000원을 청구하여 3. 10. 인출한 사실이 있습니다.

24　　참고로 B는 그동안 여러 차례 이 사건 관련 증인으로 출석하여 "이 사건 계약서는 2000년 초가을 쯤 Y종합건설로부터 교부받았다고 하였고, 요약하면 다음과 같다.

① B는 2006년 7월 25일 제1심 변론기일에 증인으로 출석하여, "이 사건 계약서는 2000년 초가을 쯤 Y종합건설로부터 받은 것으로 기억된다"라고 하였고,

② 2009년 10월 24일 제1차 재심사건(서울고등법원 2009재나372호) 변론기일에서도, "C는 2000년 1~2월경에 계약서를 작성해 주었다고 하는데, H건설에게 계약서가 온 것은 2000년 9월경이다. 그러면 누군가가 8개월 이상을 계약서

를 가지고 있었다는 것인데 …"라고 하면서 H건설은 2000년 9월 이전에는 이 사건 계약서를 교부 받은 사실 자체가 없다고 강조했다.

한편 B는 위 변론기일(2009년 10월 14일)에서 "증인은 이 사건 계약서가 이지학에 의하여 작성되었다는 사실도 이지학 사망 후(2001년 5월 사망)에 비로소 알았다"라고도 하였다. 즉 2001년 5월 이전에는 Y종합건설이 이지학을 내세워 이 사건 계약서를 작성하도록 한 사실 자체를 몰랐다고 했다.

③ 또한 2011년 10월 6일 A의 위증사건에 공판기일에서도, "이 사건 계약서와 영수증이 H건설로 넘어온 것은 2000년 9~10월 경이다"라고 하였고, 더 나아가서는, "증인은 2000년 9월경 이지학이 기노걸로부터 마지막으로 도장을 받았다고 기뻐하면서 이를 기념하는 회식 장소에도 참여하였다. 당시 W공영 직원, A, Y종합건설 직원 등과 함께 김포시내에서 기념회식을 하였다"라고도 하였다. 그런데 이러한 B의 진술은 앞서 2009년 10월 14일에 진술한 "이 사건 계약서가 이지학에 의하여 작성되었다는 사실은 이지학 사망 후(2001년 5월 이후)에 비로소 알았다"는 진술과도 모순되는 것이었다. 이로써, B는 전혀 경험하지 않은 사실을 억지로 만들어 내며 새로운 거짓말을 하고 있음을 알 수 있을 것이다.

25 24건에 대하여 지급된 정확한 매매대금은 총 7,758,353,000원이고, 이 중 승계되지 아니한 1건의 매매대금은 402,448,500원이며, 최종적으로 H건설이 Y종합건설에게 23건에 대한 토지비로 지급한 승계대금은 총 7,355,904,500원(=7,758,353,000원-402,448,500원)이었는데, B는 2003년경에 Y종합건설 직원에게 이러한 내용의 확인서를 작성해 주었고, 나는 이를 입수하여 증거로 제출하였다.

26 H건설도 허창의 부동산매매계약서가 위조된 것으로 인정한 사실을 앞서 살펴보았다.

27 그 외 2000년 8~10월 경의 신문기사, 당시 H건설에 대한 공시자료, A의 글씨로 된 정일석 외 3인의 위조 부동산매매계약서, 이 사건 계약서에 기재된 계좌번호, 위조된 허창 명의의 부동산매매계약서 관련 증거들, 2000년 7월 28일자 통고서, 향산리 지주 23명의 부동산매매계약서와 부속서류, 찢어진 기노걸의 통장 표지, C의 진술서와 진술조서, 그리고 그 후 번복 증언에 대한 위증죄 유죄 확정판결, A의 위증죄와 무고죄 유죄의 확정판결 등 관련 증거는 이미 설명

하였으므로 생략한다.

28 물론, 서울고등법원 2012재나235재판부가 A, B, C에 대한 증인신문신청을 받아 주고, 이들 중 한 사람이라도 사실대로 증언해 주었더라면, 당연히 당해 재판에서 기을호가 청구한 재심의 소는 받아 들여졌을 것이다.

29 닐 비드마르 앞의 책 584면
각국의 배심제도의 역사에 대하여는 박승옥 앞의 책 580면 이하 참조

30 사후심절차는 "배심이 심리하여 확정한 사실관계는 보통법상 법칙에 따르지 아니하는 한 재심사되지 아니한다"고 규정한 수정헌법 제7조에 의하여 제도화 되었다.(닐 비드마르 앞의 책 615면 인용)

31 닐 비드마르 앞의 책 615-616

32 닐 비드마르 앞의 책 182면 참조

33 연구보고서 서론에서는, '사법발전위원회'에서 전관예우를 실질적으로 근절하려면 이에 대한 객관적이고 공정한 실태조사를 할 필요가 있다고 의결하였고, 전관예우 근절을 위한 실태조사 방법으로는 전관변호사들이 변론한 모든 사건들을 전관이 아닌 변호사들이 변론한 사건과 비교하여 과연 부당한 특혜가 있었는지를 살펴보는 것을 상정할 수 있지만 이와 같은 실제 사례의 분석 방법은 규모가 너무 크다는 문제점 외에 다양한 정황이 있을 수 있다는 점에서 방법론적으로 어려움이 따른다. 따라서 현실적이고 합리적인 방법으로, 일반 국민과 법조인들을 상대로 전관예우에 대한 다양한 설문을 실시하여 실태를 파악하고, 이를 바탕으로 하여 제도개선안을 마련하는 방법을 택하였다고 한다.

34 한편 전관예우가 발생하는 원인에 대하여, '한국사회 특유의 연고에 휘둘리는 문화', '법조계 공직자들의 준법의식 부족', '법조계 공직자들에게 주어지는 과도한 재량', '전관예우에 대한 환상을 부치기는 브로커들의 활동', '전관예우를 바라는 의뢰인들의 과도한 기대' 등이 높은 응답률을 보이기도 했다.

35 2019. 11. 5. 조선일보 기사

36 domin.com 2019. 11. 1. 기사

37 박승옥, '시민 배심원제 그리고 양형기준', 한올, 2018. 3. 25. 26면 이하 참조

38 〈뉴욕 위클리〉지의 발행이었던 쟁어는 1734년 〈뉴욕위클리〉지에 당시 혐오의 대상이었던 영국총독 코스비(Cosby)를 비난하는 글을 실었고, 그로 인하여 문

서에 의한 선동비방죄로 기소된 사건이다. 당시 쟁어의 변호인 앤드류 해밀턴 변호사는 글의 내용이 사실이라는 점을 입증하기 위하여 증인을 신청하였으나, 판사는 이를 기각한다. 이에 해밀턴은 배심원을 향하여, "여러분은 불쌍한 발행인이나 뉴욕을 위하여 재판하는 것이 아닙니다. 절대 그렇지 않습니다. 이 재판은 미국 땅에서 영국정부의 지배 아래 살아가는 모든 자유인을 위한 것입니다. 그렇습니다. 여러분은 자유를 위하여 재판하는 것입니다"라고 간곡히 호소하였고, 배심원은 쟁어에게 무죄의 평결을 내려 석방시켰다. (닐 비드마르 166면 이하 참조)

39 미국 사법제도의 특징은 크게, 연방법원과 주법원의 2원적 구성, 주법원 법관임용의 다양성, 법관 면직사유의 다양화 및 배심제도로 대별 된다.
주법관의 임용은 ①각 주별로 주민이 직접 선출하는 방식, ②주의회에서 선출하는 방식, ③주지사가 임명하는 방식 등을 혼용하고 있으며, 이렇게 임명된 법관은 탄핵, 입법기관의 소환, 주민소환, 법관견책위원회의 강제해임, 재임명 및 재선 실패 등의 사유로 면직된다.

40 근대사법제도는 조선시대 갑오개혁에 기반하는데, 1895년 3월 25일(양력 4월 19일) 법률 제1호로 '재판소구성법'이 공포됨으로써 최초로 사법과 행정이 완전히 분리된 근대적인 재판제도가 뿌리를 내린다. 그러나 일본 제국주의 침략으로 조선의 근대사법제도의 발전은 좌절되었고, 1909년 7월 12일 '한국의 사법 및 감옥사무를 일본에 위탁하는 건에 관한 각서'에 따라 한국재판소를 폐지하고 그 대신 일본재판소를 설치하여 일본 법령을 적용하여 재판사무를 취급하면서 일제는 한국의 사법권을 장악하고 통감재판부를 설치하게 되었다(대법원 인터넷 –사법부 소개–사법제도의 변천 참조).

41 참심제에 있어서 참심법원은 직업 법관 1인과 국민 중에 선출된 2~3명의 참심원(참심법관)으로 구성되나, 사안에 따라서 직업법관 2~3명과 참심원(참심법관) 2명으로 구성되는 경우도 있다. 이들은 재판절차에 있어서 본질적으로 동일한 권리와 책임하여 사실확정 및 유무죄의 판단에 참여한다. 자세한 사항은 '형사재판절차에 있어서 배심 및 참심제도의 도입방안(2003. 12. 1. 형사정책연구원), 83면 이하 참조

42 예컨대, 덴마크, 노르웨이는 참심제와 배심제를 병용하여 운용하고 있고, 그 외

스웨덴, 핀란드는 물론 독일, 프랑스도 참심제를 채택하고 있는데(일본의 재판원 제도는 가장 낮은 수준의 참심제로 평가됨), 이들 국가들의 사법신뢰도는 매우 높은 편이고, 특히 참심제와 배심제를 병용하고 있는 덴마크와 노르웨이는 OECD국가 중 가장 높은 사법신뢰도를 자랑하고 있다.–박승옥 앞의 책 619면 이하 참조.

43 2008년 10월에 이용훈 대법원장의 초청으로 방한한 "멜치어" 덴마크 대법원장은 "여론조사에서 덴마크 국민이 94%가 법원에서 받은 서비스에 만족하며 법원 판결을 신뢰한다고 답했다"라고 인터뷰에서 대답했다. 중앙일보 2008. 10. 18. 기사 '멜치어' 덴마크 대법원장 "청렴한 사법부로 국민 신뢰 얻어"

44 2018년 11월 12일 대구지방법원 안동지원 소속 6명의 판사는 "양승태 대법원 사법농단 의혹에 연루된 현직 판사들이 헌법을 위반한 책임을 묻기 위해 국회에 탄핵소추를 촉구하자"는 제안을 최초로 발의하였고, 같은 해 11월 19일 전국법관회의도 사법행정권 남용 의혹과 연루된 판사들에 대한 탄핵소추 절차가 검토되어야 한다는 결의를 하였지만, 정작 국회는 이들에 대한 어떠한 탄핵절차에도 착수하지 못하였다. 이는 곧 우리 헌법 체계에서의 형식적 권력분립이 상호 간의 권한 남용에 대한 실질적 견제장치로 전혀 연결되지 못하고 있는 현실을 여실히 보여준 것이다.